Analysen und Dokumente

Band 61

Wissenschaftliche Reihe des Stasi-Unterlagen-Archivs
im Bundesarchiv

Vandenhoeck & Ruprecht

Geheimdienste, Politik und Krisen im Kalten Krieg

Herausgegeben von
Daniela Münkel, Ronny Heidenreich und Martin Stief

Mit 4 Abbildungen und 2 Tabellen

Vandenhoeck & Ruprecht

Bibliografische Information der Deutschen Nationalbibliothek:
Die Deutsche Nationalbibliothek verzeichnet diese Publikation in der Deutschen
Nationalbibliografie; detaillierte bibliografische Daten sind im Internet über
http://dnb.de abrufbar.

© 2025, Vandenhoeck & Ruprecht,
Robert-Bosch-Breite 10, D-37079 Göttingen, ein Imprint der Brill-Gruppe
(Koninklijke Brill BV, Leiden, Niederlande; Brill USA Inc., Boston MA, USA;
Brill Asia Pte Ltd, Singapore; Brill Deutschland GmbH, Paderborn, Deutschland;
Brill Österreich GmbH, Wien, Österreich)
Koninklijke Brill BV umfasst die Imprints Brill, Brill Nijhoff, Brill Schöningh, Brill Fink, Brill
mentis, Brill Wageningen Academic, Vandenhoeck & Ruprecht, Böhlau und V&R unipress.

Alle Rechte vorbehalten. Das Werk und seine Teile sind urheberrechtlich geschützt.
Jede Verwertung in anderen als den gesetzlich zugelassenen Fällen bedarf der vorherigen
schriftlichen Einwilligung des Verlages.

Umschlagabbildung:
Diensttelefon des Ministers für Staatssicherheit Erich Mielke.
© Bundesarchiv/Stasi-Unterlagen-Archiv (Witzel)

Druck und Bindung: Hubert & Co, Ergolding
Printed in the EU

Vandenhoeck & Ruprecht Verlage | www.vandenhoeck-ruprecht-verlage.com

ISSN 2198-1108
ISBN 978-3-525-30280-4

Inhalt

Daniela Münkel
Einleitung 7

Stephan Wolf
»aktuell, weitgehend vollständig, objektiv und überprüft« – Überlieferung und Erschließung der geheimen Berichte des Staatssicherheitsdienstes .. 25

Sebastian Nagel
Akten auf Umwegen. Die Überlieferung des DDR-Auslandsgeheimdienstes in Archiven des ehemaligen sowjetischen Machtbereichs 47

Michael Weins
Die Überlieferungsbildung der zivilen Nachrichtendienste im Bundesarchiv. Probleme und Herausforderungen 63

Martin Stief
Die ZAIG – Nachrichtenzentrale der Stasi 77

Andreas Hilger (†)
Feindbild oder Feindlage? – Die Organisation Gehlen und der BND in den 1950er-Jahren 95

Roger Engelmann und Ronny Heidenreich
Das MfS als Nachrichtengeber der SED 111

Jost Dülffer
Der BND – Regierungsberatung und psychopolitischer Kampf bis 1978 133

Michael Hollmann
Die Bundesregierung und der 17. Juni 1953 153

Andreas Etges
Deaf, Dumb, and Blind? Die CIA und die Erste Berlin-Krise 167

Matthias Uhl
Zauderer oder Kriegstreiber? Der militärische Nachrichtendienst der Sowjetunion zwischen Berlin- und Kuba-Krise 181

Jens Schöne
    Wissen, Kommunikation und Handeln. Das Ministerium für
    Staatssicherheit als Informationsgeber in Krisensituationen 201

Anhang
    Abkürzungsverzeichnis 214
    Abbildungsverzeichnis 218
    Verzeichnis der Autorin und Autoren 219

Daniela Münkel

Einleitung

Das erste Opfer des Krieges ist nicht nur die Wahrheit, sondern auch der Zugriff auf plurale Informationen. Dies gilt sowohl für die Öffentlichkeit als auch für die Politik. In Krisensituationen, wie auch wir sie seit 2022 erleben, haben Geheimdienste mit ihrem Versprechen nach gesicherten und verlässlichen Informationen Konjunktur: Da geht es um den Kriegsverlauf, Truppenstärken, Kriegsgerät, Strategien, Sabotageakte, die Stimmung in der Bevölkerung oder um oppositionelle Bestrebungen, kurz, um Informationen, die auf anderem Wege nicht zu beschaffen, jedoch für die politischen Entscheidungsträger unerlässlich sind. Fast täglich werden Meldungen und Prognosen der Dienste in den Medien kommuniziert. Sie ersetzen bzw. ergänzen in Krisensituationen in gewisser Weise das, was zumindest in unseren westlichen Demokratien in normalen Zeiten unabhängige Medien und andere Institutionen leisten. Zugleich kommen immer wieder auch Pannen ans Licht, welche die Vertrauenswürdigkeit der Dienste erschüttern können: ein russischer Agent beim BND, ein Whistleblower bei der CIA, Spione aus China, der NSA-Skandal, geplante und durchgeführte Anschläge von russischen Agenten, aber auch Desinformationskampagnen und Cyberattacken. In dieser Gemengelage zwischen faktischer Information, Betriebsunfällen oder gezielter Desinformation zu unterscheiden, fällt nicht nur Zeitunglesenden schwer. So ging es 2023 zum Beispiel darum, welcher Geheimdienst den Ausbruch des Ukrainekrieges rechtzeitig prognostiziert habe, der BND war es, nach allem, was wir heute wissen, offenbar nicht.

Weil wir in der Gegenwart so wenig darüber wissen, welche konkrete Rolle Geheimdienstinformationen für politische Entscheidungen besonders in Krisensituationen spielen, erscheint es umso interessanter, sich dem Thema in historischer Perspektive anzunehmen. Der Kalte Krieg als die Hochphase und gewissermaßen Geburtsstunde der modernen Geheimdienstapparate bietet hier die Folie, von der aus sich das Wirken und der Einfluss von Geheimdiensten auf inzwischen relativ breiter und gesicherter Quellengrundlage beschreiben lassen. Entsprechend lautet zweifelsfrei zutreffend ein Befund über die Geschichte des Kalten Krieges, dass sie ohne die Berücksichtigung der Rolle der Geheimdienste unvollständig wäre.

Trotz der anzunehmenden zentralen Bedeutung von Geheimdienstinformationen wird damit gleichwohl nur ein Aspekt geheimdienstlicher Tätigkeit berührt. Die Dienste sammeln, analysieren und kommunizieren nicht nur Informationen – sind also nie nur Nachrichtendienst. Sie wirken im Auftrag ihrer

Regierungen auch auf vielen anderen Ebenen in die Gesellschaften hinein. In diesem Zusammenhang sei an verdeckte Operationen, Geheimverhandlungen oder Propaganda- und Desinformationskampagnen erinnert – die bei der Betrachtung der Aktivitäten von Geheimdiensten im Kalten Krieg stets mitzudenken sind. In diesem Band steht jedoch jener Bereich im Mittelpunkt, der auch nach außen hin als zentrale Aufgabe der Geheimdienste kommuniziert wird: die Politikberatung.

Die seriöse Erforschung der Geheimdienste und ihrer Wirkungsgeschichte ist in Deutschland erst durch die teilweise Öffnung der Archive von BND, Verfassungsschutz und CIA sowie vor allem durch die Sicherung der Hinterlassenschaft der DDR-Staatssicherheit und anderer Geheimdienste in den ehemaligen Ostblockstaaten möglich geworden. Das ist aber nur die eine Seite der Medaille. Um sich der Frage anzunähern, welchen Stellenwert Geheimdienstinformationen im politischen Prozess haben, ist zudem eine Öffnung der Akten der politischen Instanzen notwendig, um so die Parameter politischer Entscheidungen nachvollziehen zu können. Auch auf diesem Gebiet hat sich in Deutschland in den vergangenen Jahrzehnten viel bewegt. Während der Forschung die Unterlagen der DDR-Partei- und Staatsführung seit mehr als 30 Jahren zur Verfügung stehen, sind im Bundesarchiv nun auch große Teile der Geheimregistratur des Bundeskanzleramtes und anderer Ministerien für Forschung und Öffentlichkeit zugänglich. Diese Quellen ermöglichen nicht zuletzt auch Einblick in die zentrale Frage der Kommunikation zwischen Regierung und Geheimdiensten.

Rolle und Einfluss der Geheimdienste auf die Konzeption politischer Strategien und Entscheidungen der Regierungen in Ost und West lassen sich schlaglichtartig an den Kulminationspunkten, das heißt den zahlreichen Krisen während des Kalten Krieges, nachvollziehen. Im europäischen Kontext war der Kalte Krieg an solchen Ereignissen nicht arm. Zu nennen wären die Erste Berlin-Krise im Jahr 1948, der Volksaufstand im Juni 1953 in der DDR, der Ungarnaufstand 1956, der Mauerbau 1961 oder der Prager Frühling im Jahr 1968. In diesen zugespitzten Situationen, wo es nicht selten um Krieg und Frieden ging, konnten Geheimdienstinformationen für Regierungen in Ost und West zentral sein, um die wahren Absichten des jeweiligen Kontrahenten dies- und jenseits des Eisernen Vorhanges zu erkennen und gegebenenfalls ihre Politik danach auszurichten. Denn gerade in diesen heiklen Phasen der Blockkonfrontation standen öffentliche Bekundungen nicht selten im Gegensatz zur realen Politik bzw. politischen Absicht – dies gilt für beide Seiten. Ob und welche Rolle Geheimdienstinformationen in diesen krisenhaften politischen Konstellationen spielten, damit beschäftigen sich die Beiträge dieses Bandes.

Hinter den schlaglichtartigen Tiefenerkundungen stehen aber grundlegende Fragen nach Konzepten, Methoden und Praktiken von Geheimdienstarbeit:

1. Zum einen – das wurde schon angedeutet – die Formen der Kommunikation zwischen den Geheimdiensten und den politischen Entscheidungsinstanzen. Welche Arten der Informationsübermittlung – schriftlich, mündlich – wurden genutzt und in welcher Form, zum Beispiel Unterredungen, Briefwechsel, Vermerke oder Gespräche? Während sich mündliche Kommunikation retrospektiv kaum noch rekonstruieren lässt, stellen die Geheimdienstberichte einen zentralen Informationskanal dar. Ihre Gestalt, Themensetzung und Verteiler fielen nicht nur im Vergleich der einzelnen Dienste untereinander, sondern auch im zeitlichen Verlauf äußerst heterogen aus. Diese Berichte geben für sich genommen bereits Hinweise auf die Art und Intensität der Kommunikation zwischen Regierung und Diensten.
2. Vor der Weitergabe von Geheimdienstinformationen in den politischen Raum erfolgte eine Auswahl und Analyse von Berichten und Meldungen. Dieser Prozess der internen Informationsverarbeitung ist bei der Beschäftigung mit den Geheimdienstberichten zentral – zugleich aber ein Komplex, der sich gerade mit Blick auf die westlichen Geheimdienste bis heute einer wissenschaftlichen Forschung entzieht. Das hängt nicht unwesentlich damit zusammen, dass hierfür Einblicke in das operative – geheimdienstliche – Kerngeschäft der Informationsbeschaffung und -auswertung notwendig sind und eben diese »sources and methods« nur selten für die Forschung freigegeben werden. Hinzu kommt, das zeigen die Hinterlassenschaften des MfS, dass dieser neuralgische Bereich auch intern einer strengen Konspiration unterlag, was ihre Rekonstruktion herausfordernd macht.
3. Eine Frage, welche die interne Informationsverarbeitung und die Kommunikation in den politischen Raum gleichermaßen berührt, ist, ob die Geheimdienste unvoreingenommene Nachrichtengeber sein konnten oder mit ihrem besonderen Informationsmonopol eine Agendapolitik betrieben. Zu unterstellen ist grundsätzlich ein institutionelles Eigeninteresse. Die Dienste entstanden in einer Welt gefühlter Unsicherheit und Bedrohungen und ihre Aufgabe war es, diese Annahmen zu bestätigen oder zu entkräften. Insofern hatten sie einen wesentlichen Anteil bei der Konstruktion von Gefahren, deren Kommunikation letztlich auch ihre Daseinsberechtigung rechtfertigte. Während der Frühphase des Kalten Krieges zeigen sich hier erstaunliche Parallelen: Die von den Geheimdiensten kommunizierten Bedrohungsvorstellungen des äußeren Feindes im Innern finden sich – freilich unter anderen Vorzeichen – sowohl in der DDR als auch der jungen Bundesrepublik. Versuchten die Geheimdienste also durch thematische Schwerpunktsetzungen politische Entscheidungen zu beeinflussen? Und inwieweit waren weltanschauliche und ideologische Vorannahmen gerade in diesem Zusammenhang prägend?
4. Last but not least wird nach der Rezeption von Geheimdienstinformationen zu fragen sein. Diese wiederum ist in die verschiedenen Kulturen politischer

Entscheidungsprozesse in den unterschiedlichen Gesellschaftssystemen einzubetten. Hier sei nur kurz darauf verwiesen, dass die Geheimdienste mit ihren Informationen in Konkurrenz zu anderen Nachrichtengebern standen und stehen, die unter Umständen einen eigenen Gestaltungsanspruch formulierten.

Im Folgenden werden einige allgemeine Anmerkungen zu den Fragenkomplexen gemacht, die den Rahmen für den Tagungsband umreißen sollen. Die Fallbeispiele beziehen sich vor allem auf das Ministerium für Staatssicherheit (MfS) und die Organisation Gehlen bzw. den BND.

Berichte und Berichtswesen

Geheimdienste reklamieren als zentrale Aufgabe für sich die Informationsbeschaffung und -verarbeitung egal in welchem politischen System. Diese unterlag in der Zeit bis zum Zusammenbruch des Ostblocks mannigfachen Veränderungen. Die CIA und der sowjetische Geheimdienst waren die Vorbilder beim Aufbau der Organisation Gehlen auf der einen und die DDR-Staatssicherheit auf der anderen Seite. Welchen konkreten Einfluss sie aber auf die Etablierung eines effektiven und dauerhaften Berichtswesens hatten, ist im Einzelfall zu klären.

Die Berichterstattung des Ministeriums für Staatssicherheit ist eine unmittelbare Folge des Volksaufstandes vom 17. Juni 1953. Mit diesem Tag setzte eine regelmäßige, geheime Berichterstattung an die engere Partei- und Staatsführung der DDR ein; diese endete erst im Dezember 1989.[1] Es gab einen außen- und einen innenpolitischen Berichtsstrang. Die Berichte sind nicht nur Lage- und Stimmungsberichte, sondern sie greifen Einzelereignisse genauso auf wie einzelne Themenkomplexe – kurz alles, was aus Sicht der DDR-Geheimpolizei sicherheitsrelevant und deshalb berichtenswert erschien. In manchen Fällen gab es auch eine Auftragsberichterstattung, das heißt, die Staatssicherheit wurde vom Parteichef oder der SED-Führung aufgefordert, über konkrete Ereignisse oder Vorgänge Ausarbeitungen anzufertigen. Die Themen der Berichte unterlagen in den sich wandelnden politischen und gesellschaftlichen Konstellationen Konjunkturen. In politischen Krisensituationen verdichtete sich die Berichterstattung der Stasi. Sie bediente einerseits das eigene Informationsbedürfnis, andererseits das der SED-Führung. Das Berichtswesen der Staatssicherheit professionalisierte sich seit den 1960er-Jahren und wurde stetig ausgebaut. Die

---

[1] Die Inlandsberichte der Zentralen Auswertungs- und Informationsgruppe (ZAIG) des Ministeriums für Staatssicherheit werden von der Forschungsabteilung des Stasi-Unterlagen-Archivs im Bundesarchiv vollständig ediert: Die DDR im Blick der Stasi. Die geheimen Berichte an die SED-Führung 1953–1989, hg. von Daniela Münkel. Göttingen 2009 ff.

Berichte wurden gezielt über vom Minister persönlich abgesegnete bzw. festgelegte Verteiler gestreut. Daneben wurden Berichte mitunter persönlich nur an den Partei- und Staatschef von Minister Mielke übergeben. Über diese regelmäßig stattfindenden Vieraugengespräche zwischen Ulbricht bzw. Honecker und ihrem Minister für Staatssicherheit wissen wir allerdings leider nur wenig.

Auch in der Bundesrepublik gab es eine regelmäßige Berichterstattung der Geheimdienste sowohl der Organisation Gehlen bzw. des BND als auch des Verfassungsschutzes u. a. ans Kanzleramt.[2] Für das hier in Rede stehende Thema ist vor allem die Berichterstattung über die DDR und die Ostblockstaaten von Interesse. Beim BND gab es bis 1968 keine eigene Berichtsserie zu diesen Themen, erst dann wurde eine eigenständige Serie u. a. zur DDR etabliert, was unmittelbar mit der neuen Deutschland- und Ostpolitik in Zusammenhang steht.[3] Die Regierung unter Willy Brandt benötigte zur Erreichung ihrer Ziele objektive und belastbare Informationen und nahm die Ressourcen des BND hierfür gezielt in Anspruch.[4] Bis dahin wurden diese Themenkomplexe in den allgemeinen Lageberichten bzw. Einzelmeldungen abgehandelt. In Krisensituationen wie zum Beispiel dem 17. Juni 1953 oder dem Mauerbau ist auch hier eine Verdichtung zu konstatieren. Mit Ausbruch des Volksaufstandes setzte bei der Organisation Gehlen ein größeres Interesse an Stimmungen in der DDR ein. Von nun an wurde darüber häufiger berichtet. Ab 1956 gab es eine regelmäßige, vierteljährliche Berichterstattung über die »Psychologische Lage in der SBZD«.[5] Neben dem schriftlichen Berichtswesen gab es einen engen mündlichen Austausch zwischen der Organisation Gehlen bzw. dem BND und dem Kanzleramt. Dies gilt besonders für die Ära Adenauer, wie die Forschungen der »Unabhängigen Historikerkommission zur Erforschung der Geschichte des Bundesnachrichtendienstes 1945–1968« (UHK) nachdrücklich bestätigt haben. Der direkte Draht zwischen Kanzleramtsminister Hans Globke und Reinhard

---

2 Vgl. dazu Ronny Heidenreich: Die DDR-Spionage des BND. Von den Anfängen bis zum Mauerbau. Berlin 2019, S. 623 ff.; Elke Stadelmann-Wenz: »Erste Anzeichen des Widerstandes«. Die DDR-Berichterstattung des Bundesamtes für Verfassungsschutz nach dem Volksaufstand im Juni 1953 und dem Mauerbau im August 1961. In: Daniela Münkel, Henrik Bispinck (Hg.): Dem Volk auf der Spur … Staatliche Berichterstattung über Bevölkerungsstimmungen im Kommunismus. Deutschland – Osteuropa – China (Analysen und Dokumente, 50). Göttingen 2018, S. 207 ff.

3 1962 wurde ein erster Lagebericht zur DDR vom BND herausgegeben, jedoch mangels Substanz 1968 eingestellt. Die Herausgabe einschlägiger Lageunterrichtungen begann im Zuge der Reformen ab 1969. Ronny Heidenreich: Die DDR-Spionage des BND. Von den Anfängen bis zum Mauerbau. Berlin 2019, S. 613 f.

4 Vgl. Jost Dülffer: Geheimdienst in der Krise. Berlin 2018, S. 233.

5 Vgl. dazu Ronny Heidenreich: Gefühlter Antikommunismus. Berichte des Bundesnachrichtendienstes über Stimmungen in der DDR-Bevölkerung bis 1968. In: Daniela Münkel, Henrik Bispinck (Hg.): Dem Volk auf der Spur … Staatliche Berichterstattung über Bevölkerungsstimmungen im Kommunismus. Deutschland – Osteuropa – China (Analysen und Dokumente, 50). Göttingen 2018, S. 189–206, hier 193 ff.

Gehlen war so eng, dass er die Grenzen – auch bei Geheimdiensten – demokratischer Normen häufig überschritt, indem der Auslandsnachrichtendienst zum Ausspähen politischer Konkurrenten des Bundeskanzlers eingesetzt wurde.[6]

In der Ära nach Adenauer schwächte sich dies ab und seit Antritt der sozialliberalen Koalition unter Willy Brandt ist anzunehmen, befördert durch die große Skepsis, die besonders Kanzleramtsminister Horst Ehmke gegenüber dem BND hatte, dass der direkte Austausch weiter minimiert wurde.[7]

Informationsbeschaffung und -verarbeitung

Die Informationsbeschaffung der Geheimdienste unterlag im Untersuchungszeitraum grundlegenden Veränderungen. Dadurch wurden die spezifischen Methoden, die anderen berichterstattenden Institutionen in der Regel nicht zur Verfügung standen, noch erweitert.

In den ersten beiden Nachkriegsjahrzehnten spielten klassische Spione eine wesentliche Rolle bei der Beschaffung von Informationen von der jeweils anderen Seite des Eisernen Vorhangs. In der DDR setzte die Staatssicherheit auch im Inneren auf die Zusammenarbeit mit Spitzeln. Ein Heer von inoffiziellen Mitarbeitern war im Selbstverständnis des MfS bei der Generierung von Informationen eine wichtige Ressource.[8] Die Berichterstattung der Stasi war von oben nach unten organisiert – die Kreisdienststellen meldeten an die Bezirksverwaltungen und diese wiederum an die Zentrale. Daneben existierte eine horizontale Informationsermittlung über die Hauptabteilungen der Zentrale.

Die Organisation Gehlen unterhielt in der DDR zumindest bis Mitte der 1950er-Jahre ein dichtes Netz von Informanten, die regelmäßig nach Pullach über die Lage im anderen Teil Deutschlands berichteten.[9] Beide Apparate verließen sich also wesentlich auf die Aussagen von Zuträgern. Das wiederum stellte die Dienste vor ein Problem: Nach welchen Kriterien ließ und lässt sich ermessen, ob die Informationen vertrauenswürdig sind. Dies machte – wie wir aus der Frühphase des BND wissen – in der Tendenz die Informationen der Dienste für Manipulationen und Desinformation anfällig. Für den Bundesnachrichtendienst erledigte sich dieses Problem von selbst: Nach der weitgehenden Zerschlagung seiner Netzwerke durch die DDR-Staatssicherheit seit Herbst 1953[10]

---

6 Vgl. dazu ausführlich Klaus-Dietmar Henke: Geheime Dienste. Die politische Inlandsspionage des BND in der Ära Adenauer, Teil 1 u. 2. Berlin 2022.
7 Vgl. Jost Dülffer: Geheimdienst in der Krise. Berlin 2018, S. 239 ff.
8 Am Ende der DDR verfügte das MfS über ca. 180 000 inoffizielle Mitarbeiter (IM).
9 Vgl. Ronny Heidenreich, Daniela Münkel, Elke Stadelmann-Wenz: Geheimdienstkrieg in Deutschland. Die Konfrontation von DDR-Staatssicherheit und Organisation Gehlen. Berlin 2016, S. 26 ff.
10 Vgl. ebenda, S. 422 ff.

und verstärkt durch den Mauerbau sah man sich gezwungen, die technische Spionage immer weiter auszubauen.[11] Die neuen technischen Entwicklungen seit den 1960er-Jahren schufen hierfür die Voraussetzung: Durch Abhören und Auswertung der gegnerischen Kommunikation eröffneten sich völlig neue, weil unmittelbare Zugänge, die nicht ohne Rückwirkung auch auf das Berichtswesen der Dienste bleiben konnten. Dies betraf vor allem den Westen. Aber auch in der DDR wurde die technische Spionage stetig ausgebaut und seit Ende der 1960er-Jahre Computertechnik eingesetzt, allerdings die vom »Klassenfeind«, nämlich der Firma Siemens.[12] Für die DDR wissen wir mittlerweile, dass der Einsatz der Computertechnik und technischen Spionage weiter fortgeschritten war als lange angenommen.[13]

Zudem setzte in Ost und West eine Tendenz zur Verwissenschaftlichung ein. Das heißt, auch die Übernahme sozialwissenschaftlicher Methoden und die entsprechende Qualifizierung der Geheimdienstmitarbeiter trugen dazu bei, die Professionalisierung der Informationsverarbeitungsprozesse zu beschleunigen.[14]

Wie sich das konkret gestaltete, da steht die Forschung – nicht zuletzt aus Gründen des Quellenzugangs – noch am Anfang. Insgesamt hätte sich durch Technisierung und Verwissenschaftlichung eigentlich der Wert der Geheimdienstinformationen für die jeweiligen Regierungen vergrößern müssen.

Informationsbeschaffung ist die eine Seite, die andere ist, wie und mit welchen Intentionen die ermittelten Erkenntnisse den jeweils Regierenden präsentiert wurden. Oder anders gefragt, gab es ein eigenes Agendasetting der Geheimdienste?

Für das MfS und seinen langjährigen Minister Erich Mielke stand die Hegemonie der SED zwar nie auch nur ansatzweise infrage, dennoch deutet inzwischen vieles darauf hin, dass selbst die Staatssicherheit eine eigene Agenda verfolgte: So nutzte das MfS die regelmäßigen Berichte u. a., um auch auf nicht primär sicherheitsrelevante bzw. allgemeinere Mängel aufmerksam zu machen, dabei die eigene Überlegenheit bei der Identifizierung von Problemfeldern hervorzuheben sowie Verbesserungsmöglichkeiten aufzuzeigen. Dadurch konnte die Geheimpolizei einerseits ihren Auftrag erfüllen, die politische Führung über neuralgische Punkte im In- und Ausland umfassend zu informieren. Ande-

---

11 Vgl. Armin Müller: Wellenkrieg: Agentenfunk und Funkaufklärung des Bundesnachrichtendienstes 1945–1968. Berlin 2017.
12 Vgl. dazu Rüdiger Bergien: Programmieren mit dem Klassenfeind: die Stasi, Siemens und der Transfer von EDV-Wissen im Kalten Krieg. In: Vierteljahrshefte für Zeitgeschichte 67 (2019) 1, S. 1–30.
13 Wie sich das im Detail gestaltete und wie die konkreten Auswirkungen u. a. auf Informationsbeschaffung und -verarbeitung waren, dazu entsteht gerade eine Studie von Stephan Konopatzky in der Forschungsabteilung des Stasi-Unterlagen-Archivs.
14 Vgl. Rüdiger Bergien, Debora Gerstenberger und Constantin Goschler (Hg.): Intelligence Agencies, Technology and Knowledge Production. Data Processing and Information Transfer in Secret Services during the Cold War. London, New York 2022.

rerseits profilierte sie sich als allgemeines Kontrollorgan, das Problemlagen erkannte und für diese – wenn möglich – auch gleich Lösungen präsentierte. Darüber hinaus wird aus den Berichten selbst und ihrer Verteilung deutlich, dass Mielke sie nutzte, um auf Veränderungen in der politischen Großwetterlage zu reagieren und sich rechtzeitig auf die »richtige« Seite zu schlagen. Beispielsweise bekam Walter Ulbricht während des Machtkampfes mit Erich Honecker seit 1970 fast keine Berichte mehr zur Kenntnis.[15] Im Krisenjahr 1989 wird durch deutlich formulierte Kritik an Honecker klar, dass Mielke versuchte noch rechtzeitig die Seiten zu wechseln – diesmal allerdings vergeblich.[16]

Um die Wirkungsmächtigkeit von Geheimdienstinformationen zu erhöhen, konnte es aus Sicht der Geheimdienste sinnvoll erscheinen, Erwartungshaltungen und Interessenlagen der Regierenden zu bedienen. Dies ist in einer Demokratie mit einer pluralen Öffentlichkeit allerdings schwieriger als in einer Diktatur mit einer weitgehend gelenkten und kontrollierten Öffentlichkeit und einem statischen Ideologiehaushalt. So verwundert es wenig, dass in der Berichterstattung der Stasi Feindbilder, Stereotypen und ideologische Überformungen allenthalben zutage treten.[17] Eine Konstante ist dabei das Feindbild »Westen«.[18] Dies verstärkte sich in Krisenzeiten, die für die DDR-Regierung schwierig waren, wie zum Beispiel 1953 oder 1960/61. Aber auch hier gab es Konjunkturen, so wurde in der Zeit der neuen Deutschland- und Ostpolitik seit Beginn der 1970er-Jahre dann zeitweise der Westen als Feindbild in der Berichterstattung zurückgestellt.[19]

Auch bei der Organisation Gehlen bzw. dem BND lassen sich zumindest bis 1968 Agendasetting und klare Feindbildstereotype ausmachen. Die Berichte und Deutungen der Organisation Gehlen bzw. des BND waren durch den von Gehlen und seinem mit ehemaligen Nationalsozialisten durchsetzten Apparat im Hinblick auf die Krisen der 1950er- und 1960er-Jahre durch einen ausgeprägten Antikommunismus nationalsozialistischer Prägung gekennzeichnet.[20] Vor allem durch diese Brille sah man auf die Ereignisse auf die DDR und im

---

15 Vgl. Ronny Heidenreich: Einleitung. In: Die DDR im Blick der Stasi, 1970, hg. von Daniela Münkel. Göttingen 2023, S. 41.
16 Vgl. Daniela Münkel (Hg.): Herbst '89 im Blick der Stasi. Die geheimen Berichte an die SED-Führung. Eine Auswahledition der wichtigsten Berichte zu den Herbstereignissen 1989. 5. Aufl., Berlin 2022, S. 17 f.
17 Vgl. Daniela Münkel: Das Volk fest im Blick!? Die Berichterstattung des MfS über die Stimmung der DDR-Bevölkerung von den 1950er- bis zu den 1980er-Jahren. In: dies., Henrik Bispinck: Dem Volk auf der Spur ... Staatliche Berichterstattung über Bevölkerungsstimmungen im Kommunismus. Deutschland – Osteuropa – China (Analysen und Dokumente, 50). Göttingen 2018, S. 39 ff.
18 Vgl. ebenda, S. 40.
19 Vgl. ebenda.
20 Vgl. Gerhard Sälter: Phantome des Kalten Krieges. Die Organisation Gehlen und die Wiederbelebung des Gestapo-Feindbildes »Rote Kapelle«. Berlin 2016. Zur ideologischen Über-

gesamten Ostblock. Vor diesem Hintergrund lässt sich ebenfalls die Deutung des 17. Juni durch die Organisation Gehlen als einen von den Sowjets selbst inszenierten Aufstand einordnen.[21] Diese einseitige Interpretationsfolie dürfte sich in der Zeit nach Gehlen vor dem Hintergrund des Generationswechsels im BND und des politisch-gesellschaftlichen Wandels in der Bundesrepublik sowie der Entspannungspolitik ausdifferenziert haben. Neben dem antikommunistischen Dogma war die Unterrichtung der Bundesregierung und vor allem des Kanzleramtes durch die Organisation Gehlen bis zur Gründung des BND am 1. April 1956 von dem Bestreben Gehlens gekennzeichnet, die Überlegenheit seines Dienstes unter Beweis zu stellen und so seine Konkurrenten im Kampf um einen bundesdeutschen Nachrichtendienst zu übertrumpfen.[22]

Um beurteilen zu können, ob und wie Geheimdienstwissen Auswirkungen auf politisches Handeln hatte, muss man die Prozesse politischen Entscheidens genauer betrachten.

Politisches Entscheiden und Rezeption

Die Kultur des politischen Entscheidens unterlag während der Zeit des Kalten Krieges vielfältigen Wandlungsprozessen. Wobei es zentrale Unterschiede zwischen Ost und West gab.[23]

Die politischen Entscheidungsinstanzen in der Bundesrepublik sind gemäß Grundgesetz der Kanzler, das Kabinett und nicht zuletzt das Parlament.[24] In der Ära Adenauer lag ein starker Schwerpunkt der Entscheidungsgewalt beim Kanzler und im Kanzleramt. Dass es sich dabei weniger um eine Inszenierung eines starken Kanzlers, wie in der Forschung vielfach behauptet, sondern um ein sehr spezifisches Demokratieverständnis handelte, legen zumindest die Forschungen der UHK nahe, die massive Demokratiedefizite der Ära Adenauer zutage geför-

---

formung der DDR-Berichterstattung des BND vgl. auch Ronny Heidenreich: Die DDR-Spionage des BND. Von den Anfängen bis zum Mauerbau. Berlin 2019, S. 623 ff.
21 Vgl. Ronny Heidenreich: Die Organisation Gehlen und der Volksaufstand vom 17. Juni 1953. Marburg, Berlin 2013.
22 Vgl. Klaus-Dietmar Henke: Geheime Dienste. Die politische Inlandsspionage des BND in der Ära Adenauer, Teil 1. Berlin 2022, bes. S. 307–457.
23 Vgl. Thomas Großbölting: Politisches Entscheiden in Ost und West – Zur Einleitung. In: ders., Stefan Lehr (Hg.): Politisches Entscheiden im Kalten Krieg. Orte, Praktiken, Ressourcen in Ost und West. Göttingen 2020, S. 7–19, hier 16 f.
24 Vgl. Gabriele Metzler: »Auf den Kanzler kommt es an«? Kulturen politischen Entscheidens in der Bundesrepublik, 1949–1989. In: Thomas Großbölting, Stefan Lehr (Hg.): Politisches Entscheiden im Kalten Krieg. Orte, Praktiken, Ressourcen in Ost und West. Göttingen 2020, S. 23–43, hier 25.

dert haben.²⁵ Nach Adenauer sollte sich dies dann aber ändern. Unter den Bundeskanzlern Erhardt und Kiesinger spielte nun, obwohl sich rein formal nichts an den Kanzlerkompetenzen geändert hatte, das Kabinett als Entscheidungszentrum eine zentrale Rolle.²⁶ Gleichzeitig begann ein beschleunigter Modernisierungs- und Verwissenschaftlichungsprozess des politischen Entscheidens. Das heißt, sowohl Expertenmeinungen als auch Politikberatung als Grundlage für politische Entscheidungen wurden immer wichtiger.²⁷ Der unter Bundeskanzler Kiesinger eingerichtete Planungsstab im Kanzleramt bündelte Informationen und unterrichtete den Kanzler.²⁸ In der Ära Brandt wurde dieser Planungsstab zu einer ganzen Planungsabteilung ausgebaut. Nun wurde politisches Entscheiden als demokratisch legitimiertes, modernes Regierungshandeln kommuniziert und verstanden, was nicht nur auf die Gegenwart, sondern auch auf die Zukunft gerichtet ist.²⁹ Angesichts der innenpolitischen Krisen nach dem Rücktritt Brandts vom Amt des Bundeskanzlers im Mai 1974 konzentrierte sich das Entscheiden nun wieder stärker auf den Kanzler und einen kleinen männlichen Beraterkreis.³⁰

In der DDR war politisches Entscheiden das Monopol der Staatspartei SED und ihrer Führung. Die Zahl von Beschlüssen stieg in Zeiten politischer Krisen exorbitant an.³¹ Dementsprechend bestand dann auch ein erhöhter Informationsbedarf.

In der Ära Ulbricht zog der Parteichef die Entscheidungsmacht zusehends an sich, dennoch blieb am Ende das Prinzip der Kollektivität von politischen Entscheidungen die Regel; das Politbüro und Sekretariat spielten in den Entscheidungsverfahren eine wichtige Rolle.³² Ebenso wie in der Bundesrepublik kann man auch in der DDR seit den 1960er-Jahren einen Prozess der Verwissen-

---

25 Vgl. Klaus-Dietmar Henke: Adenauers Watergate. Die Geheimoperation des BND gegen die SPD-Spitze. Berlin 2023.
26 Vgl. Gabriele Metzler: »Auf den Kanzler kommt es an«? Kulturen politischen Entscheidens in der Bundesrepublik, 1949–1989. In: Thomas Großbölting, Stefan Lehr (Hg.): Politisches Entscheiden im Kalten Krieg. Orte, Praktiken, Ressourcen in Ost und West. Göttingen 2020, S. 29.
27 Vgl. Gabriele Metzler: Konzeptionen politischen Handelns von Adenauer bis Brandt. Politische Planung in der pluralistischen Gesellschaft. Paderborn 2005, S. 151 ff.
28 Vgl. Gabriele Metzler: »Auf den Kanzler kommt es an«? Kulturen politischen Entscheidens in der Bundesrepublik, 1949–1989. In: Thomas Großbölting, Stefan Lehr (Hg.): Politisches Entscheiden im Kalten Krieg. Orte, Praktiken, Ressourcen in Ost und West. Göttingen 2020, S. 30.
29 Vgl. ebenda, S. 36.
30 Vgl. ebenda, S. 40.
31 Vgl. Rüdiger Bergien: Telefonpolitik in der Beschlussfabrik. Die Informalität des Entscheidens in der Machtzentrale der SED. In: Thomas Großbölting, Stefan Lehr (Hg.): Politisches Entscheiden im Kalten Krieg. Orte, Praktiken, Ressourcen in Ost und West. Göttingen 2020, S. 109–126, hier 114 f.
32 Vgl. ebenda, S. 117.

schaftlichung politischer Entscheidungen feststellen. Diese Entwicklung spiegelt sich vor allem in dem zunehmenden Einfluss der fachpolitischen ZK-Abteilungen wider. In diesem Prozess gewann das ZK-Sekretariat gegenüber dem Politbüro an Bedeutung.[33] Unter Erich Honecker wurde politisches Entscheiden hingegen insgesamt informeller, das heißt, Entscheidungen wurden immer häufiger in Vier- bis Sechsaugengesprächen mit SED-Spitzenfunktionären getroffen.[34] So wurden beispielsweise in den bereits erwähnten Vieraugengesprächen zwischen Honecker und Mielke nicht nur Informationen weitergegeben, sondern auch Entscheidungen zum Thema innere Sicherheit vorbereitet oder bereits getroffen.[35]

Neben den Fragen wie und von wem politische Entscheidungen gefällt wurden, welche Kulturen des Entscheidens es gab, ist zu klären, welche Informationen Grundlage solcher Entscheidungen waren bzw. ob und gegebenenfalls wie Geheimdienstinformationen in solche Entscheidungen einflossen. Die Frage der Rezeption ist jedoch naturgemäß eine schwierig zu beantwortende.

Erste Ergebnisse lassen sich aber aufzeigen: Das MfS beschäftigte die Frage selbst intensiv. Ein ehemaliger Mitarbeiter der Zentralen Auswertungs- und Informationsgruppe der Staatssicherheit (ZAIG) behauptete retrospektiv, dass niemals eine Reaktion von den Empfängern gekommen wäre und die »Informationsstrecke« eine »Einbahnstraße« gewesen sei.[36] Um herauszufinden, ob die Berichte wirklich ausreichend zur Kenntnis genommen wurden, unterzog die Stasi im Jahr 1970 ihr Berichtswesen im Hinblick auf diese Frage einer Revision, deren Ergebnisse ernüchternd waren.[37] Dennoch lässt sich in wenigen Fällen nachweisen, dass Unterrichtungen eigens als Vorbereitung für Ministerratssitzungen gefertigt wurden. Durch den Abgleich mit den Tagesordnungen der Politbürositzungen kann ebenso die direkte Rezeption einer geringen Zahl von Berichten nachgewiesen werden. So waren es im Krisenjahr 1961 zum Beispiel mindestens 15 Geheimdienstberichte.[38] Darüber hinaus lassen sich zwischen den Themen der Politbürositzungen und der Rezeption der Berichte indirekte Zusammenhänge herstellen. In einigen Fällen sind Rücklaufexemplare überliefert, auf denen die Empfänger die Berichte kommentierten, kritisierten oder auch zustimmende Bemerkungen machten. Wie bereits angemerkt, ist die persönliche Unterrichtung mittels Berichten der ZAIG von Ulbricht bzw. Honecker

---

33 Vgl. ebenda, S. 124.
34 Vgl. ebenda, S. 119.
35 Vgl. ebenda, S. 120.
36 Vgl. Christina Wilkening: Staat im Staate. Auskünfte ehemaliger Stasi-Mitarbeiter. Berlin 1990, S. 25.
37 Vgl. Ronny Heidenreich: Einleitung. In: Die DDR im Blick der Stasi, 1971, hg. von Daniela Münkel. Göttingen 2022, S. 45–50.
38 Vgl. Daniela Münkel: Einleitung. In: Die DDR im Blick der Stasi, 1961, hg. von Daniela Münkel. Göttingen 2022, S. 46.

durch den Minister für Staatssicherheit in den Vieraugengesprächen nachweisbar. Dies sind zahlreiche Indizien, die deutlich machen: Die Berichte wurden von dem engeren politischen Führungszirkel durchaus zur Kenntnis genommen. Welche Wirkung sie entfalteten, steht freilich auf einem anderen Blatt.

Vor, während und nach dem Volksaufstand vom 17. Juni 1953 stützte sich die SED-Führung auf mehrere berichterstattende Institutionen.[39] Die Staatssicherheit war darunter nicht die wichtigste Informationsquelle, was sicherlich auch damit zusammenhing, dass das Berichtswesen noch in den Kinderschuhen steckte und wenig professionell war. Acht Jahre später beim Mauerbau 1961 sah dies schon etwas anders aus: Auch hier informierte sich die Führung aus mehreren Quellen, aber besonders die Berichte der Stasi über die Reaktionen des Westens waren für Ulbricht und seine Regierung von unschätzbarem Wert, gaben sie doch schnell Entwarnung und bildeten so die Grundlage für das weitere Vorgehen.[40]

Auch in der Bundesrepublik informierten sich Kanzler und Regierung aus mehreren Quellen. Durch die enge Verzahnung von Org. bzw. BND mit dem Kanzleramt bis 1963 spielten deren Berichte eine wichtige Rolle, obwohl sie mit ihren Einschätzungen nicht selten danebenlagen.

Im Vorfeld des 17. Juni berichtete die Org. zum Beispiel über die sich ständig zuspitzende Lage in der DDR, einen bevorstehenden Aufstand prognostizierte sie aber nicht, sodass die Bundesregierung, die sich in diesem Fall auf die Informationen verlassen hatte, überrascht war.[41] Die völlig falsche Deutung des Aufstandes als sowjetische Inszenierung durch die Org. übernahm der Kanzler allerdings nur bedingt, denn andere Informationsquellen wie das Gesamtdeutsche Ministerium legten eine andere, realistischere Interpretation des Geschehens vor.[42] Im Vorfeld des Mauerbaus war es etwas anders: Der BND berichtete rechtzeitig über die Probleme der DDR besonders im Hinblick auf die steigenden Flüchtlingszahlen und prognostizierte die bevorstehende Grenzschließung, nur den genauen Zeitpunkt wusste man nicht, was dazu führte, dass sowohl der Kanzler als auch der Regierende Bürgermeister von Berlin am 13. August von der tatsächlichen Grenzschließung überrascht wurden.[43] Daraufhin geriet der Dienst in Erklärungsnot, berichtete aber weiter – wahrscheinlich nach Aufforderung durch das Kanzleramt – über die Lage nach der Grenzschließung. Trotz

---

39 Vgl. Ronny Heidenreich (Hg.): Der 17. Juni 1953. Berichte über den Volksaufstand aus Ostberlin und Bonn, 3 Bde. (BF informiert, Nr. 46). Berlin 2023.

40 Vgl. Daniela Münkel: CIA, BND, MfS und der Mauerbau. In: Klaus-Dietmar Henke (Hg.): Die Mauer. Errichtung, Überwindung, Erinnerung. Berlin 2011, S. 67–82, hier 75.

41 Vgl. Ronny Heidenreich: Die Organisation Gehlen und der Volksaufstand vom 17. Juni 1953. Marburg, Berlin 2013, S. 14 ff.

42 Vgl. ebenda, S. 42 ff.

43 Vgl. Daniela Münkel: CIA, BND, MfS und der Mauerbau. In: Klaus-Dietmar Henke (Hg.): Die Mauer. Errichtung, Überwindung, Erinnerung. Berlin 2011, S. 70 f.

dieser Panne wird gerade am Beispiel des Mauerbaus deutlich, wie Kanzler und Bundesregierung letztlich doch auf Informationen des BND über die DDR und den Ostblock angewiesen waren.

Wie sich das eben skizzierte Spannungsfeld von geheimdienstlicher Informationserhebung, -verarbeitung und -vermittlung sowie politischer Entscheidungsfindung in den ausgewählten Krisensituationen des Kalten Krieges in Ost und West konkretisierte, wie die Geheimdienste ihre Rolle als Informationsgeber für die Regierungen ausfüllten und welchen wirklichen Einfluss sie auf politische Entscheidungen hatten, werden die Aufsätze im vorliegenden Band aus verschiedenen Perspektiven beleuchten.

Aufbau des Bandes

Der Band gliedert sich in vier Kapitel, die einen Bogen von dem oft nicht ganz einfachen Zugang zu den Quellen der Geheimdienste, über ihre Formen der Wissensproduktion, ihre Funktion als Politikberater bis zu ihrer Rolle in den Krisen des Kalten Krieges schlagen.

Im ersten Teil des Bandes steht die Überlieferung der Geheimdienste aus Ost und West und deren Zugänglichkeit für Forschung und andere Interessierte im Mittelpunkt. Durch die Sicherung, Öffnung und Erschließung der 111 Kilometer Akten der ehemaligen Staatssicherheit war in der Bundesrepublik erstmals ein umfassender Bestand eines Geheimdienstes zugänglich. Heute steht in den verschiedenen Archiven ein Quellenkorpus zur Verfügung, der umfangreich und vielschichtig ist und ständig wächst. Durch die langsame Öffnung der Geheimdienstarchive im Westen ist dieser Prozess keineswegs abgeschlossen.

Stephan Wolf stellt die Berichte der »Zentralen Auswertungs- und Informationsgruppe« des MfS und ihrer Vorläuferorganisationen vor – die sogenannten »Parteiinformationen« (= ZAIG-Berichte). Er berichtet über die Herausforderungen der Sicherung und Erschließung der Dokumente kurz nach der Friedlichen Revolution sowie über inhaltliche Gesichtspunkte bei der Verzeichnung dieser Unterlagen. Neben der Überlieferung in der Stasi-Zentrale wird auch ein Blick auf die Parteiinformationen der Bezirks- und Kreisebenen geworfen.

Einen anderen Aspekt des Berichtswesens der Staatssicherheit, dem Auslandsstrang der HVA, widmet sich der Beitrag von *Sebastian Nagel*. Im Gegensatz zu den Inlandsberichten weist die Überlieferung der Auslandsberichte, die von der HVA gefertigt wurden, große Lücken auf. Da alle Geheimpolizeien im ehemaligen Ostblock Informationen austauschten, berichtet Nagel von der Suche nach Parallelüberlieferungen des DDR-Auslandsgeheimdienstes in osteuropäischen Archiven. Er stellt die unterschiedlichen Berichtsreihen der HVA vor und zeigt anschließend, dass er im Archiv des polnischen Instituts für Nationales Gedenken (AIPN) bereits über 1 000 HV-A-Dokumente ermitteln konnte, die im Stasi-Unterlagen-Archiv nicht nur nicht überliefert sind, sondern teils sogar bislang unbekannt waren.

Michael Weins widmet sich der Überlieferungsbildung des Bundesnachrichtendienstes und des Bundesamtes für Verfassungsschutz (BfV) im Bundesarchiv. Er geht auf die spezifischen Herausforderungen ein, die sich aus dem Spannungsfeld von Transparenzanspruch einer Demokratie und dem Geheimhaltungsinteresse der Nachrichtendienste ergeben. Weins gibt Einblicke in die »archivische Zusammenarbeit« mit den Diensten, die sich vor dem Hintergrund der »Behördenforschung« und den großen »Geheimdienstskandalen« wie dem Terror des NSU oder der Zusammenarbeit von NSA und BND in den letzten etwa 15 bis 20 Jahren intensiviert hat. Außerdem macht Michael Weins deutlich, dass es noch immer einige Hürden zu überwinden gilt, insbesondere bei der Übernahme von Unterlagen durch das Bundesarchiv.

Im zweiten Teil des Bandes geht es um die Fertigung geheimdienstlicher Lageeinschätzungen am Beispiel der Inlandsberichte des Ministeriums für Staatssicherheit sowie der Lagebilder zum sowjetischen Machtbereich durch den BND bzw. die Organisation Gehlen. *Martin Stief* skizziert in seinem Beitrag die Entwicklung der Zentralen Auswertungs- und Informationsgruppe des MfS, der Nachrichtenzentrale der Geheimpolizei, und ihrer Berichte an die Partei- und Staatsführung im Zeitraum 1953 bis 1989. Deutlich wird, dass sich aus den anfänglich eher dilettantisch gefertigten Dossiers, die sich stark auf die Stimmung der Bevölkerung konzentrierten, zunehmend ausdifferenzierte und hinsichtlich ihrer Machart auch professionalisierte Berichtsstränge zu ausgewählten Einzelthemen entwickelten und sich dabei die Themenfelder Wirtschaft/Versorgung, Grenze/Flucht, Kirchen/Opposition sowie politische Großereignisse als Kernbereiche herauskristallisieren. Der Autor wirft Schlaglichter auf neue Aspekte der konkreten Erstellungs- und Verteilungspraxis der Parteiinformationen innerhalb des MfS. Die zentralen Lageberichte des MfS entwickelten sich zu einem zentralen, wenn auch nicht einzigen Informationskanal der Staatssicherheit. Die Einflussnahme des MfS auf Partei und Staat war insgesamt umfangreicher, als es die offiziellen ZAIG-Berichte nahelegen.

Andreas Hilger (†) konstatiert in seinem Beitrag, dass Reinhard Gehlen mit den Einschätzungen seines Dienstes über den sowjetischen Machtbereich im Bonner Kanzleramt reüssieren konnte. Dies werfe aber die Frage auf, ob dies auf die Qualität dieser Berichte oder eher auf gemeinsame Feindbilder und Weltsichten zurückzuführen sei. Während sich der frühe BND mit seiner Arbeit selbst zufrieden zeigte, kann Hilger erhebliche Diskrepanzen herausarbeiten: Strukturelle Probleme wie wenig bzw. unqualifiziertes Personal, unklare Zuständigkeiten, übertriebene innere Konspiration oder insbesondere die Rekrutierungspraxis, die weniger auf Expertise und Fähigkeiten fußte, denn auf Kameradschaft und klarer antikommunistischer Einstellung hätten einer effektiven Erhebung und Analyse von Informationen entgegengestanden. Hinzu kam die aggressive

Spionageabwehr der östlichen Dienste, was im Ergebnis dazu führte, dass der BND letztlich keine aktuellen und relevanten Informationen aus dem sowjetischen Machtbereich zusammentragen konnte. Die Berichterstattung, so zeigt Hilger, war in Teilen bewusst politisch verfremdet oder verfälscht und diente der positiven Darstellung des Dienstes in Bonn, wo Gehlen mit seinen Berichten die antikommunistischen Weltbilder der Empfänger bestätigen konnte.

Der dritte Abschnitt des Bandes befasst sich mit der Rolle der Geheimdienste als Berater für die Politik. Dieser Kommunikation geheimdienstlich gewonnener Informationen in den politischen Raum widmen sich die Beiträge von *Ronny Heidenreich* und *Roger Engelmann* sowie *Jost Dülffer*. Sie behandeln mit der DDR und der frühen Bundesrepublik zwei politische Systeme, in denen die Rahmenbedingungen und Kommunikationsstrategien zwischen Sicherheitsapparat und politischer Führung zunächst kaum unterschiedlicher sein konnten. *Heidenreich* und *Engelmann* zeigen anhand der Entwicklung des innenpolitischen Berichtswesens der Staatssicherheit, dass das MfS sich als Informationsdienstleister in Sachen innerer Sicherheit ab 1953 dauerhaft etablieren konnte und damit die bekannte neuralgische Bedeutung der Geheimpolizeien für die Herrschaftssicherung der staatssozialistischen Regime unterstreicht. Gleichwohl werden Grenzen dieser Berichterstattung deutlich: Das MfS musste in Kommunikation mit der herrschenden Staatspartei aushandeln, welche Themen und Schwerpunkte als sicherheitsrelevant anzusehen waren und in welcher Form diese Art von Information der Parteiführung nahegebracht wurde. Ein abschließendes Urteil über die Bedeutung der Staatssicherheit als Nachrichtenlieferant zu fällen, wäre nach Meinung der Autoren zu kurz gegriffen.

Insgesamt scheinen im Verhältnis zwischen SED und Staatssicherheit grundlegende Problemkonstellationen auf, die sich auch auf die Beziehungen zwischen dem BND und dem Regierungsapparat der Bundesrepublik Deutschland übertragen lassen. Die von *Jost Dülffer* behandelte Organisation Gehlen, der spätere BND, versuchte gleichermaßen durch eine interessengeleitete Informationspolitik sich Gehör im Kanzleramt und anderen Regierungsressorts zu verschaffen. Die Voraussetzungen hierfür waren allerdings andere: Anfänglich ging es um die Einbindung des amerikanischen Nachrichtenapparates in die bundesrepublikanische Sicherheitsarchitektur, die dann in der Amtszeit Gehlens zu einem äußerst engen Verhältnis zum Kanzler und seinen engsten Vertrauten führte. Wie Jost Dülffer anschaulich zeigt, war der frühe BND in seinem Selbstverständnis nicht nur Nachrichtengeber, sondern vor allem politisches und gesellschaftliches Einflussinstrument, wenn es um die Implementierung antikommunistischer Weltbilder in Westdeutschland ging. Dieser Gewichtung folgend waren die Lageunterrichtungen des BND, wie auch Andreas Hilger schon deutlich gemacht hat, ideologisch überformt, was ihren analytischen Gehalt ebenso einschränkte wie ihre Validität.

Michael Hollmann verweist in seinem Beitrag über die Reaktionen der Bundesregierung auf den Volksaufstand vom 17. Juni darauf, dass sich die Staatsführung in ihrer Meinungsbildung über dieses Ereignis auf andere Quellen als die Geheimdienste stützte. Die Genese der Debatten um eine Einordnung, Interpretation und politische Reaktion der westdeutschen Regierung zeigt zugleich, dass die Entscheidungsfindung letztlich nicht von der Nachricht allein, sondern im Kontext weiterer innen- und außenpolitischer Problemstellungen zu sehen ist.

Die Beiträge machen deutlich, dass mehrere Faktoren für die Bedeutung geheimdienstlicher Informationen in der Politikberatung wichtig sind und letztlich weniger institutionell als situativ gedacht werden müssen. Exemplarisch lässt sich dies in Krisensituationen zeigen.

Der letzte Teil des Bandes widmet sich geheimdienstlichen Informationen in den Krisen des frühen Kalten Krieges. Welche wichtige Rolle Auslandsgeheimdienste bzw. die von ihnen beschafften Informationen über die gegnerische Seite in Krisensituationen des Kalten Krieges spielen konnten, zeigen *Andreas Etges* und *Matthias Uhl* in ihren Beiträgen zur CIA während der Berliner Blockade 1948/49 bzw. der sowjetischen Militäraufklärung (GRU) in der Berlin- und Kuba-Krise (1958–1962). Für die CIA, gerade erst 1947 gegründet, war die Abriegelung Westberlins eine erste Bewährungsprobe, und diese habe sie bravourös gemeistert. Schon kurz nach Beginn der Blockade hatte der Dienst in Erfahrung bringen können, dass die sowjetische Seite die ausdauernde Bereitschaft des Westens, den einstigen Feind zu unterstützen sowie die Gegenmaßnahmen der Westalliierten, insbesondere auf ökonomischem Gebiet, vollkommen unterschätzt hatte. Die CIA war sich zudem immer recht sicher, dass die Gefahr einer Eskalation bzw. eines Krieges nur sehr gering war, was die politischen Entscheidungsträger sicherlich bestärkte, die Luftbrücke zur Versorgung der Westberliner Bevölkerung auf- und auszubauen. *Etges* attestiert den CIA-Lageeinschätzungen eine große Bedeutung für die politischen und militärischen Entscheidungsträger auf amerikanischer Seite, sie darin zu bestärken ihren Kurs fortzusetzen.

Auch die sowjetischen Geheimdienste waren in den Krisen des Kalten Krieges durchaus erfolgreich darin, wichtige Informationen zu beschaffen, die Einfluss auf das Handeln politisch Verantwortlicher nehmen konnten, wie *Matthias Uhl* am Beispiel der Hauptverwaltung Aufklärung des Generalstabes der Sowjetarmee bzw. des militärischen Geheimdienstes der Sowjetunion (GRU) während der Berlin- und Kuba-Krise (1958–1962) zeigen kann. Die GRU, die im November 1958 – also zu Beginn der Krise – mit dem ehemaligen KGB-Chef Ivan A. Serov einen neuen Leiter bekommen hatte, professionalisierte fortan ihren Dienst und konnte bereits 1960 hochwertige Dokumente beschaffen und dem ZK der KPdSU vorlegen. Uhl kommt zu der Einschätzung, dass diese Erkenntnis den Kreml-Chef in der Berlin- und Kuba-Krise weniger aggressiv auftreten und immer wieder einlenken ließ. Die herausgehobene Bedeutung geheimdienstlicher Verbindungen für die politische Geschichte des Kalten Krieges lässt sich hier exemplarisch nachweisen.

Zum Abschluss vergleicht *Jens Schöne* die Berichterstattung der Staatssicherheit über die Lage in den ländlich geprägten Regionen der DDR am Beispiel des Volksaufstandes 1953 und der akuten Wirtschaftskrise in der letzten Dekade des SED-Staates. Auf dem Land formierte sich der Protest im Jahr 1953 deutlich früher als in den großen Städten. Obwohl die Überwachung der Wirtschaft und damit auch der Landwirtschaft eine zentrale Aufgabe der Staatssicherheit war, hatten sich deren Offiziere nur sehr sporadisch mit dem Agrarsektor befasst. Dies sollte sich zwar ab 1952 mit einer forcierten Infiltrierung der Dörfer ändern, aber sowohl die ländlichen Strukturen als auch geheimpolizeiliche Fehlwahrnehmungen und ideologische Herangehensweisen sorgten dafür, dass die Stasi in Sachen Information und Kommunikation in der Krisensituation 1952/53 »schlicht ein Totalausfall« gewesen war, zumindest im ländlichen Raum. Ganz anders, so Schöne, sah die Situation in der finalen Krise der 1980er-Jahre aus: Zwar sei es der Geheimpolizei nie gelungen, auf dem Land Fuß zu fassen, dennoch sei es »verblüffend, wie nah die Kämpfer an der geheimen Front an der Realität waren«. Die Staatssicherheit lieferte in der Zeit der katastrophalen Wirtschaftslage zwar zutreffende bzw. realistische Einschätzungen und unterbreitete mitunter auch Lösungsvorschläge, jedoch reagierte die SED nicht darauf. An diesem Beispiel zeigen sich die Grenzen geheimdienstlicher Politikberatung.

Stephan Wolf

»aktuell, weitgehend vollständig, objektiv und überprüft«

Überlieferung und Erschließung der geheimen Berichte des Staatssicherheitsdienstes

In der DDR gab es ein kaum greifbares Phänomen. Die Bevölkerung beobachtete, dass auf jeder Ebene nach oben geschönt berichtet wurde und die Darstellung in den Massenmedien wenig mit ihrer Lebenswirklichkeit zu tun hatte. Gleichzeitig herrschte die feste Überzeugung vor, dass der Führung die wahren Zustände im Land bekannt waren. Die Bestätigung kam im Herbst 1989 ausgerechnet von Stasi-Chef Mielke persönlich, während seines denkwürdigen Auftritts vor der Volkskammer. Ob der Ungläubigkeit, die ihm von seinen Zuhörern entgegenschlug, wurde der langjährige Minister und Vier-Sterne-General immer aufgeregter und eindringlicher: »Alle Unzulänglichkeiten, manchmal von ganz kleinen Dingen nur bis zu den größten, die haben wir gemeldet.«[1]

Mielke hatte das Geheimnis nur ansatzweise gelüftet. Doch als Anfang 1990 eine Zusammenstellung in Buchform erschien, die einige der Lageberichte für die Partei- und Staatsführung aus dem Jahr 1989 enthielt, wurde dieser Band von der Bevölkerung geradezu verschlungen.[2] Die Leserinnen und Leser konnten nun mit ihren Erfahrungen abgleichen, was und wie die Geheimpolizei nach oben kommuniziert hatte. Denn anders als in den Zeitungen, wurden hier Probleme offenkundig angesprochen. Dass die Staatsführung daraus keine, wenigstens aber die falschen Schlussfolgerungen gezogen hatte, war jedoch offensichtlich. Denn wenige Tage nach Erscheinen des Buches sollte die erste freie Volkskammerwahl im März 1990 erfolgen.

Die Edition war ein typisches Produkt der Friedlichen Revolution: Broschiert, innerhalb kürzester Zeit entstanden, kein angesehener Verlag, kein wissenschaftlicher Apparat mit einer zeitgeschichtlichen Einordnung. Genau genommen gab es nicht einmal eine Rechtsgrundlage für die Publikation der ehemals

---

1 Erich Mielke auf der 11. Tagung der Volkskammer am 13.11.1989, Volkskammer, Protokolle, 9. Wahlperiode, Bd. 25, Berlin 1990, S. 263. Zur Wirkungsgeschichte dieser Mielke-Rede vgl. Walter Süß: Staatssicherheit am Ende. Warum es den Mächtigen nicht gelang, 1989 eine Revolution zu verhindern (Analysen und Dokumente, 15). 2. Aufl., Berlin 1999, S. 511–514.

2 Armin Mitter, Stefan Wolle (Hg.): Ich liebe euch doch alle! Befehle und Lageberichte des MfS. Januar – November 1989. Berlin 1990 (Auflage: 250 000 Exemplare), https://basisdruck.de/produkt/armin-mitter-stefan-wolle-ich-liebe-euch-doch-alle (letzter Zugriff: 12.7.2024).

streng geheimen und rückgabepflichtigen Dokumente.³ Auch auf Quellenangaben und Überlegungen zu quellenkundlichen Aspekten war von den Herausgebern verzichtet worden. 56 Dokumente hatten sie ausgewählt, mehr als die Hälfte davon Informationen und Hinweise für die Partei- und Staatsführung, mit »eine(r) Fülle von Einzeltatsachen, die in dieser Dichte und sachlichen Genauigkeit woanders kaum vorhanden sein dürften«.⁴ Angesichts Zehntausender Meter an ungeordneten Unterlagen und fehlendem Wissen über die Vorgehensweise des Staatssicherheitsdienstes blieb zunächst offen, was die Geheimpolizei wirklich gewusst hatte, woher ihre Informationen stammten und was den Empfängern der Informationen vorenthalten worden war.

Aus archivischer Sicht war die Edition eine Meisterleistung, weil die Originale der Dokumente in einer Vielzahl von ungeordneten Bündeln gesucht werden mussten, zu denen keinerlei Inhaltsangaben vorlagen.⁵ Die Bündel waren während der Auflösung des Staatssicherheitsdienstes unter Aufsicht von Mitgliedern der Bürgerkomitees von den früheren Mitarbeitern zusammengeschnürt worden. Unterschieden wurde lediglich, ob Personenbezug vorlag und aus den Räumen welcher Diensteinheit sie stammten.

Parteiinformationen

Begonnen hatte die Informationstätigkeit mit dem Volksaufstand von 1953, als den Staatssicherheitsdienst der Vorwurf ereilte, ahnungslos gewesen zu sein.⁶ Hunderte Informationen wurden fortan jährlich produziert. Allein die dokumentierten Nachweise auf zentraler Ebene, die sogenannten »Ifo-Ordner«, umfassen für die Zeit von Juni 1956 bis zum Jahresende 1989 insgesamt neun Leitz-Ordner.⁷

Der Vordruck für das Deckblatt lautete in den letzten Jahren »Information über«. In den Jahren davor wurde »Einzelinformation«, abgekürzt »E. I.«, verwendet.⁸ Es bürgerte sich aber der Begriff »Parteiinformation« ein. Doch dabei handelte es sich um eine doppeldeutige Formulierung. Sie wurde sowohl für die

---

3 Vgl. Beschluss des Ministerrates vom 8. Februar 1990, Anlage 3, Nr. 3; BArch, MfS, HA IX Nr. 23291, Bl. 1–12; online unter: https://www.stasi-mediathek.de/ (letzter Zugriff: 14.3.2024).

4 Armin Mitter, Stefan Wolle: Einleitung. In: dies. (Hg.): Ich liebe euch doch alle! Befehle und Lageberichte des MfS. Januar – November 1989. Berlin 1990, S. 10.

5 Zur Vorfindesituation vgl. Erster Tätigkeitsbericht des Bundesbeauftragten für die Unterlagen des Staatssicherheitsdienstes der ehemaligen DDR 1993. [Berlin 1993], S. 36.

6 Roger Engelmann, Ilko-Sascha Kowalczuk (Hg.): Volkserhebung gegen den SED-Staat. Eine Bestandsaufnahme zum 17. Juni 1953 (Analysen und Dokumente, 27). Göttingen 2005.

7 BArch, MfS, ZAIG Nrn. 14381–14389.

8 Vgl. Faksimile der Information Nr. 335/65, online unter: www.ddr-im-blick.de (letzter Zugriff: 12.4.2024).

Informationen verwendet, mit denen sich die SED-Führung an die Parteiorganisation bzw. die Genossen an der Basis wandte, im MfS-Jargon allerdings auch für die Informationen, die an die Parteiführung gingen. In einzelnen Bezirken trugen sogar die Aktenordner die Bezeichnung PI (z. B. in der Bezirksverwaltung – BV – Berlin;[9] zur Informationstätigkeit auf lokaler Ebene vgl. Abschnitt »Regionale Parteiinformation«). Der Begriff »Parteiinformation« fand folglich auch Eingang in das offizielle Wörterbuch der Staatssicherheit. Dort wird auf das Lemma »Informierung leitender Parteifunktionäre« verwiesen.[10] Zwar waren die Unterlagen mit dem Hinweis »Streng geheim« versehen, doch wurden sie nicht als Verschlusssachen eingestuft und behandelt.[11]

Bereits 1990 zeichnete sich also ab, dass es sich hierbei um Unterlagen mit einem besonderen Quellenwert handelte. Erwartungen der unterschiedlichsten Art würden sich an sie richten, keineswegs nur von der Forschung, sondern auch von Ermittlungsbehörden, etwa im Zusammenhang mit Straftaten an der Berliner Mauer und der innerdeutschen Grenze. Gerade in den Anfangsjahren des Sonder- bzw. Bundesbeauftragten für die Stasi-Unterlagen überstiegen die Ersuchen zu Ermittlungsverfahren um ein Vielfaches die Anfragen von Forschung und Medien.[12] Entsprechend legten die Archivare Prioritäten und Intensität der Verzeichnung fest.

Die Parteiinformationen an die Partei- und Staatsführung

Noch 1990 begann die Erschließung der Parteiinformationen, die auf zentraler Ebene versandt worden waren. Die archivische Verzeichnung – seinerzeit auf Karteikarten – schien unkompliziert: Die Titel wurden von den Schriftstücken übernommen. Eine Indexierung nach Personen, Körperschaften, Örtlichkeiten

---

9 Z. B. BArch, MfS, BV Bln, AKG Nr. 2163.
10 Siegfried Suckut (Hg.): Das Wörterbuch der Staatssicherheit. Definitionen zur »politisch-operativen Arbeit« (Dokumente, Reihe A). Berlin 1996, S. 178, 287. Zu den Parteiinformationen grundsätzlich Daniela Münkel: Das Volk fest im Blick!? Die Berichterstattung des MfS über die Stimmung in der DDR-Bevölkerung von den 1950er- bis zu den 1980er-Jahren. In: dies., Henrik Bispinck (Hg.): Dem Volk auf der Spur … Staatliche Berichterstattung über Bevölkerungsstimmungen im Kommunismus. Deutschland – Osteuropa – China (Analysen und Dokumente, 50). Göttingen 2017, S. 29–42.
11 Vgl. Matthias Wagner: Zum Verschlußsachenwesen und zur Geheimhaltung im Staatsapparat der DDR. In: Zeitschrift für Geschichtswissenschaft 44 (1996) 1, S. 41–48.
12 Zu den Größenordnungen vgl. BStU: Dritter Tätigkeitsbericht des Bundesbeauftragten für die Unterlagen des Staatssicherheitsdienstes der ehemaligen Deutschen Demokratischen Republik 1997. [Berlin 1997], S. 113. Zu den Ermittlungen im Zusammenhang mit dem DDR-Grenzregime vgl. Klaus Marxen, Gerhard Werle (Hg.): Strafjustiz und DDR-Unrecht. Dokumentation, Bd. 2: Gewalttaten an der deutsch-deutschen Grenze. Berlin 2002.

usw. erfolgte nicht. Jedoch wurde von jeder Karteikarte eine Dublette gefertigt und diese sachthematisch geordnet.

Gehörten mehrere Parteiinformationen thematisch und zeitlich zusammen, wurden sie unter einer Signatur abgelegt.[13] Der Buchstabe »Z« als Teil der Signatur sollte außerdem auf die erstellende Diensteinheit verweisen, also auf die Zentrale Auswertungs- und Informationsgruppe (ZAIG).[14]

Den damaligen Umständen ist es geschuldet, dass die Parteiinformationen bis heute in IM-Akten aufbewahrt werden. Fachgerechtes archivisches Verpackungsmaterial ließ sich im ehemaligen Stasi-Zentralarchiv nämlich nicht finden. Aktendeckel jedoch, die für zukünftige IM-Vorgänge vorgesehen waren, gab es zuhauf.[15] Archivisch ganz korrekt ging es also nicht zu, denn die Mappen enthielten metallene Beschläge, was der Archivar der Bestandserhaltung wegen ungern sieht.[16]

Außerdem wurde die Überlieferung um die letzten drei Informationen vervollständigt, wozu das Stasi-Personal bei seiner o. g. Nachweisführung offenkundig nicht mehr gekommen war.[17] Zu einem unbekannten Zeitpunkt waren diese Ordner vom Staatssicherheitsdienst erstellt worden. Unterschiedliche Schriftbilder bei der Schreibmaschinenschrift, den Trennblättern und auf einzelnen Seiten sprechen dafür, dass dies zu unterschiedlichen Zeiten erfolgte. Erneut mit den Ordnern gearbeitet wurde Anfang Januar 1990. Als die Stasi-Nachfolger »Verfassungsschutz der DDR« und (Auslands-)Nachrichtendienst Ende 1989 getrennte Wege gingen, wurden die Auslandsmeldungen an die für die Auslandsspionage zuständige frühere Hauptverwaltung A herausgegeben, in den Auflistungen mit Rotstift abgestrichen und zudem ausstehende Rückgaben samt der säumigen Empfänger aufgelistet.[18]

---

13 So finden sich diverse Informationen über die Montagsgebete in der Leipziger Nikolaikirche unter der Signatur BArch, MfS, ZAIG Nr. 3748.

14 Zur ZAIG vgl. Roger Engelmann, Frank Joestel: Die Zentrale Auswertungs- und Informationsgruppe (Hg. BStU, MfS-Handbuch). Berlin 2009. Zur Überlieferung der ZAIG vgl. https://www.stasi-unterlagen-archiv.de (letzter Zugriff: 14.3.2024).

15 Zum Teil III des IM-Vorgangs vgl. 1. Durchführungsbestimmung zur Richtlinie 1/79 über die Registrierung und Führung der IM-Vorläufe, IM-Vorgänge und GMS-Akten sowie die Erfassung der IM-Kandidaten, IM und GMS vom 8.12.1979, S. 10; BArch, MfS, BdL-Dok Nr. 3279.

16 Staatliche Archivverwaltung im Ministerium des Innern der DDR (Hg.): Ordnungs- und Verzeichnungsgrundsätze für die staatlichen Archive der DDR. [Berlin] 1964, § 234.

17 BArch, MfS, ZAIG Nr. 14389, Bl. 54.

18 Zur Trennung Verfassungsschutz und Nachrichtendienst vgl. Walter Süß: Staatssicherheit am Ende. Warum es den Mächtigen nicht gelang, 1989 eine Revolution zu verhindern (Analysen und Dokumente, 15). 2. Aufl., Berlin 1999, S. 669 ff. Vgl. Übergabe-/Übernahmeprotokoll vom 4. Januar 1990; BArch, MfS, ZAIG Nr. 14389, S. 1. Die separierten Informationen sind heute zugänglich im Teilbestand HVA unter der jeweiligen Monats- und Jahresangabe.

Schon der 1. Tätigkeitsbericht des Bundesbeauftragten, 1993 veröffentlicht, meldete den Abschluss des Vorhabens.[19] Inzwischen sind alle diese Daten natürlich in ein Elektronisches Archivinformationssystem überführt worden.[20]

Dass bei einzelnen Informationen der Titel, anhand dessen die Verzeichnung vorgenommen wurde, den dargestellten Sachverhalt nur unzureichend widerspiegelte, fiel erst allmählich und bei genauerer Betrachtung auf und verlangte nach einer differenzierten Erschließung. 1987 etwa informierte der Staatssicherheitsdienst über die »Verhinderung einer provokatorisch-demonstrativen Aktion feindlich-negativer Kräfte«.[21] Erst im Text wird deutlich, dass es sich um eine geplante Reise von Mitgliedern der DDR-Bürgerrechtsbewegung nach Prag handelte.

Wie aber bei einem Dokument aus dem Jahre 1976 verfahren, wenn der Titel den eigentlichen Vorgang verschleierte: Information »über eine unter Anwendung der Schusswaffe ... erfolgte Festnahme eines Grenzverletzers an der Staatsgrenze zur BRD«? Bei dem Betroffenen handelte sich um einen konfusen italienischen Kraftfahrer, der vergessene Papiere aus der DDR-Grenzübergangsstelle holen wollte. DDR-Grenzer hatten auf ihn geschossen. Seinen Verletzungen war er noch vor Ort erlegen, also bevor die Information abgesetzt wurde. Zu allem Überfluss war er Mitglied der italienischen Kommunisten gewesen.[22]

Eine Information aus dem Jahre 1988 geht mit einer DDR-typischen Genitiv-Kette los: »Ergebnis der Prüfung des Anliegens des Vorsitzenden der Kommunistischen Partei Dänemarks bezüglich des Artikels ›Sie haben mein Kind gestohlen‹ in der dänischen Zeitschrift, ›Aktuel‹«. Tatsächlich geht es um die DDR-Zwangsadoptionen. Der Aktentitel wurde dahingehend ergänzt.[23]

Eine weitere Parteiinformation des gleichen Jahres lässt in seltener Deutlichkeit erkennen, wie sehr der Staatssicherheitsdienst vom Ereignis zunächst selbst überrascht wurde, dann die Untersuchung an sich zog, der Politik konkrete Schritte vorschlug und – nach deren Zustimmung – diese schließlich

---

19 Erster Tätigkeitsbericht des Bundesbeauftragten für die Unterlagen des Staatssicherheitsdienstes der ehemaligen DDR 1993. [Berlin 1993], S. 41.
20 Vgl. Fünfter Tätigkeitsbericht des Bundesbeauftragten für die Unterlagen des Staatssicherheitsdienstes der ehemaligen DDR 1993 (BT-Drs. 14/7210). [Berlin 2001], S. 24, Erster Tätigkeitsbericht des Bundesarchivs für den Zeitraum Januar 2021 bis Juni 2023. Berlin 2023, S. 20.
21 BArch, MfS, ZAIG Nr. 3587.
22 Information Nr. 556/76, online unter: www.ddr-im-blick.de (letzter Zugriff: 26.8.2024). Bei dem Erschossenen handelte es sich um Benito Corghi. Vgl. Jochen Staadt, Klaus Schroeder (Hg.): Die Todesopfer des DDR-Grenzregimes an der innerdeutschen Grenze 1949–1989. Ein biografisches Handbuch. Frankfurt/M. 2017, S. 380–384.
23 Informationen Nrn. 532/88 u. 534/88, online unter: www.ddr-im-blick.de (letzter Zugriff: 12.4.2024); zu den Zwangsadoptionen vgl. Florian von Rosenberg u. a.: »›Gestohlene Kinder‹ in der DDR. Ein Forschungsdesiderat«. In: Neue Justiz 77 (2023), NJ-Beilage 1/2023, S. B 48–B 52.

exekutierte. Drei Mitglieder des Dresdner Kreuzchores, Reisekader also, hatten eine Konzertreise nach Japan zur Flucht genutzt.[24] Dass die ausgebüxten Sänger zurückkehren würden, schien selbst dem Sicherheitsorgan wenig wahrscheinlich. Vielmehr würden sie sich wohl dem Winsbacher Knabenchor in Bayern anschließen. Dort kümmerte man sich traditionell um ehemalige Kruzianer. Der Staatssicherheitsdienst verließ nun jedoch seine Funktion als Untersuchungsorgan. Statt auf die Sachverhaltsaufklärung eine intensive Fahndung nach den Flüchtigen folgen zu lassen oder die Führung des Kreuzchores bzw. die zuständige Kulturbehörde wegen fehlender Wachsamkeit zu disziplinieren, rückte der Chor aus Westdeutschland in den Focus. Dazu erhielten die Empfänger der Information, darunter Staats- und Parteichef Erich Honecker, detailliertes Wissen über die Verbindungen zwischen den beiden Chören. Es folgten präzise Vorschläge aus dem geheimpolizeilichen Instrumentenkasten. So sollte mittels Einreise- und Auftrittsverbot der Chor abgestraft werden. Das Durchsetzen von Einreisesperren fiel ohnehin in den Aufgabenbereich des Staatssicherheitsdienstes. Der Generalsekretär stimmte zu. Vom kirchlichen Leben in Ost und West berichtete regelmäßig der Evangelische Pressedienst (epd), der auch einen Korrespondenten in Ostberlin beschäftigte. Um quasi Vollzug zu melden und zugleich als bestätigenden O-Ton aus Westdeutschland, wurde dem Ablageexemplar der Information später ein entsprechender epd-Bericht beigefügt.[25] Die SED-geführten und zentral gesteuerten Massenmedien sollten den Sachverhalt ihrerseits in der DDR verbreiten.[26] Hierfür hatte der Staatssicherheitsdienst eine umfangreiche Meldung entworfen, die von der DDR-Nachrichtenagentur ADN zu kommen schien.[27] Tenor: Die drei Jungs seien verführt und Opfer westdeutscher Machenschaften geworden.

Die archivische Erschließung versuchte natürlich auch, Lücken in der Überlieferung nachzugehen. Bei den Parteiinformationen, die im Teilbestand ZAIG fehlen, handelt es sich zum einen um diejenigen, die die Auslandsspionage, also die Hauptverwaltung A, beigesteuert hatte, und die – wie erwähnt – in der Stasi-Auflösungsphase Anfang 1990 an diese zurückgingen. Mehrheitlich ging es um das westliche Ausland und mögliche Rückwirkungen auf die DDR, teilweise aber auch um die Verbündeten von Kuba bis Nordkorea ein-

---

24 Offizieller Titel der Information Nr. 519/88: Ungesetzliches Verlassen der DDR durch drei Sänger des Dresdner Kreuzchores, online unter: www.ddr-im-blick.de (letzter Zugriff: 12.4.2024).
25 BArch, MfS, ZAIG Nr. 3719, Bl. 7.
26 Die Hauptnachrichtensendung des DDR-Fernsehens »Aktuelle Kamera« berichtete unter der Überschrift »Kruzianer abgeworben« am 29.11.1988 darüber. Das SED-Zentralorgan »Neues Deutschland« folgte am Tag darauf unter der Schlagzeile »Abwerbung von Kruzianern durch BRD-Behörden aktiv unterstützt«. In: ND v. 30.11.1988, S. 2.
27 BArch, MfS, ZAIG Nr. 3719, S. 14.

schließlich der Sowjetunion.²⁸ Zum anderen betrifft es Informationen der Anfangsjahre, die der Staatssicherheitsdienst bereits in seinem Zentralarchiv, im Archivbestand 2 (Allgemeine Sachablage) archiviert hatte. Das erste vom Bundesbeauftragten publizierte Findbuch widmet sich dieser Ablage, für die es bis dahin kein sachbezogenes Findmittel gab.²⁹ Eigentlich bestand Rückgabepflicht der Parteiinformationen, die aber nicht strikt durchgesetzt wurde. Daher finden sich Exemplare auch in anderen Teilbeständen, insbesondere in der HA XVIII (Volkswirtschaft) und HA XX (Kirche, Kultur, Opposition).

Gingen einzelne Parteiinformationen auch an die territorial zuständige Bezirksverwaltung sind Exemplare gelegentlich auch in deren Bestand zu finden. Das betrifft etwa die für einige Politbüromitglieder bestimmte Information Nr. 199/78 über den Theaterkritiker Ernst Schumacher, die auch im Bestand »BV Berlin« überliefert ist.³⁰

Regionale Parteiinformation[31]

Informationen an Partei- und Staatsorgane erfolgten keineswegs nur zentral, sondern auch in der Region. Adressaten waren hier die jeweiligen 1. SED-Sekretäre, an die die 15 Leiter der MfS-Bezirksverwaltungen bzw. die 209 Leiter der MfS-Kreisdienststellen kontinuierlich berichteten. Die Fachaufsicht über

---

28 Z. B. Albanien: Nr. 480/89 Aktuelle Aspekte der Außenpolitik der SVR [Sozialistischen Volksrepublik] Albanien, jetzt unter: BArch, MfS, HV A Nr. 813, Bl. 325–329. ČSSR: Nr. 493/89: Aktuelle Aspekte der Situation in der KPTsch [Kommunistischen Partei der Tschechoslowakei] und der ČSSR, jetzt unter: ebenda, S. 333–336. Kuba: Nr. 1110/67: Die Haltung der kubanischen Vertreter in der Organisation der in der DDR studierenden Lateinamerikaner (CLARDA), jetzt unter: BArch, MfS, HV A Nr. 231, Bl. 92–95. Nordkorea: Nr. 599/76: Interne Äußerungen zum Zwischenfall an der Grenze zur KVDR [Koreanischen Volksdemokratischen Republik] im August 1976, jetzt unter: BArch, MfS, HV A Nr. 125, Bl. 41 f. Polen: Nr. 57/70: Einige Aspekte der Außenpolitik der VR Polen, jetzt unter: BArch, MfS, HV A Nr. 158, S. 45–53. Rumänien: Nr. 429/84: Die Lage in Rumänien und in der RKP vor dem XIII. Parteitag der RKP [Rumänischen Kommunistischen Partei], jetzt unter: BArch, MfS, HV A Nr. 32, Bl. 1–3. Sowjetunion: Nr. 133/89 Lage der deutschstämmigen Bevölkerung in der UdSSR, jetzt unter: BArch, MfS, HV A Nr. 813, Bl. 80–83.

29 Abteilung Archivbestände (Hg.): Findbuch zum »Archivbestand 2: Allgemeine Sachablage« des Ministeriums für Staatssicherheit der DDR. Münster 2001 (Archiv zur DDR-Staatssicherheit, 4), dort S. 155–158.

30 BArch, MfS, ZAIG Nr. 2807 bzw. BArch, MfS, BV Berlin, Abt. II Nr. 516.

31 Vgl. grundsätzlich Roger Engelmann: »Aus nahezu allen Kreisen der Bevölkerung liegen Meinungsäußerungen vor.« Zur Stimmungsberichterstattung des MfS auf Kreisebene. In: Daniela Münkel, Henrik Bispinck (Hg.): Dem Volk auf der Spur ... Staatliche Berichterstattung über Bevölkerungsstimmungen im Kommunismus. Deutschland – Osteuropa – China (Analysen und Dokumente, 50). Göttingen 2017, S. 85–100.

die lokalen Auswerter hatte der Leiter der oben genannten ZAIG, General Werner Irmler.[32]

Die schriftliche Hinterlassenschaft schwankt zwar von Dienststelle zu Dienststelle sehr stark, dennoch ist ein guter Einblick in die Informationstätigkeit möglich. Selbst die Verluste während der Auflösungsphase 1989/90 schaffen nur punktuell weiße Flecken. Das ist darauf zurückzuführen, dass häufig nicht nur die regionalen Ansprechpartner auf dem Laufenden gehalten wurden. Fachabteilungen und die jeweils übergeordnete Stasi-Dienststelle erhielten ebenfalls Exemplare. Informationen aus den Kreisdienststellen haben sich daher auch in der Auswertungs- und Kontrollgruppe (AKG) der Bezirksverwaltungen[33] und einzelne Exemplare aus den Bezirken in der ZAIG erhalten.[34]

Vernichtungsregeln, Handhabung und Nachweisführung wichen regional jedoch stark voneinander ab. Folglich stellt sich auch die Überlieferung sehr heterogen dar. Sie reicht von bloßen jährlichen Auflistungen analog den Ifo-Ordnern Irmlers, einzelnen verbliebenen Exemplaren bis hin zu vollständigen Jahrgängen in einzelnen Kreisdienststellen bzw. Bezirksverwaltungen. Die Menge überstieg in manchen Bezirksverwaltungen den Umfang der Informationen an die Partei- und Staatsführung. So lieferte die ZAIG 1984 166 Parteiinformationen zu Inlandsproblemen, die BV Dresden jedoch knapp 490 Informationen.[35]

Die folgende Aufstellung soll die jeweilige regionale Auffindesituation und deren archivische Verzeichnung zusammenfassen. Vielfach wurden die Ablagen von Parteiinformationen ihrer numerischen Reihenfolge entsprechend bei der Ordnung und Verzeichnung rekonstruiert, auch um Lücken identifizieren zu können. In einzelnen Bezirksverwaltungen existierten Zusammenstellungen nach Empfängern, Themen, Regionen usw. sowie gesonderte Reihen für Stimmungsberichte.

Anders als in der Berliner Zentrale wurde häufig nicht der komplette Titel einer Information bei der Verzeichnung übernommen. Unterschieden werden die Jahrgangsreihen mit Informationen des Leiters der Bezirksverwaltung und die jeweils unterstellten Leiter der Kreisdienststellen. Provenienz ist häufig die Auswertungs- und Kontrollgruppe. Diese hatte für die einzelne Stasi-Bezirksverwaltung vergleichbare Aufgaben wie die ZAIG für das gesamte Ministerium. Übersichten und Vernichtungsprotokolle können nicht die verlorene einzelne

---

32 Zu Irmler vgl. Irmler, Werner in: Roger Engelmann u. a. (Hg.): MfS-Lexikon. Begriffe, Personen und Strukturen der Staatssicherheit der DDR. 4. Aufl., Berlin 2021, S. 177 f.

33 Zur AKG vgl. Auswertungs- und Kontrollgruppe. In: ebenda, S. 53.

34 Z. B. aus der BV Dresden die Information Nr. 369/85 für den 1. Sekretär der SED-Bezirksleitung, Hans Modrow. Diese enthält die Kopie einer Information des Leiters der KD Görlitz an dessen 1. Kreissekretär über die Stimmung im dortigen Gesundheitswesen. BArch, MfS, ZAIG Nr. 14800.

35 Eine Information vom 17.12.1984 trug die laufende Nr. 484/84. Vgl. BArch, MfS, BV Ddn, AKG Nr. 12416.

Parteiinformation ersetzen, doch anhand der Sachbetreffe auf regionale und zeitliche Schwerpunkte bei der Stasi-Informationstätigkeit hinweisen.

Überlieferung von Parteiinformationen – regional			
Bezirk	Informationen der BV	Informationen der KD	Besonderheiten
Berlin	*Reihen*[36] 1986, 1988, 1989	*Reihen* Friedrichshain 1987–1989 Hellersdorf 1986–1989 Köpenick 1988, 1989 Lichtenberg 1971–1982 Marzahn 1989 Mitte 1975–1989 Weißensee 1988	*Übersichten*[37] über einzelne spezielle Empfänger, z. B. Bauwesen, Reichsbahn, Humboldt-Universität *Übersichten BV* 1961–1980, 1982–1987 *Vernichtungsprotokolle BV* 1967, 1968 *Übersichten KD* 1975–1982, teilweise bis 1989
Cottbus	*Reihen* 1961–1989	*Reihen* Forst 1983–1989	sehr unterschiedliche Überlieferungslage in den einzelnen KD
Dresden	*Reihen* 1980–1989	*Reihen* Dresden-Stadt 1988 Freital 1984–1986 Kamenz 1984–1989 Löbau 1985–1989 Meißen 1981–1982 Niesky 1983–1989 Riesa 1981–1989 Zittau 1985–1989	*Berichte der BV* mit weiteren Reihen Aus den KD weitere Stimmungsberichte und Lageeinschätzungen Einzelne Parteiinformationen in der Allgemeinen Sachablage

---

36 Die Reihen, also geschlossene jahrgangsweise Überlieferungen, wurden für diesen Aufsatz keiner Revision unterzogen, sodass durchaus Fehlstellen vorhanden sein können.
37 Bei den Übersichten handelt es sich um tabellarische Aufstellungen der Absender über Titel und Empfänger.

Überlieferung von Parteiinformationen – regional			
Bezirk	Informationen der BV	Informationen der KD	Besonderheiten
Erfurt	–	*Reihen* Eisenach 1982–1984, 1989 Erfurt 1980–1984, 1988, 1989	Umfangreiche Überlieferung der KD für das Jahr 1988 Einzelne Parteiinformationen in der Allgemeinen Sachablage
Frankfurt/O.	*Reihen* 1978, 1979, 1981–1984	*Reihen* Beeskow 1979–1989	*Übersichten KD* Beeskow 1976–1989
Gera	*Reihen* 1979–1989	*Reihen* Saalfeld 1987, 1988	–
Halle	–	*Reihen* Artern, Aschersleben, Bernburg 1987–1989 Bitterfeld 1981–1989 Dessau 1987–1989 Eisleben, Halle 1987, 1988 Halle-Neustadt, Hettstedt 1987–1989 Hohenmölsen 1976, 1977, 1979, 1981–1985, 1986–1989 Köthen 1987–1989 Merseburg, Naumburg 1987, 1988 Nebra 1979–1989 Quedlinburg 1976–1989 Querfurt, Roßlau 1987–1989 Saalkreis 1974–1989 Sangerhausen, Weißenfels, Wittenberg 1987–1989 Zeitz 1976–1984, 1987–1989	Umfangreiche Überlieferung zur Volkswirtschaft, auch der Objektdienststellen Bitterfeld, Buna, Leuna Umfangreiche Überlieferung von Stimmungsberichten

Bezirk	Überlieferung von Parteiinformationen – regional		
	Informationen der BV	Informationen der KD	Besonderheiten
Karl-Marx-Stadt[38]	–	–	Ablage[39] für die an den 1. Sekretär der Bezirksleitung übersandten Informationen seit 1978[40] Parteiinformationen an die SDAG Wismut Parteiinformationen in den Fachabteilungen abgelegt
Leipzig	*Reihen* 1965–1970, 1972, 1973, 1977, 1982–1989	*Reihen* Altenburg, Borna, Delitzsch, Döbeln, Eilenburg, Geithain, Grimma 1988 Leipzig-Land, Leipzig-Stadt 1988, 1989 Oschatz 1988 Schmölln, Torgau, Wurzen 1988, 1989	–
Magdeburg	*Reihen* 1985–1989	*Reihen* Burg 1984–1986, 1989 Gardelegen 1986–1989 Genthin 1982, 1983, 1985, 1986–1989 Halberstadt 1969–1988 Haldensleben 1983–1989 Havelberg 1972–1985 Klötze 1988	Nachweisbücher Havelberg 1964–1989 Wernigerode 1986–1989

38 Vgl. Gunter Gerick: SED und MfS. Das Verhältnis der SED-Bezirksleitung Karl-Marx-Stadt und der Bezirksverwaltung für Staatssicherheit 1961 bis 1989. Berlin 2013.
39 Neben den Reihen gab es weitere Zusammenstellungen, hier Ablagen genannt, deren Zweck nicht immer zweifelsfrei nachvollzogen werden kann.
40 Z. B. Information Nr. 274/83 an den 1. Sekretär der SED-Bezirksleitung über an staatliche Einrichtungen und Organe übergebene Parteiinformationen zu ausgewählten Problemen im Zeitraum vom 9. bis 16. Mai 1983; BArch, MfS, BV KMSt, AKG Nr. 14448.

Bezirk	Überlieferung von Parteiinformationen – regional		
	Informationen der BV	Informationen der KD	Besonderheiten
Magdeburg	–	Magdeburg 1988, 1989 Oschersleben 1983, 1985–1989 Osterburg 1981, 1984–1989 Salzwedel 1985–1989 Schönebeck 1959, 1964–1977, 1980–1985, 1988, 1989 Staßfurt, Stendal, Wanzleben, Wernigerode, Wolmirstedt 1988, 1989 Zeitz 1985–1988 Zerbst 1988, 1989	–
Neubrandenburg	*Reihen* 1979–1989	*Reihen* Anklam 1972–1981 Pasewalk 1977–1989 Waren 1980–1983	*Ablagen* Altentreptow, Demmin, Malchin, Neustrelitz, Prenzlau, Röbel, Straßburg 1987 Parteiinformationen in der Allgemeinen Sachablage 1964–1969
Potsdam	*Reihen* 1985–1989	*Reihen* Belzig 1987–1989 Brandenburg 1986–1989 Gransee 1987–1989 Jüterbog, Königs Wusterhausen, Kyritz, Luckenwalde, Nauen, Neuruppin 1987–1988 Oranienburg 1981, 1985–1989 Potsdam 1988 Pritzwalk 1984–1989	–

Bezirk	Überlieferung von Parteiinformationen – regional		
	Informationen der BV	Informationen der KD	Besonderheiten
Potsdam	–	Rathenow 1979–1989 Wittstock 1986, 1988, 1989 Zossen 1986, 1988, 1989	–
Rostock[41]	*Reihen* 1980, 1983, 1986–1989	*Reihen* Bad Doberan 1975, 1988, 1989 Greifswald 1975, 1984–1989 Grevesmühlen 1975, 1988, 1989 Grimmen 1975, 1989 Ribnitz-Damgarten 1975, 1988 Rostock 1975, 1988, 1989 Rügen 1975 Stralsund 1975, 1988 Wismar 1975, 1988, 1989 Wolgast 1975, 1989	*Reihen* OD Kernkraftwerke 1983–1989 *Ablage* Übergaben an den Verbindungsoffizier des KGB 1977–1979 *Kreisdienststellen* 1979, 1983, 1986, 1987 Hinweise auf mündliche Parteiinformationen der KD Greifswald 1985–1988 *Nachweise BV* 1975–1989 *Nachweise KD* Grimmen 1971–1989

41 Vgl. Uta Stolle: Traumhafte Quellen. Vom Nutzen der Stasi-Akten für die Geschichtsschreibung. In: Deutschland Archiv 30 (1997) 2, S. 209–221.

Überlieferung von Parteiinformationen – regional			
Bezirk	Informationen der BV	Informationen der KD	Besonderheiten
Schwerin	Reihen 1988, 1989	Reihen Bützow 1979–1982, 1984–1989[42] Gadebusch, Güstrow 1988, 1989 Hagenow 1988, 1989 Ludwigslust 1986, 1988, 1989 Lübz, Parchim, Perleberg, Schwerin, Sternberg 1988, 1989	Übersicht über die mündlichen Parteiinformationen der Kreisdienststellen 1988, 1989 Ausführliches Ausgangsmaterial Übersicht über nicht zurückgegebene Parteiinformationen auf Bezirksebene 1969–1988 Vernichtungsprotokolle auf Bezirksebene 1973–1983
Suhl	Reihen 1961–1989	Reihen Bad Salzungen, Hildburghausen 1987–1989 Ilmenau 1986–1989 Meiningen, Neuhaus 1987–1989 Schmalkalden 1987–1988 Sonneberg 1987–1989 Suhl 1987, 1988	Übersicht der Parteiinformationen von den KD 1977–1989

Die Informationen wurden in einigen Bereichen also numerisch, in anderen thematisch geordnet abgelegt. Etliche Auswerter fügten ihrem Ablageexemplar die zugrundeliegenden sogenannten Ausgangsmaterialien bei. Dabei konnte es sich um die Ergebnisse von Abfragen, einzelne Berichte oder Untersuchungsergebnisse handeln. Der Ausdruck mancher Information wurde um den Hinweis ergänzt, lediglich auf mündlichem Vortrag zu beruhen (z. B. KD Greifswald[43]) oder letztendlich doch nicht versendet worden zu sein. Teilweise wurden die Reaktionen der Informierten – wie Arbeitsaufträge, Danksagungen, Entscheidungen – notiert.[44] Überliefert sind auch Exemplare mit Randglossen, darunter

---

42 Bis 1987 unvollständig.
43 Vgl. BArch, MfS, BV Rst, KD Greifswald Nr. 135.
44 BArch, MfS, BV Ddn, Leiter 11284; BArch, MfS, BV KMSt, AKG Nr. 4154.

Kritik an bestimmten Formulierungen.[45] Einzelne Aufstellungen deuten darauf hin, dass noch weitere Leiter von Kreisdienststellen vorwiegend mündlich informiert haben, was auch zulässig war.

Parteiinformationen der Bezirksverwaltung Berlin finden sich nicht innerhalb einer Reihe, sondern ungewöhnlich breit gestreut im archivischen Bestand. Sie waren wohl bei den fachlich Zuständigen abgelegt worden, wo vermutlich auch die Autorenschaft zu suchen war, und befinden sich deshalb in deren Überlieferung.

Von Erfurt haben sich die Informationen auf Kreisebene erhalten. Dagegen fehlen bis auf wenige Ausnahmen die des Leiters der Bezirksverwaltung, Josef Schwarz,[46] an Gerhard Müller,[47] den 1. Sekretär der Bezirksleitung, der seit 1985 einen Platz im SED-Politbüro, also dem engsten Führungszirkel, hatte. Vermutlich hatte Schwarz mündlich informiert. In Karl-Marx-Stadt wurde genau umgekehrt verfahren. Es existiert eine Ablage, welche Informationen der 1. Bezirkssekretär, Siegfried Lorenz, erhalten hatte. Schriftliche Informationen der Kreisdienststellen an ihre jeweilige Kreisleitung dagegen scheint es nicht gegeben zu haben. Wie Gerhard Müller gehörte auch Lorenz seit 1985 dem SED-Politbüro an.[48]

Die BV Rostock hat als einzige vermerkt, welche ihrer Informationen auch an den KGB-Verbindungsoffizier gingen.[49] Das betraf keineswegs nur militärische oder den Ostseeraum betreffende Themen.

Die frühesten erhaltenen Informationen kommen von der Kreisdienststelle Schönebeck (Bezirk Magdeburg) aus dem Jahr 1959. Parteiinformationen auf der Ebene Bezirksverwaltung reichen bis in das Jahr 1961 zurück (Cottbus und Suhl). Das kann aber nicht darüber hinwegtäuschen, dass für die Zeit vor Honeckers Machtantritt (1971) nur wenige regionale Parteiinformationen überliefert sind.

---

45 Unabhängiger Untersuchungsausschuß Rostock (Hg.): Arbeitsberichte über die Auflösung der Rostocker Bezirksverwaltung des Ministeriums für Staatssicherheit. Rostock 1990. Nachdruck in: Thomas Ammer, Hans-Joachim Memmler: Staatssicherheit in Rostock. Köln 1991. Faksimiles der Randglossen und Anmerkungen in der 1990er Ausgabe, S. 86–90.
46 Zur Biografie von Schwarz vgl. Roger Engelmann u. a. (Hg.): MfS-Lexikon. Begriffe, Personen und Strukturen der Staatssicherheit der DDR. 4. Aufl., Berlin 2021, S. 293 f.
47 Zur Biografie von Müller vgl. Helmut Müller-Enbergs: Wer war wer in der DDR? 5. Aufl., Berlin 2010, Bd. 2, S. 705.
48 Zur Biografie von Lorenz vgl. ebenda, Bd. 1, S. 631.
49 BArch, MfS, BV Rostock, AKG Nr. 95.

Weitere Funde in den Unterlagen

Mit fortschreitender archivischer Erschließung bot sich zum einen ein differenziertes Bild, wie der Staatssicherheitsdienst sein Wissen kommunizierte. Berichterstattung und Lageeinschätzung standen stets im Vordergrund. Mielke und sein Vertrauter Werner Irmler, der Chef der ZAIG, waren schließlich lange genug im Geschäft; sie schienen ihre Rolle im Informationsgeflecht zwischen Staatssicherheit, Partei und Staat zu kennen. Das gilt sicher auch für Führungskräfte der Staatssicherheit auf fachlicher und regionaler Ebene. Daher auch Mielkes Anspruch an die Auswerter seines Ministeriums, der Titel dieser Arbeit wurde, »aktuell, weitgehend vollständig, objektiv und überprüft« zu berichten. Der Satz entstammt einer Rede des Ministers aus dem Jahre 1979.[50]

Zum anderen bestätigte sich die Beobachtung von Mitter und Wolle, dass in der ZAIG tatsächlich weitere Reihen existiert hatten, mit einem fast ausschließlich MfS-internen Verteiler. Zum einen eine seit 1967 bestehende Reihe K, die unterteilt war in den Komplex K 1 – »Verschiedenes«, Komplex K 2 – Bewaffnete Organe und – ab 1976 – Komplex K 3 – Kunst, Kultur, Kirchen, Massenmedien, Sport.[51] Hinzu kam ab 1972 eine Reihe O – »Reaktionen der Bevölkerung«, die aber auch andere Themen umfasste.[52]

Die Überlieferung ermöglicht vielfältige Perspektiven auf den Entstehungsprozess und die Verteilung der Parteiinformationen. Bei genauerer Betrachtung der vorhandenen Belegexemplare fielen diverse aufgeklebte Korrekturen auf, aber auch Streichungen beim Verteiler. Sie erzählen von der Genese und dem Kampf um Formulierungen, bis der Text endlich das Haus verlassen durfte. In der ZAIG sind Rückläufer mit Vermerken der Empfänger selten, wie zum Beispiel die Paraphe Honeckers, bei Vorschlägen sein handschriftliches »Einverstanden« oder ein zustimmender Haken. Sonst hatte die ZAIG nur das Titelblatt abgelegt, mit Paraphen oder den spärlichen Randglossen führender Genossen.[53]

Von der Zentrale nicht, aber von vielen regionalen Diensteinheiten liegen Pläne für das Erstellen von Parteiinformationen vor. Derartige Vorgaben sollten die Abteilungen wohl an fristgemäße Zuarbeiten erinnern.[54] Auf kurzfristige Herausforderungen und gesonderten Informationsbedarf wurde mit

---

50 Erich Mielke, Referat auf der zentralen Dienstkonferenz am 5./6. Juli 1979 (1. Beratungstag) zu Problemen der KD/OD; BArch, MfS, ZAIG Nr. 4784, Bd. 1, Bl. 172.
51 Verzeichnis der K-Reihen; BArch, MfS, ZAIG Nr. 8795.
52 Verzeichnis zur O-Reihe; BArch, MfS, ZAIG Nr. 4081.
53 Z. B. BArch, MfS, ZAIG Nrn. 33330–33346, 33410.
54 Z. B. BArch, MfS, BV Bln, AKG Nr. 1794. Darin erhielten die Abteilungen VII (Polizei), IX (Untersuchungsorgan), XVIII (Volkswirtschaft), XIX (Verkehrswesen und Post), XX (Kunst, Kultur, Kirchen, Medien, Sport, Gesundheitswesen, Opposition) konkrete Aufträge für Zuarbeiten im Jahr 1983.

»Maßnahmeplan und präzisiertem Maßnahmeplan« reagiert.[55] Bei bestimmten Themen wurde eine regelmäßige Berichterstattung angestrebt bzw. erwartet, so bei Vorkommnissen mit den in der DDR stationierten Sowjetsoldaten oder Stimmungen und Meinungen der Bevölkerung. Unzählige Post- und Kurierbücher, Sachkarteien, thematische Aufstellungen und Übersichten sowie Protokolle interner Kontrollen dokumentieren den Umgang mit den streng geheimen Parteiinformationen.[56]

In der Sammlung zentraler dienstlicher Bestimmungen fand sich lediglich eine einzige Anweisung zur Informationstätigkeit, der Befehl Nr. 584/60, der aber schon fünf Jahre darauf eingeschränkt wurde.[57] Bei einem neuen Anlauf 1974 kam der Befehl »über die Informationstätigkeit des MfS an leitende Partei- und Staatsfunktionäre« nicht über das Entwurfsstadium hinaus.[58]

Dass wir einen guten Einblick in die Schreibwerkstätten haben, ist auch darauf zurückzuführen, dass die Informationstätigkeit regelmäßig Thema auf den Dienstkonferenzen des Ministers war, von denen seine Redemanuskripte überliefert sind. Der Leiter der ZAIG, der schon erwähnte Werner Irmler, wiederum nahm die Leiter der Auswertungs- und Kontrollgruppen der zentralen Diensteinheiten und der Bezirke jährlich zusammen, meist gegen Jahresende. Die Unterlagen zu diesen Tagungen haben sich erhalten.[59]

1987 kam auch die »Informationstätigkeit der Bezirksverwaltungen an leitende Partei- und Staatsfunktionäre« zur Sprache.[60] Schließlich war die ZAIG auf qualifizierte Zuarbeiten aus den Bezirken angewiesen, wollte sie ein zutreffendes Lagebild für die ganze DDR erstellen. Irmler war mit den Ergebnissen offenbar zufrieden, was sich allerdings nur in vergleichenden Komparativen zu früheren Jahren wie »umfassender«, »konkreter«, »komplexer« und »stärker« widerspiegelt.[61] Er bemängelte zugleich, dass »nicht selten, ... mehr wertvolles Ausgangsmaterial vorhanden ist, als es in der Information verarbeitet und genutzt wird«.[62] Sie könnten ausführlicher abgefasst werden und Vorschläge

---

55 BArch, MfS, BV Bln, AKG Nr. 3758.
56 BArch, MfS, ZAIG Nrn. 6085, 8514–8529, 8532, 16899 f., 17384, 17757, 17891.
57 Befehl Nr. 584/60 des MfS, Minister Mielke, vom 7.12.1960 betreffend Verbesserung der Informationsarbeit des MfS (BArch, MfS, BdL-Dok Nr. 670) bzw. Schreiben des Büros der Leitung vom 17.12.1965 und der Zentralen Auswertungs- und Informationsgruppe vom 30.12.1965 zur Einziehung des Befehls; BArch, MfS, BdL-Dok Nr. 671.
58 BArch, MfS, ZAIG Nr. 18024. Die einzige Bezirksverwaltung, in der sich Unterlagen hierzu erhalten haben, ist Rostock (BArch, MfS, BV Rst, AKG Nr. 1019).
59 1978–1988 unter: BArch, MfS, ZAIG Nrn. 4684 f., 4687–4690, 4692–4697. Zur AKG vgl. Roger Engelmann u. a. (Hg.): MfS-Lexikon. Begriffe, Personen und Strukturen der Staatssicherheit der DDR. 4. Aufl., Berlin 2021, S. 53.
60 Referat des Gen[ossen] Irmler zur Planorientierung für 1988 auf der AKG-Leiter-Tagung, 1. Tag, 3.12.1987; BArch, MfS, ZAIG Nr. 4696, ab Bl. 69.
61 Ebenda, Bl. 69 f.
62 Ebenda, Bl. 77.

zur Unterstützung der Politik der SED auf dem jeweiligen Gebiet enthalten. Punkte, die wohl die Auswerter der Zentrale vermissten.

Die Auswertungs- und Informationstätigkeit war auch Gegenstand der jährlichen Planvorgaben des Ministers.[63] Dort wurde in den letzten Jahren auf die Zentrale Planvorgabe für 1986 bis 1990 verwiesen. Offenbar war das Verfahren bei Absendern und Empfängern eingespielt. Allerdings finden sich in dieser Planvorgabe Hinweise an zwei Stellen, womit sich die immer wieder auftauchende Ablage an zwei Stellen wohl erklären lässt. Zum einen waren »leitende Partei- und Staatsfunktionäre über die Reaktionen der Bevölkerung zu informieren«, zum anderen erwartete der Minister eine »Informationstätigkeit an leitende Partei- und Staatsfunktionäre … [, die] den Empfängern von Informationen konkrete personen- und gegenstandsbezogene Vorschläge bzw. Empfehlungen für die offensive Durchsetzung der Politik der Partei« ermöglicht.[64] Diese markante Zweiteilung widerspiegelt sich in den teilweise gesonderten Reihen zu den Stimmungsberichten etwa in der BV Dresden oder der zentralen O-Reihe.

Zumindest für die ZAIG kennen wir einen Großteil des Personals, das diese Informationen verfasst hat.[65] Man kann also die Mitarbeiterentwicklung nachvollziehen. Die dazu gehörigen Personalakten spiegeln Anforderungsprofil und Werdegang der Mitarbeiter wider. Von manchen haben sich auch die Arbeitsbücher erhalten, die einen Eindruck ermöglichen, welche Persönlichkeiten sich dahinter verbargen. Diplomarbeiten und Dissertationen an der MfS-eigenen Hochschule haben Irmler und viele seiner Mitarbeiter angefertigt. Sie befassten sich mit Auswertungs- und Informationstätigkeit, Informationsflüssen, geheimpolizeilicher Statistik und Prognose, elektronischen und westlichen Medien aber auch der Integration von Flüchtlingen nach 1945.

Die fortschreitende Erschließung weiterer Unterlagen des Staatssicherheitsdienstes lieferte auch Quellen für die Sachverhalte, die in den Parteiinformationen zur Sprache kamen. Bei der ZAIG waren es Zuarbeiten zahlreicher Stasi-Organisationseinheiten, verstreut über das ganze Land. Manchmal ist es der zeitliche Zusammenhang, der vermuten lässt, dass es sich bei einem Dokument um die Quelle einer späteren Parteiinformation handeln dürfte. Teilweise scheinen gezielte Abfragen vorausgegangen zu sein, etwa 1988 zur Lage im Gesundheitswesen.[66] Zweimal im Abstand eines halben Jahres alarmierte das Sicherheitsorgan über die teilweise drastische Situation vor Ort. Die Vielzahl an

---

63 Für 1989: Minister, Zentrale Planvorgabe für 1989; BArch, MfS, BdL-Dok Nr. 5999, Bl. 117–125.
64 BArch, MfS, ZAIG Nr. 8651, Bl. 105, 261 f.
65 Zur ZAIG vgl. Roger Engelmann, Frank Joestel: Die Zentrale Auswertungs- und Informationsgruppe (Hg. BStU, MfS-Handbuch). Berlin 2009, S. 7 f.
66 Informationen Nrn. 80/88 u. 498/88, online unter: www.ddr-im-blick.de (letzter Zugriff: 15.7.2024).

Mängeln, die dem Sicherheitsorgan also bekannt waren, die gleichwohl nicht dem fachlich zuständigen Ministerium zugeleitet wurden, sondern den übergeordneten Parteidienststellen, lässt vermuten, dass hier eine gewisse Klientelpolitik erfolgte. Man lieferte Unterstützung, nachdem die Bemühungen auf Fachebene nicht gefruchtet hatten.

Als die Säcke mit den zerrissenen Unterlagen auf ihre Rekonstruierbarkeit geprüft wurden, fanden sich darin auch thematisch geordnet Bruchstücke von Quellen und Zuarbeiten aus diversen Organisationseinheiten und sogar aus anderen Bereichen des Staates, darunter dem Ministerium des Innern.[67] Sie hatten wohl ebenfalls das Ausgangsmaterial gebildet.

Die Suche nach Parallelüberlieferungen in archivischen Beständen außerhalb des Staatssicherheitsdienstes, etwa von heimlich gefertigten Kopien, verlief weitgehend ergebnislos. Das betraf beispielsweise die Nachlässe früherer SED-Politbüro-Mitglieder, die sich in der Stiftung Archiv der Parteien und Massenorganisationen der DDR im Bundesarchiv befinden.

Von den Leitern der Bezirksverwaltungen haben nur Josef Schwarz und Heinz Engelhardt aus Erfurt bzw. Frankfurt (Oder) ihre Erinnerungen hinterlassen. Von der konkreten Praxis mit den Parteiinformationen erfährt man wenig. Engelhardt beklagt, dass auf die vom Staatssicherheitsdienst »vorgelegten Informationen und Analysen ... immer weniger und zum Schluss gar nicht mehr reagiert [wurde], zumindest haben wir davon nichts bemerkt«.[68] Schwarz räsoniert, dass der Staatssicherheitsdienst zwar auf Tendenzen der Entwicklung aufmerksam gemacht habe, aber am Stil der politischen Arbeit der SED gescheitert sei.[69] Ebenso wenig kann ein Außenstehender zur Aufhellung beitragen, nämlich der Schriftsteller Landolf Scherzer, der 1986 vier Wochen lang den 1. Sekretär der SED-Kreisleitung Bad Salzungen begleitet und die Begegnungen in seinem Buch »Der Erste« protokolliert hatte.[70] Der Parteifunktionär schien über die Mängel in seinem Territorium bereits gut informiert gewesen zu sein. Nur einmal ist von Sicherheitsfragen die Rede, im Zusammenhang mit der innerdeutschen Grenze. Obwohl gesetztes Mitglied der SED-Kreisleitung, wird der Leiter der örtlichen MfS-Kreisdienststelle nirgends erwähnt. Scherzer allerdings könnte sich bei Bedarf im Nachhinein belesen, denn etliche Parteiinformationen aus der Kreisdienststelle Bad Salzungen sind überliefert.[71]

---

67 Aus dem Sack ZAIG 3310 wurden die Bände BArch, MfS, ZAIG Nrn. 43640–43676, 43707–43737 gebildet.
68 Heinz Engelhardt u. a.: Der letzte Mann. Countdown fürs MfS. Berlin 2019, S. 25.
69 Josef Schwarz: Bis zum bitteren Ende. 35 Jahre im Dienste des Ministeriums für Staatssicherheit. Eine DDR-Biographie. 2. Aufl., Schkeuditz 1995, S. 170 f.
70 Landolf Scherzer: Der Erste. Mit einem weiterführenden Bericht »Der letzte Erste«. Berlin 1997.
71 BArch, MfS, BV Suhl, AKG Nr. 5.

Ergiebiger sind einige der Publikationen, die sich mit der Arbeit von Kreisdienststellen beschäftigen. Während von der Kreisdienststelle Nordhausen (Bezirk Erfurt) lediglich aus der Personalakte des Leiters referiert wird, er habe »stabile Informationsbeziehungen« zum 1. Sekretär der SED-Kreisleitung gepflegt, widmet die Broschüre über Meiningen (Bezirk Suhl) dem Thema ein ganzes Kapitel.[72] Dieter Schliwa, Dienststellenleiter in Freiberg (Bezirk Karl-Marx-Stadt), wiederum zog sich, wie sein Minister fünf Tage später, auf die Dienstleisterfunktion zurück, als er seine Genossen auf der wohl letzten Dienstversammlung in alter Stärke beschwor: »Das MfS hat die Wahrheit aufgeschrieben, wir haben uns nichts vorzuwerfen.«[73]

Resümee

Zusammenfassend kann man also sagen: Der Staatssicherheitsdienst hat aus den Informationsdefiziten des Jahres 1953 gelernt und ein systematisches Informationswesen aufgebaut, das uns heute einen guten Einblick in viele Teile der DDR-Gesellschaft ermöglicht. Das MfS hat flächendeckend gearbeitet und augenscheinlich auch informiert, obgleich die archivische Überlieferung Lücken aufweist. Die Informationstätigkeit in den einzelnen – um einen Archivbegriff zu wählen – Sprengeln fiel jedoch sehr unterschiedlich aus, was Frequenz und Form betraf. Das hing vermutlich sowohl von der Mentalität der Beratenen und ihren Erwartungen als auch von den Beratern ab. Eine geschlossene Dokumentation darüber, was im Staatssicherheitsdienst gewusst, was davon und wie kommuniziert wurde und wie die Reaktionen der Informierten ausfielen, gibt es nur in Einzelfällen.

Zu beachten ist außerdem, dass selbst Meldungen, die das MfS lt. Verteiler anscheinend nicht verlassen haben, zur Politikberatung beitragen konnten. Denn der Minister für Staatssicherheit war seit Anbeginn Mitglied des Nationalen Verteidigungsrates, wo grundsätzliche Entscheidungen in sicherheitspolitischen Belangen getroffen wurden, und saß unter Honecker im SED-Politbüro. Die Leiter der Bezirksverwaltungen bzw. der Kreisdienststellen waren Mitglied der jeweiligen SED-Leitung und der regionalen Einsatzleitung.

---

72 Hanna Labrenz-Weiß: Die KD Nordhausen. Arbeitsstruktur und Wirkung der Kreisdienststelle des Ministeriums für Staatssicherheit im Grenzkreis Nordhausen (BF informiert, Nr. 37). 2. Aufl., Berlin 2018, S. 112. Helmut Müller-Enbergs u. a.: Die Kreisdienststelle Meiningen des Staatssicherheitsdienstes. Eine Handreichung zur regionalen Aufarbeitung. Berlin 2012, S. 99–168.

73 Zitat in: Bernd Lippmann: Die Stasi in Freiberg (Sachsen). Aufbau und Arbeitsweise einer Kreisdienststelle des Ministeriums für Staatssicherheit dargestellt am Beispiel der KD Freiberg. Berlin 2003, S. 66.

Nicht der unaufhörliche Informationsfluss an die SED-Führung war es, sondern die damit einhergehende flächendeckende Überwachung und die verschwendeten Ressourcen, die das Sicherheitsorgan 1989 zur eigentlichen Zielscheibe der unzufriedenen DDR-Bevölkerung machten. Was Selbst- und Fremdwahrnehmung betraf, war das Informationssystem des Staatssicherheitsdienstes kläglich gescheitert.

Der nüchterne Blick auf die Gesellschaft und die Vielzahl an Themen haben dazu geführt, dass die Parteiinformationen im Bundesarchiv zu den herausragenden und nachgefragten Quellen gehören, von denen die zentralen deswegen auch systematisch veröffentlicht werden.

Sebastian Nagel

Akten auf Umwegen

Die Überlieferung des DDR-Auslandsgeheimdienstes in Archiven des ehemaligen sowjetischen Machtbereichs

Die ungebrochen intensive mediale und wissenschaftliche Auseinandersetzung mit der DDR-Auslandsspionage steht im auffälligen Widerspruch zu den heute noch verfügbaren Quellen. Da im Stasi-Unterlagen-Archiv nur wenige Akten der Hauptverwaltung A (HVA) überliefert sind, lässt deren Geschichte breiten Raum für Mythen und Legenden. Deshalb gilt es nach wie vor, die seriöse, mithin aktenbasierte historische Forschung fortzusetzen. Diesem Ziel widmet sich ein Forschungsprojekt, dessen Rahmenbedingungen im Folgenden dargelegt werden.

Die Auslandsspionage des Ministeriums für Staatssicherheit (MfS) sammelte vor allem in westlichen und neutralen Ländern Informationen über Politik, Wirtschaft und Militär aus offenen und geheimen Quellen. Der DDR-Auslandsgeheimdienst entstand – zunächst losgelöst von der Geheimpolizei – 1951 als Institut für Wirtschaftswissenschaftliche Forschung (IWF) und wurde ab 1953 als Hauptabteilung XV in das damalige Staatssekretariat für Staatssicherheit (SfS) integriert. Hier erhielt er 1956 die Bezeichnung HVA, die er bis zu seiner Auflösung im Juni 1990 behalten sollte.[1] Zu den wichtigsten Aufgabenfeldern zählte das Ausspähen von Ministerien, Verbänden und Parteien in der Bundesrepublik sowie in Westberlin, wo beispielsweise im Jahr 1989 allein 1 550 inoffizielle Mitarbeiter (IM) im Geheimen für die HVA Informationen sammelten.[2] Auch wenn Westdeutschland mit Abstand wichtigstes Betätigungsfeld blieb, war die HVA ein weltweit agierender Geheimdienst. Entsprechend wurden auch Informationen aus Westeuropa und den USA sowie über die NATO und weitere nationale und internationale Organisationen gesammelt. Der zur Erfüllung dieser Aufgabe aufgebaute Apparat arbeitete spätestens seit

---

1 Roger Engelmann u. a. (Hg.): Das MfS-Lexikon. Begriffe, Personen und Strukturen der Staatssicherheit der DDR. 4. Aufl., Berlin 2021, S. 153 f., hier 153.

2 Neben der Informationsbeschaffung gehörten zum Aufgabenspektrum der HVA auch »aktive Maßnahmen«: Dazu zählten Desinformation, Aktionen der psychologischen Kriegsführung und verdeckte Maßnahmen zur Beeinflussung von politischen Entscheidungsprozessen.

den 1960er-Jahren arbeitsteilig und spezialisiert und deckte auch die Gebiete der Militär-, Technik- und Wissenschaftsspionage ab.[3]

Als im Zuge der Massenproteste gegen das SED-Regime im Herbst 1989 auch das MfS und seine Überwachungs- und Repressionspraxis von den Demonstrantinnen und Demonstranten kritisiert wurden und die Erstürmung von MfS-Objekten denkbar schien, begann auf Weisung von Minister Erich Mielke noch vor dem Mauerfall am 9. November 1989 im MfS die gezielte Vernichtung von Akten.[4] Entsprechend verfuhr die Hauptverwaltung A und zerstörte bereits zu dieser Zeit einen Teil ihrer Akten.[5] Die Herrschaft der SED erodierte, die zuvor stark bewachte innerdeutsche Grenze und zu Westberlin wurde geöffnet. Mitglieder von Bürgerinitiativen besetzten MfS-Dienststellen im ganzen Land und die Staatssicherheit musste faktisch ihre Arbeit einstellen.

Ab Dezember 1989 trafen sich Vertreter der DDR-Regierung, der SED-Massenorganisationen, Blockparteien, Kirchen und der Oppositionsgruppen zu Gesprächen am Runden Tisch, um die zukünftige Entwicklung der DDR zu diskutieren. Ein zentrales Thema war die Auflösung des DDR-Geheimdienstes und der Umgang mit seinen Akten. Mit Blick auf eine sich abzeichnende Wiedervereinigung Deutschlands bildete sich ein Konsens zwischen Vertretern der Modrow-Regierung und der Opposition, die Stasi-Akten möglicher unkontrollierter Verbreitung zu entziehen. Die Unterlagen sollten nicht in die Hände westlicher und östlicher Geheimdienste gelangen.[6] Entsprechend wurde u. a. eine weitgehende Vernichtung personenbezogener Datenträger der HVA befürwortet und umgesetzt.[7] Ein Beschluss des Runden Tisches war in diesem Zusammenhang von besonderer Bedeutung: Die Arbeitsgruppe Sicherheit des zentralen Runden Tisches beschloss am 20. Februar 1990 die Auflösung der HVA.[8] In dessen Folge betrieben die noch verbliebenen Mitarbeiter der HVA ohne Beteiligung der Opposition die Selbstauflösung des Auslandsgeheimdienstes und vernichteten gleichzeitig den Großteil seiner Akten.[9] In welchem Umfang HV-A-

---

3 Roger Engelmann u. a. (Hg.): Das MfS-Lexikon. Begriffe, Personen und Strukturen der Staatssicherheit der DDR. 4. Aufl., Berlin 2021, S. 153 f., hier 154.

4 Roger Engelmann, Christian Halbrock, Frank Joestel: Vernichtung von Stasi-Akten. Eine Untersuchung zu den Verlusten 1989/90. Berlin 2020, S. 18–25, hier 18.

5 »Mielke hat sich selber mißtraut«. »Spiegel«-Interview mit dem letzten Stasi-Spionagechef Werner Großmann über die Auflösung seines Dienstes. In: Der Spiegel 36/1990.

6 Jens Schöne: Erosion der Macht. Die Auflösung des Ministeriums für Staatssicherheit in Berlin (Schriftenreihe des Berliner Landesbeauftragten für die Unterlagen des Staatssicherheitsdienstes der ehemaligen DDR), Bd. 19. 4. Aufl., Berlin 2014, S. 50 f.

7 Roger Engelmann, Christian Halbrock, Frank Joestel: Vernichtung von Stasi-Akten. Eine Untersuchung zu den Verlusten 1989/90. Berlin 2020, S. 28.

8 Abschlussbericht der HVA – in Auflösung – über die Auflösung der ehemaligen HVA v. 19.6.1990; BArch, MfS, HVA Nr. 804, Bl. 5–19, hier 5.

9 Elke Sonntag (Bearb.): Aktenverzeichnis zum Teilbestand Hauptverwaltung Aufklärung des Ministeriums für Staatssicherheit der DDR. Berlin 2008, S. II–XII, hier IV.

Akten von Dritten – Privatpersonen und Institutionen – aus den Beständen entfernt worden sind, ist bis heute nicht bekannt.[10] Dass Teile des HV-A-Archivs der Vernichtung entgangen waren oder beiseite geschafft worden waren, zeigt die Verfilmung der Personen- und Vorgangsdatei und von Statistikbögen der HVA (Rosenholz-Dateien), die in den Besitz der CIA kam und nur teilweise ins Stasi-Unterlagen-Archiv zurückgeführt worden ist.[11]

Im Ergebnis weisen heute lediglich 49 laufende Meter (lfd. M.) der circa 111 Kilometer Stasi-Akten eine HV-A-Provenienz auf.[12] Etwa ein Drittel (17 lfd. M.) entfällt dabei auf die Ausgangsinformationen der HVA, das heißt auf die Berichte, mit denen der DDR-Auslandsgeheimdienst seine Informationen an Verantwortliche im Partei- und Staatsapparat übermittelte. Die Dokumente enthalten geheimdienstlich gewonnene Informationen vor allem über die Bundesrepublik und Westberlin, widmen sich jedoch darüber hinaus auch politischen, wirtschaftlichen und militärischen Entwicklungen in der übrigen Welt. Die Spannbreite der Themen reicht von der »Unterstützung revanchistischer Organisationen durch die Bonner Regierung« (EI 462/1963) bis zu »Aktuellen Aspekten der Beziehungen VR China – USA« (EI 166/1985), von den »afrikanischen Befreiungsbewegungen von Rhodesien, Südwestafrika und Mocambique« (EI 371/1966) bis zur »Entwicklung des Nuklearpotenzials Israels unter militärischen Aspekten« (EI 297/1986).

Mithilfe des rekonstruierten Systems der Informationsrecherche der HVA (SIRA) kann eine Verbindung zwischen den Informationseingängen (Eingangsinformationen) und den -ausgängen (Ausgangsinformationen) hergestellt werden. Bei SIRA handelt es sich um ein computergestütztes Informations- und Datenverarbeitungssystem, das die HVA seit Beginn der 1970er-Jahre zur Speicherung und zum Wiederauffinden von Informationen entwickelte. Diese Datenbank lässt häufig Rückschlüsse auf die den einzelnen Berichten zugrundeliegenden Quellen (in der Regel ein inoffizieller Mitarbeiter der HVA) zu,

---

10 Roger Engelmann, Christian Halbrock, Frank Joestel: Vernichtung von Stasi-Akten. Eine Untersuchung zu den Verlusten 1989/90. Berlin 2020, S. 30.
11 Es handelt sich um eine Sicherungskopie der verfilmten Karteikarten und Statistikbögen der Hauptverwaltung A, die auf ungeklärtem Weg in den Besitz des US-amerikanischen Auslandsgeheimdienstes Central Intelligence Agency (CIA) gelangte. Dieser übergab die Datensätze bis März 2003 an die Stasi-Unterlagen-Behörde, sofern sie Deutsche betrafen. Darunter sind inoffizielle Mitarbeiter (IM) und Kontaktpersonen der HVA in der Bundesrepublik. Nicht übergeben wurden Datensätze zu Ausländern. »Rosenholz« lautete die Aktionsbezeichnung des Bundesamtes für Verfassungsschutz, in deren Rahmen seine Mitarbeiter bei der CIA Einsicht in die Karteien nahmen.
12 Helmut Müller-Enbergs: Geschichte der HVA und ihrer Militärspionage. Analysen und Fallstudien (BF informiert, Nr. 44). Berlin 2021, S. 13; https://mueller-enbergs.de/files/101/buch-2021-01.pdf (letzter Zugriff: 26.8.2024).

die hier systematisch erfasst wurden.[13] Auf der Grundlage aufgefundener MfS-Datenträger gelang nach 1990 die Rekonstruktion von SIRA.[14] So ist es mithilfe der Angaben der HV-A-Ausgangsinformationen und aus dem wiederhergestellten SIRA-Recherchesystem beispielsweise Douglas Selvage und Walter Süß gelungen, die Bedeutung des MfS und seiner Informationen bei den Verhandlungen zur Konferenz für Sicherheit und Zusammenarbeit in Europa (KSZE), die der Entspannung zwischen Ost und West im Kalten Krieg dienen sollten, zu rekonstruieren.[15] Die von Forschung[16] und Medien intensiv genutzten Ausgangsinformationen[17] im Stasi-Unterlagen-Archiv weisen jedoch erhebliche Überlieferungslücken auf, die sich auf knapp 50 Prozent belaufen.[18]

Der Quellenwert der HV-A-Ausgangsinformationen ist nicht nur für die geheimdienstlichen Aktivitäten des MfS groß. Auch für die politische Geschichte des Kalten Krieges und der deutschen Teilung sind die Berichte relevant, weil sie an Mitglieder der Partei- und Staatsführung der DDR verschickt wurden und dort den außenpolitischen Meinungsbildungs- und Entscheidungsprozess unterstützen sollten. Darüber hinaus erhielten auch die »Bruderorgane« in den verbündeten sozialistischen Ländern Berichtsexemplare, sodass die MfS-Informationen über die Landesgrenzen hinweg innerhalb des sowjetischen Macht-

---

13 BStU/Abt. Archivbestände: Verzeichnis der Ausgangsinformationen der Hauptverwaltung A des Ministeriums für Staatssicherheit der DDR, Version 6.0. Bearbeitet von Stephan Konopatzky; online unter: https://www.bundesarchiv.de/assets/bundesarchiv/de/Publikationen/Verzeichnis_Ausgangsinformationen-HVA_2020_barrierearm.pdf (letzter Zugriff: 26.8.2024), S. 7–17, hier 7.

14 Weitere Informationen zu den aufgefundenen MfS-Datenträgern und zur Erschließung/Rekonstruktion von SIRA in: Stephan Konopatzky: Dokumentation SIRA-System der Informationsrecherche der Hauptverwaltung A des Ministeriums für Staatssicherheit der DDR; online unter: https://www.bundesarchiv.de/assets/bundesarchiv/de/Publikationen/Verzeichnis_SIRA_Informationsrecherche-HVA_2019_barrierearm.pdf (letzter Zugriff: 26.8.2024), S. 2–5.

15 Douglas Selvage, Walter Süß: Staatssicherheit und KSZE-Prozess. MfS zwischen SED und KGB (1972–1989) (Analysen und Dokumente, 54). Göttingen 2019.

16 Zum Wert der HV-A-Ausgangsinformationen für die Forschung und zur Überlieferungslage ebenda, S. 31 f. BStU/Abt. Archivbestände: Verzeichnis der Ausgangsinformationen der Hauptverwaltung A des Ministeriums für Staatssicherheit der DDR, Version 6.0. Bearbeitet von Stephan Konopatzky; online unter: https://www.bundesarchiv.de/assets/bundesarchiv/de/Publikationen/Verzeichnis_Ausgangsinformationen-HVA_2020_barrierearm.pdf (letzter Zugriff: 26.8.2024), S. 7–17, hier 7.

17 Im Zeitraum 2016 bis 2022 wurden insgesamt 5388 HV-A-Ausgangsinformationen Nutzerinnen und Nutzern des Stasi-Unterlagen-Archivs zur Verfügung gestellt. Der Verfasser dankt Stephan Konopatzky für diese Information.

18 BStU/Abt. Archivbestände: Verzeichnis der Ausgangsinformationen der Hauptverwaltung A des Ministeriums für Staatssicherheit der DDR, Version 6.0. Bearbeitet von Stephan Konopatzky; online unter: https://www.bundesarchiv.de/assets/bundesarchiv/de/Publikationen/Verzeichnis_Ausgangsinformationen-HVA_2020_barrierearm.pdf (letzter Zugriff: 26.8.2024), S. 12.

bereichs wirkten. Die Geheimdienste der Sowjetunion, Polens, Bulgariens oder Ungarns waren an den Ergebnissen der Westspionage der HVA sowie an politischen, wirtschaftlichen und militärischen Informationen aus praktisch allen Regionen der Welt interessiert und pflegten mit dem Ministerium für Staatssicherheit der DDR einen intensiven Informationsaustausch.[19] Eine Auswertung der SIRA-Teildatenbanken (TDB) 11–14[20] erbrachte beispielsweise hinsichtlich der von der HVA zwischen 1980 und 1989 an die Verbündeten übermittelten Informationen (im Fall der Sowjetunion auch massenhaft weitergeleiteten Eingangsinformationen) folgendes Ergebnis:

Sowjetunion	93 181
Polen	2 982
ČSSR	4 157
Ungarn	2 793
Bulgarien	4 285[21]

Es fällt auf, dass mit deutlichem Abstand vor den anderen Verbündeten die meisten Informationen an den sowjetischen Geheimdienst geliefert worden sind. Nahezu alle ostdeutschen Auslandsspionageinformationen wurden von der

---

19 Zum Informationsaustausch im Rahmen der Partnerdienstbeziehungen Georg Herbstritt: Entzweite Freunde. Rumänien, die Securitate und die DDR-Staatssicherheit 1950 bis 1989 (Analysen und Dokumente, 47). Göttingen 2016, S. 173–178; Christopher Nehring: Kleine Brüder des KGB. Die Kooperation von DDR-Auslandsaufklärung und bulgarischer Staatssicherheit (BF informiert, Nr. 42). Berlin 2019, S. 140–148; Tytus Jaskułowski: Von einer Freundschaft, die es nicht gab. Das Ministerium für Staatssicherheit der DDR und das polnische Innenministerium 1974–1990 (Analysen und Dokumente, 57). Göttingen 2021, S. 195–206.

20 Bestimmten informationsauswertenden Diensteinheiten der HVA waren Teildatenbanken (TDB) von SIRA zugeordnet. Die Teildatenbank 12 wurde von der Abteilung VII, der zentralen Auswertungsabteilung der HVA, genutzt, die aus eingehenden Berichten und Informationen zu außen-, innen-, wirtschafts- und militärpolitischen sowie militärischen Problemen der Zielländer Ausgangsinformationen erarbeitete. Die Teildatenbank 11 wurde von der Abteilung V des Sektors Wissenschaft und Technik der HVA zur Speicherung von Informationen aus dem Bereich der Industrie- und Wirtschaftsspionage genutzt. Hingegen sammelte die Abteilung VI der HVA in der TDB 13 alle Informationen, die zur Absicherung von Spionageeinsätzen unabdingbar waren. Zu diesen von der HVA »Regimeverhältnisse« genannten Erkenntnissen zählte aktuelles Wissen zum Aufenthaltsrecht, zum Grenzübertritt, zu Reisedokumenten und zu Treffpunkten. In der TDB 14 konzentrierte die Abteilung IX/C der HVA Informationen aus dem Bereich der Gegenspionage. Dabei handelte es sich um Wissen über Personal, Arbeitsweise und Einrichtungen gegnerischer Geheimdienste und der Spionageabwehr der Polizei. Vgl. Stephan Konopatzky: Dokumentation SIRA-System der Informationsrecherche der Hauptverwaltung A des Ministeriums für Staatssicherheit der DDR; online unter: https://www.bundesarchiv.de/assets/bundesarchiv/de/Publikationen/Verzeichnis_SIRA_Informationsrecherche-HVA_2019_barrierearm.pdf (letzter Zugriff: 26.8.2024), S. 30–36.

21 Georg Herbstritt: Entzweite Freunde. Rumänien, die Securitate und die DDR-Staatssicherheit 1950 bis 1989 (Analysen und Dokumente, 47). Göttingen 2016, S. 177, Fn. 469.

HVA an das Komitee für Staatssicherheit (Komitet Gosudarstvennoj Bezopasnosti – KGB) weitergereicht. Mit Fug und Recht firmiert die HVA deshalb als »Filiale des KGB«.[22] Eine Recherche nach den fehlenden Ausgangsinformation ist im FSB-Archiv gegenwärtig jedoch nicht möglich.

In den anderen Geheimpolizei-Archiven vormals staatssozialistischer Regime Mittel- und Südosteuropas stehen hingegen eine Vielzahl der HV-A-Ausgangsinformationen und weitere MfS-Dokumente zur Verfügung. Sie können heute in der Regel ohne Einschränkungen eingesehen und ausgewertet werden. Spätestens seit der Gründung der für die Geheimpolizeiakten zuständigen Behörden bzw. Archive u. a. in Polen, in der Tschechischen Republik, in Ungarn und in Bulgarien zwischen 1998 und 2007 sind die HV-A-Dokumente zugänglich. Douglas Selvage hat bereits im Jahr 2012 auf diesen Umstand hingewiesen und den Wert dieser Überlieferungen für die zeitgeschichtliche Forschung betont.[23]

Um erstmals systematisch in Mittel- und Südosteuropa nach den spezifischen HV-A-Dokumenten zu recherchieren und sie zu erfassen, begann 2022 ein Pilotprojekt unter der Leitung von Georg Herbstritt. Es zielt darauf ab, die beträchtlichen Überlieferungslücken im HV-A-Aktenbestand des Stasi-Unterlagen-Archivs zu füllen und ihre Nutzung für Wissenschaft, Medien und Betroffene zu ermöglichen. Mit diesem Projekt besteht erstmals nach der Rekonstruktion des Systems der Informationsrecherche SIRA 1998 und der Übernahme der »Rosenholz«-Unterlagen im Jahr 2003 die Chance, signifikante Fehlstellen in der HV-A-Überlieferung zu schließen.

Arten der HV-A-Ausgangsinformationen

In den über drei Jahrzehnten ihres Bestehens entstanden in der Hauptverwaltung A mehrere verschiedene Berichtsreihen, die für Empfänger inner- und außerhalb des MfS verfasst wurden. Ihre Genese und Verteiler liegen oftmals noch im Dunkeln und sollen im Rahmen des Projektes vertiefend erforscht werden. Die wichtigsten Reihen, die bei den bisherigen Recherchen in Erscheinung getreten sind, sollen im Folgenden kurz skizziert werden.[24]

---

22 Ebenda, S. 177.
23 Heiko Weckbrodt: »Bruderorgane« durchkreuzen nachträglich die Stasi-Aktenvernichtung. Oiger – Neues aus Wirtschaft und Forschung, 23.2.2012, https://oiger.de/2012/02/23/bruderorgane-durchkreuzen-nachtraglich-die-stasi-aktenvernichtung/10630 (letzter Zugriff: 1.7.2024).
24 Ausführlich zu den HV-A-Informationsreihen: BStU/Abt. Archivbestände: Verzeichnis der Ausgangsinformationen der Hauptverwaltung A des Ministeriums für Staatssicherheit der DDR, Version 6.0. Bearbeitet von Stephan Konopatzky; online unter: https://www.bundesarchiv.de/assets/bundesarchiv/de/Publikationen/Verzeichnis_Ausgangsinformationen-HVA_2020_barrierearm.pdf (letzter Zugriff: 26.8.2024), S. 12 f.

Als Hauptreihe der HV-A-Ausgangsinformationen fungierten die (Einzel-) Informationen (EI). Sie entstanden in der zweiten Hälfte der 1950er-Jahre und wurden bis zur Einstellung der Arbeit Ende November 1989 verfasst. Es handelt sich um themen- bzw. anlassbezogene Einzelberichte aus dem »Operationsgebiet«, womit im MfS-Jargon alle Länder bezeichnet wurden, in denen bzw. gegen die es geheimdienstliche Aktionen durchführte.[25] Die Einzelberichte lieferten der SED-Führung und ausgewählten Regierungsvertretern Informationen aus unterschiedlichen Weltregionen und Ländern mit Schwerpunkt auf der Bundesrepublik, Westberlin und Westeuropa sowie den USA. Die Spannbreite der Themen und Regionen war groß. Die EI konnten der »Entwicklung der Erdgasversorgung in der BRD« (EI 221/1973), der »innen- und außenpolitischen Situation Argentiniens« (EI 547/1981) oder der »NATO-Stabsrahmenübung ›Side Step‹ im Herbst 1959« (EI 466/1959) gewidmet sein.

Die Informationen betrafen faktisch jede Region der Welt und handelten von Konflikten, politischen Parteien, Militär und Rüstungsvorhaben, aber auch von wirtschafts- und entwicklungspolitischen Themen. Ab 1959 wurden diese Einzelinformationen der HVA gemeinsam mit den DDR-Inlandsberichten über die Zentrale Auswertungs- und Informationsgruppe (ZAIG) an ihre Empfänger in der DDR-Führungsriege verteilt.[26] Von insgesamt 20 139 nachweisbaren Einzelinformationen verfügt das Stasi-Unterlagen-Archiv in seinen Beständen mit 11 904 Titeln (Stand: August 2020) über etwas mehr als die Hälfte.[27]

Ein starker Ausdifferenzierungsprozess des Berichtswesens der HVA setzte in den 1970er-Jahren ein. Über die Gründe kann gegenwärtig nur gemutmaßt werden. Eine wichtige Rolle dürfte gespielt haben, dass mit der deutsch-deutschen Annäherung ab 1970 (u. a. Grundlagenvertrag 1972) und der folgenden internationalen Anerkennung der DDR die SED-Führung sowohl außenpolitisch handlungsfähiger wurde, als auch von außenpolitischen Belangen deutlich mehr in Beschlag genommen wurde. Die DDR nahm mit den meisten Ländern diplomatische Beziehungen auf, richtete Botschaften ein und entsandte Personal, da-

---

25 Zumeist galten die Bundesrepublik Deutschland und Westberlin als Operationsgebiet, der Begriff konnte aber auch jedes andere westliche oder neutrale Land einschließen. Aufgrund besonderer innenpolitischer Entwicklungen galten 1968/69 auch die Tschechoslowakei, spätestens seit den 1970er-Jahren faktisch Rumänien und in den 1980er-Jahren auch Polen als Operationsgebiet. Roger Engelmann u. a. (Hg.): Das MfS-Lexikon. Begriffe, Personen und Strukturen der Staatssicherheit der DDR. 4. Aufl., Berlin 2021, S. 253.
26 BStU/Abt. Archivbestände: Verzeichnis der Ausgangsinformationen der Hauptverwaltung A des Ministeriums für Staatssicherheit der DDR, Version 6.0. Bearbeitet von Stephan Konopatzky; online unter: https://www.bundesarchiv.de/assets/bundesarchiv/de/Publikationen/Verzeichnis_Ausgangsinformationen-HVA_2020_barrierearm.pdf (letzter Zugriff: 26.8.2024), S. 12.
27 Ebenda.

runter des MfS,[28] in viele Staaten. Nicht zuletzt trat die DDR einer Vielzahl internationaler Organisationen wie 1973 der UNO bei. Vor diesem Hintergrund benötigten die Spitzen von Partei und Regierung mehr, auch mit geheimdienstlichen Mitteln gewonnene, Informationen, die zunehmend mit Mitteln der elektronischen Datenverarbeitung (EDV) gespeichert und ausgewertet wurden.

Zu den Berichtsreihen, die in den 1970er-Jahren entstanden, gehörten die Aktuellen Informationsübersichten (AÜ bzw. AUE). Sie wurden am 26. August 1974 als kompakte und deutlich kürzere Übersichten zu den Themen der (Einzel-)Informationen eingeführt und blieben zunächst speziell drei Mitgliedern des höchsten Führungsgremiums der Partei, dem Politbüro des Zentralkomitees der SED, vorbehalten: Erich Honecker, Willi Stoph und Horst Sindermann.[29] Alle drei gehörten zu dieser Zeit nicht nur dem Nationalen Verteidigungsrat (NVR) an, dem seit 1960 bestehenden höchsten DDR-Gremium für Entscheidungen auf dem Gebiet der Landesverteidigung und Kriegsvorbereitung. Sie übten zu dieser Zeit auch weitere wichtige Funktionen aus: Erster Sekretär des Zentralkomitees der SED (Honecker), Staatsratsvorsitzender (Stoph) und Vorsitzender des Ministerrats (Sindermann).

Über die Funktion der Aktuellen Informationsübersichten gibt ein Briefentwurf von Staatssicherheitsminister Erich Mielke Auskunft, der vermutlich zusammen mit der ersten AUE-Ausgabe an Honecker, Stoph und Sindermann verschickt worden ist:

> Mit der Herausgabe der Aktuellen Informationsübersicht, die zunächst wöchentlich erscheinen soll, ist beabsichtigt, Sie in kurzer und übersichtlicher Form über die wichtigsten, vom MfS intern beschafften Informationen zu unterrichten. Damit soll Ihnen die Möglichkeit gegeben werden, die Ihnen zugehenden Informationen entsprechend Ihren speziellen Bedürfnissen besser auszuwählen. Soweit zu den in Aktuellen Informationsübersichten genannten Problemen ausführliche Informationen [d. h. Einzelinformationen – S. N.] erarbeitet werden, gehen diese Ihnen gesondert zu bzw. können von Ihnen angefordert werden.[30]

---

28 Zu Aufgaben und Bedeutung des MfS bei dieser Entwicklung Hermann Wentker: Außenpolitik in engen Grenzen. Die DDR im internationalen System 1949–1989. München 2007, S. 374 f.

29 BStU/Abt. Archivbestände: Verzeichnis der Ausgangsinformationen der Hauptverwaltung A des Ministeriums für Staatssicherheit der DDR, Version 6.0. Bearbeitet von Stephan Konopatzky; online unter: https://www.bundesarchiv.de/assets/bundesarchiv/de/Publikationen/Verzeichnis_Ausgangsinformationen-HVA_2020_barrierearm.pdf (letzter Zugriff: 26.8.2024), S. 12.

30 Brief, Mielke an Honecker, ohne Unterschrift, 26.8.1974; BArch, MfS, HV A, Bd. 121, Bl. 148, zit. nach: Douglas Selvage, Walter Süß: Staatssicherheit und KSZE-Prozess. MfS zwischen SED und KGB (1972–1989) (Analysen und Dokumente, 54). Göttingen 2019, S. 245, Fn. 62.

Nach der Einführung der Außenpolitischen Informationsübersichten (APÜ bzw. APUE) 1977 erhielt allein Honecker die Aktuellen Informationsübersichten. Andere ZK-Mitglieder wurden regelmäßig mit APUE beliefert.[31] 268 Ausgaben der insgesamt 400 bislang nachgewiesenen Ausgaben sind im Stasi-Unterlagen-Archiv überliefert.[32]

Außenpolitische Informationsübersichten bündelten ab 1977[33] Informationen zu verschiedenen Themen aus dem »Operationsgebiet« und waren in der Regel für ausgewählte ZK-Sekretäre, den Verteidigungsminister, den Vorsitzenden des Ministerrats und den DDR-Außenminister sowie ihre Stellvertreter bestimmt.[34] Jedoch wurden – wie im Fall der Einzelinformationen – auch die »Bruderorgane« der sozialistischen Verbündeten mit APUE-Ausgaben selektiv beliefert.[35] 428 APUE-Ausgaben mit 6 931 Einzeltiteln sind nachgewiesen, jedoch nur 294 Ausgaben im Stasi-Unterlagen-Archiv vorhanden und damit recherchier- und nutzbar.[36] Funde bislang nicht in SIRA verzeichneter und nicht im Stasi-Unterlagen-Archiv aufgefundener Informationen im Archiv des polnischen Instituts für Nationales Gedenken (Instytut Pamięci Narodowej – IPN) deuten darauf hin, dass die Zahl der Außenpolitischen Informationsübersichten noch größer war.[37]

Informationen zu militärischen Fragen des »Operationsgebiets« lieferten ab 1977 die Militärpolitischen Informationsübersichten (MPÜ bzw. MPUE). 91 der bislang ermittelten 111 Ausgaben liegen im Stasi-Unterlagen-Archiv vor.[38]

---

31 Douglas Selvage, Walter Süß: Staatssicherheit und KSZE-Prozess. MfS zwischen SED und KGB (1972–1989) (Analysen und Dokumente, 54). Göttingen 2019, S. 246.
32 BStU/Abt. Archivbestände: Verzeichnis der Ausgangsinformationen der Hauptverwaltung A des Ministeriums für Staatssicherheit der DDR, Version 6.0. Bearbeitet von Stephan Konopatzky; online unter: https://www.bundesarchiv.de/assets/bundesarchiv/de/Publikationen/ Verzeichnis_Ausgangsinformationen-HVA_2020_barrierearm.pdf (letzter Zugriff: 26.8.2024), S. 12.
33 Douglas Selvage, Walter Süß: Staatssicherheit und KSZE-Prozess. MfS zwischen SED und KGB (1972–1989) (Analysen und Dokumente, 54). Göttingen 2019, S. 245, Fn. 63. Vorläufer existierten bereits seit 1955. BStU/Abt. Archivbestände: Verzeichnis der Ausgangsinformationen der Hauptverwaltung A des Ministeriums für Staatssicherheit der DDR, Version 6.0. Bearbeitet von Stephan Konopatzky; online unter: https://www.bundesarchiv.de/assets/bundes archiv/de/Publikationen/Verzeichnis_Ausgangsinformationen-HVA_2020_barrierearm.pdf (letzter Zugriff: 26.8.2024), S. 12.
34 Übersicht bei Douglas Selvage, Walter Süß: Staatssicherheit und KSZE-Prozess. MfS zwischen SED und KGB (1972–1989) (Analysen und Dokumente, 54). Göttingen 2019, S. 246.
35 BStU/Abt. Archivbestände: Verzeichnis der Ausgangsinformationen der Hauptverwaltung A des Ministeriums für Staatssicherheit der DDR, Version 6.0. Bearbeitet von Stephan Konopatzky; online unter: https://www.bundesarchiv.de/assets/bundesarchiv/de/Publikationen/ Verzeichnis_Ausgangsinformationen-HVA_2020_barrierearm.pdf (letzter Zugriff: 26.8.2024), S. 12.
36 Ebenda.
37 Ebenda, S. 12, Fn. 19.
38 Ebenda, S. 12.

Wirtschaftspolitische Informationsübersichten (WPÜ bzw. WPUE) enthielten Sammlungen zu Wirtschafts- und Wissenschaftsthemen. Von 161 bekannten Ausgaben sind 96 im Stasi-Unterlagen-Archiv erhalten. Die Reihe wurde gleichfalls 1977 aufgelegt.[39]

Problem-, Länder-, Objekteinschätzungen (PES) wurden Analysen der Abteilung VII der HVA (Auswertungsabteilung) genannt, die auf geheimdienstlich gewonnenem und offen zugänglichem Material basierten und ab 1983 herausgegeben wurden. Sie wurden auch an »Bruderorgane« in anderen sozialistischen Ländern verschickt, sind mit 14 von 227 Ausgaben allerdings kaum im Stasi-Unterlagen-Archiv überliefert.[40] Im IPN-Archiv (AIPN) konnten folgende PES ermittelt werden:

- PES 1895/1984 Richtlinien führender EG-Gremien zur Verbesserung der Zusammenarbeit der Auslandsvertretungen der EG-Staaten in Drittländern,[41]
- PES 0005/1985 Haltung führender BRD-Regierungskreise zur Regelung wirtschafts- und finanzpolitischer Fragen mit der VR Polen,[42]
- PES 0173/1985 Einschätzung der ökonomischen Entwicklung in der VR Polen durch NATO-Führungskreise,[43]
- PES 1387/1986 Zur gegenwärtigen innenpolitischen Situation der BRD sowie zur Politik der BRD-Regierung gegenüber europäischen RGW-Staaten, insbesondere gegenüber der VR Polen.[44]

Weitere relevante Informationsreihen stellten die Personendossiers (PDOS) dar, die vor 1983 keine eigene Kategorie bildeten und als (Einzel-)Informationen verteilt wurden. Im Fokus stand vor allem das Führungspersonal bundesdeutscher Parteien und Mitglieder von Bundes- und Landesregierungen sowie in weitaus geringerem Maße einzelne Spitzenpolitiker der USA. Beispielsweise erstellte die HVA in den 1980er-Jahren u. a. Personendossiers über den CSU-Vorsitzenden Franz-Josef Strauß, das Mitglied der Bischofsynode im Vatikan Joseph Kardinal Ratzinger und die Bundestagsabgeordnete und Fraktionssprecherin der Grünen Antje Vollmer.[45] Ein Personendossier verband Informationen über Lebenslauf und nahe Angehörige, die politischen Standpunkte des Politikers

---

39 Ebenda, S. 13.
40 Ebenda.
41 AIPN BU 0449/38, Bd. 10, Bl. 24–27.
42 AIPN BU 0449/22, Bd. 32, Bl. 150.
43 AIPN BU 0449/6, Bd. 15, Bl. 206.
44 AIPN BU 0449/22, Bd. 31, Bl. 150–161.
45 BStU/Abt. Archivbestände: Verzeichnis der Ausgangsinformationen der Hauptverwaltung A des Ministeriums für Staatssicherheit der DDR, Version 6.0. Bearbeitet von Stephan Konopatzky; online unter: https://www.bundesarchiv.de/assets/bundesarchiv/de/Publikationen/Verzeichnis_Ausgangsinformationen-HVA_2020_barrierearm.pdf (letzter Zugriff: 26.8.2024), S. 1359–1365.

und eine Einschätzung der innerparteilichen Position bzw. der Stellung in der Regierungskoalition. Das Dossier informierte auch über Charaktereigenschaften, Hobbys und Lebensstil.[46] Bislang erweist sich die Überlieferungslage im Fall der Personendossiers als schwierig, weil nur wenige Dossiers von 139 verzeichneten Ausgaben im Stasi-Unterlagen-Archiv gesichert vorliegen.[47]

Es seien noch die Operativhinweise bzw. Operativinformationen (OH)[48] genannt, die ab 1970 eine eigene Kategorie der Informationssammlung zu Themen aus dem »Operationsgebiet« bildeten und mitunter auch östlichen Partnerdiensten zur Verfügung gestellt wurden.[49] Ähnlich wie bei den Einzelinformationen dominierten Themen aus Politik, Wirtschaft, Militär und Rüstung Westdeutschlands und Westberlins. Die Bandbreite der Fragestellungen reichte von Operativinformationen über die außerparlamentarische Opposition in Westdeutschland und Westberlin (OH 1 241/1968) bis zu einem Operativhinweis zum Verband der Chemischen Industrie der BRD (VCI) (OH 1 769/1987).[50] Seinem polnischen Partnerdienst übermittelte die HVA u. a. Operativinformationen über die Hauptaspekte der rüstungswirtschaftlichen Konzeption Westdeutschlands[51], über die derzeitige Lage und die Zukunftsaussichten der Europäischen Gemeinschaft für Atomenergie (EURATOM)[52] und über die gegenwärtigen Schwerpunktaktivitäten der Friedrich-Ebert-Stiftung[53]. Außerdem thematisierten einige Operativinformationen bzw. -hinweise Informationsbedarfe der HVA im »Operationsgebiet«, etwa über die rechtsradikalen militanten Kräfte und Gruppen in Westdeutschland und Westberlin (OH 2 800/1970), be-

---

46 Ministerrat der Deutschen Demokratischen Republik, Ministerium für Staatssicherheit, Zur Person von Hans-Dietrich Genscher, Vizekanzler und Außenminister der BRD, Vorsitzender der FDP, Berlin 25.9.1984; AIPN BU 0449/33, Bd. 2, Bl. 277–283.
47 BStU/Abt. Archivbestände: Verzeichnis der Ausgangsinformationen der Hauptverwaltung A des Ministeriums für Staatssicherheit der DDR, Version 6.0. Bearbeitet von Stephan Konopatzky; online unter: https://www.bundesarchiv.de/assets/bundesarchiv/de/Publikationen/Verzeichnis_Ausgangsinformationen-HVA_2020_barrierearm.pdf (letzter Zugriff: 26.8.2024), S. 13.
48 Ob beide Bezeichnungen synonym verwendet worden sind oder es ein Unterscheidungsmerkmal gab, konnte bislang nicht ermittelt werden.
49 BStU/Abt. Archivbestände: Verzeichnis der Ausgangsinformationen der Hauptverwaltung A des Ministeriums für Staatssicherheit der DDR, Version 6.0. Bearbeitet von Stephan Konopatzky; online unter: https://www.bundesarchiv.de/assets/bundesarchiv/de/Publikationen/Verzeichnis_Ausgangsinformationen-HVA_2020_barrierearm.pdf (letzter Zugriff: 26.8.2024), S. 13.
50 Ebenda, S. 1349, 1358.
51 Operativinformation über die Hauptaspekte der rüstungswirtschaftlichen Konzeption Westdeutschlands, o. Nr., 3.12.1971; AIPN BU 02011/68, Bl. 119–133.
52 Operativinformation über die derzeitige Lage und die Zukunftsaussichten der Europäischen Gemeinschaft für Atomenergie (EURATOM), o. Nr., 25.5.1972; AIPN BU 0449/38, Bd. 3, Bl. 270–283.
53 Operativinformation über gegenwärtige Schwerpunktaktivitäten der Friedrich-Ebert-Stiftung, OH 505/1975, 26.3.1975; AIPN BU 0449/45, Bd. 8, Bl. 113–122.

züglich der Lageentwicklung im Libanon (OH 1 990/1983) und zur Partei »Die Grünen« in der BRD (OH 1 725/1984).

Archivrecherchen

Für die Recherchen nach den fehlenden HV-A-Berichten erwies sich das Archiv des polnischen Instituts für Nationales Gedenken (Archiwum Instytutu Pamięci Narodowej – AIPN) als besonders aussichtsreich. Erstens wurde bereits in früheren Forschungsprojekten des Stasi-Unterlagen-Archivs HV-A-Material in den polnischen Geheimdienstakten des Warschauer Archivs lokalisiert.[54] Zweitens ist die Erschließung im IPN-Archiv sehr weit fortgeschritten, was einen systematischen und wahrscheinlich auch vollständigen Zugriff auf einschlägige Überlieferungen ermöglicht. Damit können infrage kommende Bestände – nicht aber einzelne Akten – in den Findmitteln ausgemacht werden. Drittens wird die Arbeit sehr erleichtert, weil die relevanten IPN-Akten überwiegend digitalisiert vorliegen, sodass die einschlägigen Bestände online durchgesehen werden können.

So fanden sich HV-A-Ausgangsinformationen vor allem im Teilbestand IPN BU 0449 (Ministerstwo Spraw Wewnętrznych w Warszawie – Innenministerium in Warschau [1944] 1954–1990), der sowohl Auslandsberichte sozialistischer Partnerdienste als auch der polnischen Staatssicherheit selbst aus den 1980er-Jahren enthält. Er umfasst 855 Archiveinheiten mit schätzungsweise 350 000 Blatt. Die HV-A-Ausgangsinformationen legten die polnischen Geheimdienstmitarbeiter dort nicht nach dem Provenienzprinzip ab, sondern ordneten die Informationen entsprechend ihrem Inhalt unterschiedlichen Themen, Regionen und Ländern zu. Aus diesem Grund liegen die ostdeutschen Dokumente verstreut in den Akten vor und müssen quer durch den Bestand recherchiert werden.

Im Teilbestand 0449 wurden bislang 1 518 MfS- bzw. HV-A-Dokumente ermittelt und erfasst. Von diesen konnten 586 HV-A-Ausgangsinformationen bestehende Überlieferungslücken im Stasi-Unterlagen-Archiv schließen. Dieser unerwartet hohe Prozentsatz von mehr als einem Drittel neuer Funde lässt erwarten, dass die Arbeit im AIPN erheblich den Wissensstand über das HV-A-Berichtswesen erweitern wird. Qualitativ handelt es sich im Wesentlichen um Einzelinformationen, Teile von Außenpolitischen, Aktuellen, Militärpolitischen und Wirtschaftspolitischen Informationsübersichten sowie um Operativhinweise, Personendossiers und Problem-, Länder- und Objekteinschätzungen, mithin also ein vermutlich repräsentativer Querschnitt durch die HV-A-Berichtsserien der 1980er-Jahre. Darüber hinaus wurden in dem Teilbestand nahezu 100 Doku-

---

54 Douglas Selvage, Walter Süß: Staatssicherheit und KSZE-Prozess. MfS zwischen SED und KGB (1972–1989) (Analysen und Dokumente, 54). Göttingen 2019, S. 31–34, hier 31.

mente ermittelt, die sich zunächst keiner der bekannten Informationsreihen zuordnen lassen, aber offensichtlich ebenfalls im Rahmen des Informationsaustauschs zwischen polnischer und ostdeutscher Staatssicherheit nach Warschau gelangten. Es handelt sich entweder um HV-A-Informationen, die mangels entsprechender Kennzeichnung und Verzeichnung nicht exakt einer Serie zugeordnet werden konnten oder um Informationen anderer MfS-Abteilungen wie beispielsweise der Hauptabteilung II (Spionageabwehr), die ihrerseits parallel zur HV A einen intensiven Informationsaustausch mit ihrem geheimdienstlichen Pendant in der Volksrepublik Polen pflegte. Weitere Recherchen sind nötig, um diese Informationen zu kontextualisieren und im Berichtssystem des MfS zu verorten.

Im Rahmen der Recherche fiel auf, dass das MfS offenbar mehr HV-A-Informationen nach Polen geschickt hat als bislang bekannt. Mehr als die Hälfte der aufgefundenen Dokumente besaß auf Grundlage der Angaben im SIRA-System keinen Weitergabevermerk »Polen«.[55] Auch dieser erste Eindruck deutet darauf hin, dass die bislang in der Forschung bekannte Kooperation zwischen MfS und polnischer Geheimpolizei intensiver gewesen sein könnte als bislang angenommen.[56]

In einem zweiten Teilbestand mit 1 119 Archiveinheiten (AIPN BU 02011), der Auslandsberichte der 1960er- und 1970er-Jahre beinhaltet, dauern die Recherchen an. Doch auch hier zeichnet sich bereits jetzt ab, dass die Auswertung im Sinne des Projektes überaus fruchtbar sein wird. Bislang konnten über 350 weitere HV-A-Ausgangsinformationen recherchiert werden, die im Stasi-Unterlagen-Archiv nicht vorliegen.

Parallel zu den Arbeiten im IPN-Archiv wurde eine erste Recherche im Archiv der bulgarischen Kommission zur Offenlegung der Dokumente und Bekanntmachung der Zughörigkeit bulgarischer Bürger zur Staatssicherheit und zum Nachrichtendienst der Bulgarischen Volksarmee,[57] kurz COMDOS-

---

55 Mit Stand vom 15.4.2024 wurden im IPN-Archiv 2 466 HV-A-Dokumente ermittelt. Dabei lag für 1 022 Informationen in SIRA ein Weitergabevermerk »Polen« vor. Im Fall von 1 444 Ausgangsinformationen fehlte eine entsprechende Angabe.

56 Tytus Jaskułowski: Von einer Freundschaft, die es nicht gab. Das Ministerium für Staatssicherheit der DDR und das polnische Innenministerium 1974–1990 (Analysen und Dokumente, 57). Göttingen 2021, S. 195–206, hier 196.

57 Nach der Verabschiedung eines entsprechenden Gesetzes im Jahr 2006 nahm im Jahr 2007 die Kommission zur Offenlegung der Dokumente und Bekanntmachung der Zugehörigkeit bulgarischer Bürger zur Staatssicherheit und zum Nachrichtendienst der Bulgarischen Volksarmee (Комисия за разкриване на документите и за обявяване на принадлежност на български граждани към Държавна сигурност и разузнавателните служби на Българската народна армия – КРДОПБГДСРСБНА bzw. Committee for disclosing the documents and announcing affiliation of Bulgarian citizens to the State Security and intelligence services of the Bulgarian National Army – COMDOS) ihre Arbeit auf. Sie verfügt über ein Archiv, in dem die überlieferten Akten der bulgarischen Staatssicherheit verwahrt werden. Im Folgenden wird das englischsprachige Akronym COMDOS verwendet. Vgl. comdos.bg.

Archiv, durchgeführt. Auch dort befinden sich HV-A-Ausgangsinformationen verstreut in den Archivbeständen der bulgarischen Staatssicherheit. Bislang konnten HV-A-Einzelinformationen aus dem Zeitraum 1965 bis 1979 ermittelt werden, mit denen sich ebenfalls einige Überlieferungslücken im Stasi-Unterlagen-Archiv schließen lassen. Darüber hinaus wurden auch Informationen ermittelt, die von der HVA sowohl an das polnische Innenministerium als auch an die bulgarische Staatssicherheit verschickt worden sind und somit im IPN- und im COMDOS-Archiv überliefert sind. Damit wird ein Abgleich der Berichte hinsichtlich Vollständigkeit möglich, der sich insbesondere bei den nur fragmentarisch überlieferten Informationen als hilfreich erweisen könnte. Umgekehrt sind nach einem systematischen Abgleich auch Unterschiede in der Informationspolitik des MfS mit seinen befreundeten Diensten zu erwarten.

In diesem Zusammenhang versprechen die in den Aktenordnern zur Zusammenarbeit Bulgarische Staatssicherheit (Dăržavna Sigurnost – DS) – MfS in großer Zahl überlieferten Begleitschreiben der MfS-Abteilung X (Internationale Verbindungen)[58] weitere Erkenntnisse. Sie verweisen auf weitere Einzelinformationen und Außenpolitische Informationsübersichten aus Ostberlin, die bislang noch nicht aufgefunden wurden. Sofern sie nicht vernichtet wurden, müssten sie sich im COMDOS-Archiv nachweisen lassen. Anders als in Warschau sind die Akten in Sofia nicht digitalisiert, weshalb zeitaufwendige Recherchen vor Ort noch ausstehen.[59]

Schlussbemerkung

Zweifellos zählen die Ausgangsinformationen der Hauptverwaltung A des Ministeriums für Staatssicherheit zu den interessanten Quellen der Zeitgeschichtsforschung. Von Interesse sind sie für die Intelligence History mit Bezügen zum MfS und zu dessen Auslandsspionage. Letztere pflegte mit ihren Partnerdiensten in den sozialistischen »Bruderländern« einen intensiven geheimdienstlichen Informationsaustausch, der nicht zuletzt aufgrund der Überlieferungslage bislang nur partiell erforscht werden konnte.[60] Eine inhaltliche Analyse und Be-

---

58 Die Abteilung X entstand 1956 und war für die Zusammenarbeit mit den Sicherheitsorganen befreundeter Staaten zuständig. Dazu zählten der Informationsaustausch, Übersetzerdienst und protokollarische Aufgaben.

59 Parallel zu den Recherchen in Polen und Bulgarien wurde auch im tschechischen Archiv der Sicherheitsdienste (Archiv bezpečnostních složek – ABS) in Prag mit der Suche nach HV-A-Ausgangsinformationen begonnen. Wie in Warschau besteht die Möglichkeit, online in den relevanten Archivbeständen zu recherchieren.

60 Georg Herbstritt: Entzweite Freunde. Rumänien, die Securitate und die DDR-Staatssicherheit 1950 bis 1989 (Analysen und Dokumente, 47). Göttingen 2016, S. 173–178; Christopher Nehring: Kleine Brüder des KGB. Die Kooperation von DDR-Auslandsaufklärung und bulgarischer Staatssicherheit. Berlin 2019, S. 140–148; Tytus Jaskułowski: Von einer Freund-

wertung der zahlreichen neu aufgefundenen HV-A-Dokumente sowie eine weitere Erforschung des geheimdienstlichen Informationsaustauschs zwischen den Auslandsaufklärungen und somit der geheimdienstlichen Vernetzung der sozialistischen Geheimdienste in Mittel- und Südosteuropa stehen noch aus.

Es stellen sich Fragen nach dem Umfang des Austauschs, den inhaltlichen Schwerpunkten und nach dem Auswertungsprozess der Empfänger-Dienste in den Auslandsgeheimdiensten des sowjetischen Blocks. Im Detail ist darüber hinaus vielfach zu wenig beleuchtet worden, auf welche Weise und in welchem Ausmaß gelieferte Informationen in Lagebilder und Bewertungen durch die Partner einflossen und womöglich politisches Handeln beeinflussten. Zu ergründen gilt es, ob angesichts der Existenz von Kurz- und Sonderfassungen von Berichten an die »Bruderorgane« gegebenenfalls Vorbehalte bestanden, sich gegenseitig umfassend zu informieren.

Die HV-A-Ausgangsinformationen stellen gleichermaßen eine wertvolle Quelle für Untersuchungen zu verschiedenen Aspekten des Kalten Krieges dar. So lassen sich die meisten Konflikte, Bürgerkriege und Krisen seit Anfang der 1960er-Jahre aus einer nicht selten ideologisch überformten Perspektive des ostdeutschen Geheimdienstes nachvollziehen. Über Jahrzehnte hinweg dokumentieren sie aus Ostberliner Sicht die Entwicklung von internationalen Organisationen wie der NATO, der Europäischen Gemeinschaft und der Vereinten Nationen. Mindestens als komplementäre Überlieferung zu anderen Archivbeständen und Akten westeuropäischer und amerikanischer Provenienz sind die Berichte von Bedeutung, so lange westliche Aktenbestände, insbesondere Akten der Geheimdienste, weiter der Geheimhaltung unterliegen. Die Liste der in den HV-A-Ausgangsinformationen behandelten Themen ist auf der Ebene der deutsch-deutschen Beziehungen lang: Ostpolitik der Bundesrepublik, Entwicklung der Vertriebenenverbände oder des Ost-West-Handels. Nimmt man die Ausgangsinformationen der anderen sozialistischen Auslandsspionageabteilungen wie der Sowjetunion, Bulgariens, Ungarns oder der Tschechoslowakei hinzu, ergibt sich ein noch differenzierteres Bild des jeweiligen Untersuchungsgegenstandes. Bis zur Freigabe der sowjetischen Akten in den russischen Archiven lohnen deshalb Recherchen in den Archiven der ehemaligen sowjetischen Satelliten Mittel- und Südosteuropas.

---

schaft, die es nicht gab. Das Ministerium für Staatssicherheit der DDR und das polnische Innenministerium 1974–1990 (Analysen und Dokumente, 57). Göttingen 2021, S. 195–206.

Michael Weins

Die Überlieferungsbildung der zivilen Nachrichtendienste im Bundesarchiv

Probleme und Herausforderungen

Will man über die Überlieferungsbildung von Nachrichtendiensten sprechen, so kommt man nicht umhin, einige Anmerkungen zum Gegenstand selbst zu machen. In der Literatur wird ein »grundsätzliches gesellschaftliches Interesse«[1] an der Rolle von Nachrichtendiensten in demokratischen Staaten konstatiert, welches sich »aus der grundsätzlichen Spannung zwischen dem Transparenzanspruch von Demokratien und der Praxis von Nachrichtendiensten, die in allen Ländern von einer Kultur des Geheimnisses geprägt ist«[2], speist. Aus diesem Gegensatz zwischen der Nachprüfbarkeit des Verwaltungshandelns in Demokratien und dem der Arbeit der Nachrichtendienste immanenten Geheimhaltungsbedürfnis wachsen jedoch Bedenken oder sogar Befürchtungen in demokratischen Gesellschaften, die durch immer wiederkehrende Skandale befeuert werden und sich regelmäßig in öffentlicher Empörung Bahn brechen.[3] So bemerken auch die Archivarinnen und Archivare des Bundesarchivs in ihren Dienstakten: »Zweifellos ist die Diskrepanz zwischen den in den Diensten herrschenden Vorstellungen über ›Sicherheit‹ und den Interessen der Öffentlichkeit ein besonderes Spannungsfeld, das zu Konflikten führen kann.«[4] Dieses Spannungsfeld konnte aus Sicht des Bundesarchivs nur aufgelöst werden, wenn die Dienste ihre Unterlagen in angemessenen Fristen dem zuständigen Archiv übergeben und damit auch grundsätzlich der Öffentlichkeit zugänglich machen.[5]

Die spezifischen Sicherheitsinteressen, die die Nachrichtendienste immer wieder dazu nutzten, die Anbietung und Übergabe archivwürdiger Unterlagen hinauszuzögern, wurden vom Bundesarchiv weitgehend anerkannt. Dort war man sich einig, dass weniger die Prüfung des Textes des Bundesarchivgesetzes »als vielmehr langfristige archivpolitische und verantwortungsvolle Zusammen-

---

1 Constantin Goschler, Michael Wala: »Keine neue Gestapo«. Das Bundesamt für Verfassungsschutz und die NS-Vergangenheit. Reinbeck bei Hamburg 2015, S. 11.
2 Ebenda, S. 10.
3 So auch ebenda, S. 10 f., 363.
4 Dienstakte (DA) 2254/5: BArch an BMI vom 9.2.1993.
5 Ebenda: Die Konflikte »werden vor allem dann offenkundig werden, wenn die Dienste ihre Unterlagen nicht in angemessenen Fristen dem Bundesarchiv übergeben und der Öffentlichkeit zugänglich machen«.

arbeit (Vertrauensbildung, Abbau unbegründeter Ängste usw.)«[6] die Probleme lösen könnten. »Die Notwendigkeit des Umdenkens und der Gewöhnung, dass ›Sicherheitsinteressen‹ einmal enden, ist ausführlich erörtert worden«, so die Archivarinnen und Archivare weiter. »Die verantwortlichen Mitarbeiter [bei den Nachrichtendiensten] sind hierfür aufgeschlossen und wollen diesen Entwicklungsprozess unterstützen.«[7]

In den letzten 15 bis 20 Jahren trugen mehrere Ereignisse dazu bei, dass die wissenschaftliche Forschung und die Öffentlichkeit sich verstärkt mit den zivilen Nachrichtendiensten beschäftigen durften und mussten. Dies führte dann wiederum zu einem gewissen Öffnungsdruck auf die Nachrichtendienste und damit zu einer verstärkten Zusammenarbeit zwischen den Nachrichtendiensten und dem Bundesarchiv.

Das Erste ist die Aufarbeitung der frühen Behördengeschichten verschiedener Ministerien und oberer Bundesbehörden, die sogenannte »Behördenforschung«[8], ab Mitte der 2010er-Jahre.

Ausgehend von der Studie zum Auswärtigen Amt (erschienen 2010)[9] folgten mehrere Ausarbeitungen, die letztlich auch den Sicherheitsbereich betrafen, darunter auch die Studien zum Bundesamt für Verfassungsschutz (BfV)[10], zum Bundesnachrichtendienst (BND)[11] und zum Bundeskriminalamt (BKA)[12]. Im Falle der Nachrichtendienste wollten Politik und Wissenschaft vor allem wissen, »wie stark diese Behörde[n] in früheren Jahren durch einstige Gestapo- oder SS-Offiziere geprägt worden war[en] – und ob sich im Falle des BfV das offen-

---

6 Ebenda: Stellungnahme zum Mitzeichnungsvermerk des Referates Z 3 und des Abteilungsleiters Z vom 12.7.1993.
7 Ebenda.
8 Vgl. den Überblick über das Forschungsfeld von Christian Mentel, Niels Weise: Die zentralen deutschen Behörden und der Nationalsozialismus. Stand und Perspektiven der Forschung. München, Potsdam 2016 sowie zusammengefasst und aktualisiert von Christian Mentel, Niels Weise: Die NS-Vergangenheit deutscher Behörden. In: APuZ 73 (2017) 14–15, S. 16–21. Demnach haben bisher rund 20 Bundesministerien und nachgeordnete Behörden Projekte zur wissenschaftlichen Erforschung ihrer Vor- und Frühgeschichte in Auftrag gegeben. Erste Ergebnisse wurden veröffentlicht in: Stefan Creuzberger, Dominik Geppert (Hg.): Die Ämter und ihre Vergangenheit. Ministerien und Behörden im geteilten Deutschland 1949–1972. Bonn 2018.
9 Eckart Conze u. a.: Das Amt und die Vergangenheit. Deutsche Diplomaten im Dritten Reich und in der Bundesrepublik. München 2010.
10 Zum BfV vgl. Constantin Goschler, Michael Wala: »Keine neue Gestapo«. Das Bundesamt für Verfassungsschutz und die NS-Vergangenheit. Reinbeck bei Hamburg 2015.
11 Vgl. die diversen Veröffentlichungen der Unabhängigen Historikerkommission zur Erforschung der Geschichte des Bundesnachrichtendienstes 1945–1968, hg. von Jost Dülffer, Klaus-Dietmar Henke, Wolfgang Krieger und Rolf-Dieter Müller: http://www.uhk-bnd.de/?page_id=340 (letzter Zugriff: 5.7.2024).
12 Imanuel Baumann u. a.: Schatten der Vergangenheit. Das BKA und seine Gründungsgeneration in der frühen Bundesrepublik. Köln 2011.

kundige Versagen gegenüber dem NSU darauf zurückführen ließ«.[13] Allgemein sollte die Frage beantwortet werden, ob Sicherheitsbehörden aufgrund solcher Prägungen auf dem »rechten Auge« blind seien und ihre Mitarbeiter sich in erster Linie damit beschäftigen, kritische Stimmen von links zu beobachten.[14] »Wie sollte man in der neuen politischen und rechtlichen Ordnung mit ehemaligen Trägern des NS umgehen? Welche Abstufungen und Abgrenzungen waren dabei sowohl auf juristischer als auch auf moralischer und politischer Ebene vorzunehmen?«[15]

Das Zweite sind die beiden großen Geheimdienstskandale der letzten Jahre. Zum einen sind das die Enthüllungen über die rechtsextreme Terrorgruppe NSU – der »Nationalsozialistische Untergrund«, die mehr als 13 Jahre lang raubend und mordend durch Deutschland gezogen ist, vorwiegend türkische Geschäftsleute erschossen hat und immer wieder unerkannt entkommen konnte, ohne dass die Sicherheitsbehörden das ausländerfeindliche Motiv dieser Mordserie erkannt hatten.[16] Ein rassistisches Motiv wurde zunächst nicht in Betracht gezogen. Im Gegenteil: Es wurde zunächst gegen die betroffenen Familien ermittelt. Dies änderte sich erst mit der Enttarnung des NSU im November 2011. Es folgten Diskussionen über V-Leute, Aktenvernichtungen, diverse parlamentarische Untersuchungsausschüsse sowie der langjährige Prozess gegen Beate Zschäpe als überlebendes Mitglied der rechten Terrorzelle. Die Obleute des ersten NSU-Untersuchungsausschusses 2013 im Deutschen Bundestag bezeichneten die Tatsache, dass weder die Mord- und Anschlagsserie des Netzwerks verhindert, noch die Täter ermittelt werden konnten, als »beschämende Niederlage der deutschen Sicherheits- und Ermittlungsbehörden«.[17] Zu nennen sind hier aber auch die Enthüllungen über den amerikanischen Geheimdienst NSA (National Security Agency) und seine Zusammenarbeit mit dem BND. Es wurde die Frage aufgeworfen, »welche Informationen westliche Geheimdienste eigentlich sammeln, wer sie dabei kontrolliert und wozu sie diese Daten schließlich nutzen«.[18]

---

13 Constantin Goschler, Michael Wala: »Keine neue Gestapo«. Das Bundesamt für Verfassungsschutz und die NS-Vergangenheit. Reinbeck bei Hamburg 2015, S. 10.
14 Ebenda.
15 Sabrina Nowak: Sicherheitsrisiko NS-Belastung. Personalüberprüfungen im Bundesnachrichtendienst in den 1960er Jahren. Berlin 2016, S. 11.
16 NSU-Komplex. In: APuZ 73 (2023) 37–38.
17 Abschlussbericht des ersten NSU-Untersuchungsausschusses, Bundestagsdrucksache (BT-Drs.) 17/14600, 22.8.2013, S. 829, https://dserver.bundestag.de/btd/17/146/1714600.pdf (letzter Zugriff: 1.7.2024).
18 Constantin Goschler, Michael Wala: »Keine neue Gestapo«. Das Bundesamt für Verfassungsschutz und die NS-Vergangenheit. Reinbeck bei Hamburg 2015, S. 10.

Als letzter Punkt soll noch der Kabinettsbeschluss der Bundesregierung vom 16. September 2009[19] hervorgehoben werden. Dieser forderte den Bundesminister des Innern auf, in der Allgemeinen Verwaltungsvorschrift des Bundesministeriums des Innern zum materiellen und organisatorischen Schutz von Verschlusssachen (VS-Anweisung – VSA) nach Maßgabe bestimmter Eckpunkte eine Regelung zur pauschalen zeitlich gestaffelten Öffnung von Verschlusssachen (VS) der Bundesbehörden zu schaffen.[20]

Damit sollte Historikern, Journalisten und auch der Öffentlichkeit ein noch besserer vereinfachter Zugang zu historischen Akten und Unterlagen der Bundesregierung und deren Geschäftsbereichsbehörden eröffnet werden. Bis zu diesem Zeitpunkt wurde den Bedürfnissen von Wissenschaft, Medien und der Allgemeinheit bei konkreten Anfragen soweit möglich durch konkrete Herabstufung von begehrten Einzeldokumenten begegnet. Dieser Zugang richtete sich in erster Linie nach dem Bundesarchivgesetz und den darin enthaltenen Voraussetzungen.[21]

Die gestaffelte Regelung des heutigen § 19 VSA sollte eine grundsätzliche Öffnung der sogenannten Alt-VS schaffen; dies betraf Verschlusssachen, die vor dem 1. Januar 1995 entstanden sind. Dadurch wurde der Zugang zu diesen Akten für Forschung, Medien und Allgemeinheit deutlich verbessert.

60 Jahre nach Gründung der Bundesrepublik sollten Materialien aus den Archiven möglichst zügig und vollständig zugänglich gemacht werden. Soweit Regelungen zum Geheimschutz auch heute noch dieser Absicht entgegenstehen, sollten diese Hindernisse auf das unbedingt erforderliche Maß zurückgeführt werden.[22]

Mit der infolge des Kabinettsbeschlusses novellierten VSA 2010 gingen auch vermehrt einsetzende Klagen von Einzelpersonen und Journalisten vor Gerichten gegen die Zurückhaltung längst offen geglaubter Informationen der Nachrichtendienste einher.[23]

---

19 Bundesarchiv, B 403/39043 und 39044: Kabinettvorlage des BMI ÖS III 3 – 606 522-1/1 und des BKM K 43 – 325 100/62 vom 1. September 2009: Beschluss über die Öffnung von Verschlusssachen des Bundes und Einrichtung einer Datenbank beim Bundesarchiv für die Einstellung von Verschlusssachen, deren Einstufung nicht oder erst später aufgehoben sein soll.
20 Heute § 19 der Allgemeinen Verwaltungsvorschrift zum materiellen Geheimschutz (Verschlusssachenanweisung – VSA) vom 13. März 2023.
21 Bundesarchiv, B 403/39043 und 39044, Sprechzettel für den Regierungssprecher.
22 Ebenda.
23 Jost Dülffer: Geheimdienst in der Krise. Der BND in den 1960er-Jahren. Berlin 2018, S. 29.

Überlieferungsbildung

Die Überlieferungsbildung[24] gilt als die zentrale Daueraufgabe von Archiven. Die Erfüllung dieser anspruchsvollen Aufgabe setzt allerdings sowohl eine strukturierte Aktenführung in den betreuten Verwaltungen als auch ein geordnetes und regelmäßiges Anbietungs- und Übernahmeverfahren der Unterlagen voraus. Nur dadurch ist eine ausgewogene Bewertungsentscheidung über die Archivierung oder Vernichtung der Unterlagen sowie die weiteren archivischen Arbeitsschritte bis hin zur Einsichtnahme der archivwürdigen Materialien durch Forschung und Öffentlichkeit möglich. Die Überlieferungsbildung umfasst im Vorfeld insbesondere die Beratung bei der Schriftgutverwaltung, denn je besser diese in den jeweiligen Behörden oder Dienststellen ist, umso effektiver kann ein Archiv seine Aufgaben im Rahmen der Überlieferungsbildung wahrnehmen. Dies gilt heute bei der Einführung digitaler Systeme umso mehr, da hier auch immer die spätere Anbietung, Bewertung und Übergabe der dann genuin digitalen Unterlagen sichergestellt werden muss.

Archive beraten auch bei der Aussonderung der für die Tätigkeit der jeweiligen Verwaltungen nicht mehr benötigten Unterlagen aller Art. Die Archivarinnen und Archivare analysieren dabei einzelne Verwaltungsbereiche durch Behördenbesuche und nehmen Akteneinsicht mit dem Ziel, im Hinblick auf Aufgaben, Entscheidungsprozesse und Beteiligte die aussagekräftigsten Unterlagen zu ermitteln und möglichst keine Sachverhalte mehrfach zu überliefern.

Archivwürdige Unterlagen werden anhand fachlicher Kriterien im Benehmen mit der aussondernden Stelle für künftige Nutzerinnen und Nutzer ausgewählt und dauerhaft gesichert. Dabei werden diejenigen Unterlagen zur dauernden Aufbewahrung ausgewählt, denen ein historischer Wert in politischer, rechtlicher, wirtschaftlicher, sozialer oder kultureller Hinsicht zukommt oder die der Sicherung berechtigter Belange der Bürgerinnen und Bürger dienen. Zusätzlich kann auch nichtstaatliches Archivgut als Ergänzung der behördlichen Überlieferung, insbesondere von (beteiligten) Personen oder von anderen nichtstaatlichen Stellen, herangezogen werden.

Das Ziel ist die Bildung einer aussagekräftigen Überlieferung, die das Verwaltungshandeln und die Erfüllung der Fachaufgaben der Stelle dokumentiert. Aus Verwaltungsunterlagen der Gegenwart werden dann die historischen Quellen der Zukunft.

---

24 Überlieferungsbildung = Umfassende Verantwortung der Archive zur Sicherung des schriftlich tradierten historischen Erbes im Archivsprengel durch Ermittlung und Darstellung der gesellschaftlichen Wirklichkeit. Maßgebliches Kriterium für die Übernahme entsprechender Materialien ist deren Archivwürdigkeit. Vgl. Marcus Stumpf (Hg.): Praktische Archivkunde. Ein Leitfaden für Fachangestellte für Medien- und Informationsdienste, Fachrichtung Archiv. Münster 2018, S. 356.

Archivische Arbeitsprozesse setzen also nicht erst zu dem Zeitpunkt ein, wenn eine Behörde ihre Altregistratur zur Aussonderung anbietet. Zugunsten einer ganzheitlichen Überlieferungsbildung müssen die Archive bereits in einem möglichst frühen Stadium in den Verwaltungen präsent sein, um die Schriftgutströme entsprechend den archivischen Anforderungen zu kanalisieren und um letztlich auch (absichtliche oder unabsichtliche) Vernichtungen von Unterlagen zu vermeiden. Wenn Archivarinnen und Archivare wissen, welche Unterlagen in den Registraturen vorhanden sind, können ihnen diese nur schwer vorenthalten werden.

Bestandsaufnahme: Die Überlieferung der Nachrichtendienste im Bundesarchiv

Nach der Herstellung erster Kontakte mit den Dienststellen der zivilen Nachrichtendienste dauerte es rund 30 Jahre (BND) bzw. 50 Jahre (BfV) bis die ersten Abgaben von Unterlagen an das Bundesarchiv erfolgten. Diese wurden den Beständen B 206 (Bundesnachrichtendienst) und B 443 (Bundesamt für Verfassungsschutz) des Bundesarchivs zugeordnet.

Bereits in den 1980er- und 1990er-Jahren wurden vom BND Unterlagen der ehemaligen Wehrmacht angeboten und von der Abteilung Militärarchiv des Bundesarchivs in Freiburg im Breisgau übernommen. Bei einer Anbietung und Abgabe aus dem Jahr 1995 handelte es sich um Akten der Generalstabsabteilung des Heeres »Fremde Heere Ost«. Diese wurden von der Vorläuferorganisation des BND, der Organisation Gehlen, genutzt, teilweise fortgeschrieben und aus diesem Grund dem Bundesarchivbestand B 206 Bundesnachrichtendienst zugeordnet. Die erste Abgabe von originären BND-Unterlagen erfolgte mit den militärischen Lageberichten Ost jedoch erst im Jahr 2003.[25]

Der Schwerpunkt der unterdessen im Bundesarchiv entstandenen Überlieferung des BND umfasst Erkenntnisse aus dem Bereich der operativen Beschaffung und Auswertung zum ehemaligen Ostblock mit Schwerpunkten auf der Aufklärung in der Sowjetunion und insbesondere der DDR. Besonders erwähnenswert sind dabei die chronologisch abgelegten Meldungen und Lageberichte zur innen- und außenpolitischen, wirtschaftlichen, gesellschaftlichen sowie militärischen Lage.[26] Seit Dezember 2014 übernimmt das Bundesarchiv sukzessive

---

25 DA 2254/6: Vermerk Referat B 1 für den Präsidenten des Bundesarchivs vom 21.7.2003: »Seit Jahrzehnten wurde das dicke Brett [...] gebohrt. Das Bohren hat nun endlich zum Erfolg geführt. Die Zustimmung der Leitung des BND ist mit Fug und Recht als ›historischer Moment‹ zu sehen.«

26 Vgl. dazu ausführlicher Elke-Ursel Hammer: »Archivwesen« im Bundesnachrichtendienst und Bestand B 206 im Bundesarchiv. Von Quellen-/Methodenschutz und dem historischen Interesse. In: Mitteilungen aus dem Bundesarchiv 12 (2004) 1, S. 42–44.

auch die frühe Überlieferung des BND bis 1968, die nur noch auf Mikrofilm vorliegt und u. a. Grundlage für die Arbeit der »Unabhängigen Historikerkommission (UHK) zur Erforschung der Geschichte des BND 1945–1968« war. Darüber hinaus übernahm das Bundesarchiv in den letzten Jahren zum ersten Mal auch Personalakten von Mitarbeitern und Mitarbeiterinnen des BND.

Die ersten originären Akten des BfV wurden im Jahr 2007 in den Bestand B 443 (BfV) des Bundesarchivs übernommen, obwohl die fachlichen Kontakte zum BfV bereits bis Ende der 1950er-Jahre zurückreichten. Die thematischen Schwerpunkte der überlieferten Unterlagen waren Amtsleitertagungen der Verfassungsschutzbehörden, chronologische und thematische Presseübersichten, Jahresberichte (Verfassungsschutzberichte), Dienstanweisungen und Dienstvorschriften, Meldungen zu Personen und Organisationen (Beobachtungs-, Berichts- und Ermittlungswesen), Einzelfälle aus dem Bereich der Spionageabwehr und Verratsfälle sowie Personal(rest)akten. Leider sind die Aktenmengen zu den einzelnen Punkten sehr ungleich verteilt. So ist zum Beispiel ein starkes Übergewicht bei den Presseübersichten festzustellen (rund ein Drittel des Bestandes), die heute in dieser Menge nicht mehr übernommen werden.

Rechtliche Grundlagen

Ein Zweifel an der Anbietepflicht der Nachrichtendienste besteht nicht (bzw. nicht mehr). Auch die Nachrichtendienste fallen unter den § 5 des Bundesarchivgesetzes (BArchG),[27] was den Archivarinnen und Archivaren des Bundesarchivs das gesetzlich verbriefte Recht zur Einsichtnahme in Unterlagen und Registraturhilfsmitteln in den Behörden selbst gibt. Auch die Anbietung und Übernahme elektronischer Unterlagen ist in § 5 BArchG geregelt.

Eine der umstrittensten Neuregelungen findet sich jedoch im 2017 neu eingeführten § 6 des BArchG. Grundsätzlich bestätigt dieser zwar die (eigentlich bereits in § 5 BArchG enthaltene) Anbietepflicht der Nachrichtendienste (»Unterlagen der Nachrichtendienste sind anzubieten«), definiert aber gleichzeitig Ausnahmen (»wenn sie deren [der Nachrichtendienste] Verfügungsberechtigung unterliegen und zwingende Gründe des nachrichtendienstlichen Quellen- und Methodenschutzes sowie der Schutz der Identität der bei ihnen beschäftigten Personen einer Abgabe nicht entgegenstehen.«). § 6 BArchG unterstreicht damit das Regel-/Ausnahmeverhältnis. Bei enger Auslegung der Norm könnten die Nachrichtendienste eine Sonderrolle erhalten, die zu einer Abschottung führen könnte. Damit würden Wissenschaft und Forschung, Verwaltung und interessierter Öffentlichkeit auf absehbare Zeit Informationen entzogen, die zum

---

27 Gesetz über die Nutzung und Sicherung von Archivgut des Bundes (Bundesarchivgesetz – BArchG) vom 10.3.2017, i.d.F. vom 20.12.2022.

Nachvollzug und Verständnis der deutschen Geschichte unabdingbar sind. Auf die bereits in § 3 Nr. 8 Informationsfreiheitsgesetz (IFG)[28] enthaltene Bereichsausnahme für die Nachrichtendienste soll an dieser Stelle nur hingewiesen werden.

Aus archivischer Sicht könnte die Anwendung des § 13 Abs. 1 Nr. 1 BArchG (die Versagung oder Einschränkung der Nutzung der Unterlagen, wenn das Wohl der Bundesrepublik Deutschland oder eines ihrer Länder gefährdet würde) dem Interesse der Nachrichtendienste an Quellen-, Methoden- und Identitätsschutz grundsätzlich genügen. Dies führt dann zwar zu einem eingeschränkten Nutzungsrecht der Bürgerinnen und Bürger, stellt jedoch einen Ausgleich zwischen dem Recht der Öffentlichkeit auf Einsichtnahme in Archivgut des Bundes und dem Schutz der Arbeitsweise der Nachrichtendienste dar.

In der Praxis wird der § 6 des BArchG dahingehend ausgelegt, dass die darin genannten Hinderungsgründe nicht der Anbietung von Unterlagen, sondern lediglich der Abgabe von Unterlagen entgegenstehen. Ansonsten käme die Bewertung von angebotenen Unterlagen der Nachrichtendienste durch das Bundesarchiv völlig zum Erliegen. Eine sach- und fachgerechte Überlieferungsbildung wäre somit nicht mehr möglich.

Für die Überlieferungsbildung immer wichtiger wurden in den letzten Jahren auch die (soweit vorhanden) Spezialgesetze der anbietungspflichtigen Behörden selbst (hier: Bundesverfassungsschutzgesetz (BVerfSchG)[29] und BND-Gesetz (BNDG)[30]). Auch darin müssen, auch wenn es sich um die Verarbeitung sensibler personenbezogener Daten bei den einzelnen Behörden handelt, entsprechende Rückverweise auf das Bundesarchiv und das BArchG enthalten sein. Insbesondere wenn es um die Löschung von Daten geht, sollte in den Spezialgesetzen der Nachrichtendienste die Anbietung und Abgabe an das Bundesarchiv geregelt sein, damit die betroffenen Behörden Regelungen in ihren Gesetzen nicht als Rechtsgrundlage für nicht genehmigte Vernichtungen heranziehen. Gesetzesnovellen sollten daher dringend genutzt werden, um die Löschvorschriften der einzelnen Gesetze um ein Löschsurrogat zu ergänzen. Dadurch könnten dann Daten, die eigentlich zu löschen wären, ersatzweise dem Bundesarchiv angeboten werden.[31]

---

28 Gesetz zur Regelung des Zugangs zu Informationen des Bundes (Informationsfreiheitsgesetz – IFG) vom 5.9.2005, i.d.F. vom 19.6.2020.
29 Gesetz über die Zusammenarbeit des Bundes und der Länder in Angelegenheiten des Verfassungsschutzes und über das Bundesamt für Verfassungsschutz (Bundesverfassungsschutzgesetz – BVerfSchG) vom 20.12.1990, i.d.F. vom 19.12.2022.
30 Gesetz über den Bundesnachrichtendienst (BND-Gesetz – BNDG) vom 20.12.1990, i.d.F. vom 5.7.2021.
31 Bettina Martin-Weber: Spezialgesetzliche Löschungsgebote und archivgesetzliche Anbietungspflicht – kein Gegensatz. In: Forum – Das Fachmagazin des Bundesarchivs, 2013, S. 16–20.

Im BVerfSchG ist dies im § 13 Abs. 3 Satz 5 der Fall. Im BNDG findet sich eine solche Regelung nicht. Da es sich aber an mehreren Stellen auf das BVerfSchG bezieht, ist eine solche Anbiete- und Abgabepflicht von Daten in Akten vor Löschung jedoch unstrittig. Problematisch ist die Tatsache, dass die Regelungen nur für Daten in Akten und nicht für Daten in Datenbanken oder Registern gelten. Das wird Archivarinnen und Archivare in den nächsten Jahren noch sehr beschäftigen. Ein Überlieferungsverlust ist in diesem Bereich bereits seit Jahren insbesondere dann zu vermuten, wenn die Daten aus Datenbanken und Registern nicht Eingang in die Akten selbst gefunden haben.

Besonderheiten der Unterlagen der Nachrichtendienste

Der Umgang mit Unterlagen der Nachrichtendienste ist aus archivischer Sicht in vielerlei Hinsicht problematisch. Erstens enthalten die Unterlagen aufgrund der spezifischen Aufgaben der Nachrichtendienste überwiegend personenbezogene Informationen, zweitens können die Unterlagen Dokumente enthalten, die nach der VSA des Bundes oder der jeweiligen Länder als Verschlusssache eingestuft sind, drittens können die Unterlagen Informationen enthalten, die aus dem Verfassungsschutzverbund (= Zusammenarbeit der Verfassungsschutzbehörden des Bundes und der Länder) stammen (»Weitergabevorbehalt«), viertens können die Unterlagen Material von ausländischen Nachrichtendiensten enthalten (sogenanntes AND- oder Partnermaterial), fünftens können die Unterlagen Informationen zu den Methoden der Arbeit der Nachrichtendienste enthalten, sechstens können die Unterlagen Material über Quellen der Nachrichtendienste enthalten und zu guter Letzt siebentens können in den Unterlagen auch Informationen zu Mitarbeitern der Nachrichtendienste enthalten sein.

Mit den ersten beiden Punkten können die Archivarinnen und Archivare des Bundesarchivs gut umgehen, weil es zum einen im BArchG und zum anderen in der VSA klare Regelungen gibt, wie mit dieser Art von Unterlagen umzugehen ist. Hier helfen vor allem die Fristenregelungen des BArchG für den Zugang zu Unterlagen, die personenbezogene Informationen enthalten, sowie die mittlerweile in § 19 Abs. 2 Nr. 3 VSA verankerte Frist von 30 Jahren zur Offenlegung von VS, es sei denn, die Frist wird nach einer Prüfung begründet verlängert. Eine Ausnahme gilt hier namentlich für Unterlagen des BND, dessen VS erst nach 60 Jahren offen sind.

Schwieriger wird die Sache, wenn Unterlagen in den Akten enthalten sind, die aus dem Verfassungsschutzverbund oder gar von ausländischen Nachrichtendiensten stammen. Eine Regelung, dass Archive grundsätzlich nicht vom Weitergabevorbehalt bzw. der sogenannten »Third-Party-Rule« betroffen sind, mithin also nicht als dritte Partei angesehen werden, ist nur schwer durchzusetzen. Immerhin sorgen mittlerweile regelmäßige Treffen zwischen den Archiven des Bundes und der Länder mit den jeweiligen Verfassungsschutzämtern des Bundes und der Länder dafür, dass das Thema auch bei den abgebenden Stellen als Problem für die Archive erkannt und diskutiert wird. Ob die Beteiligten hier zu einer Einigung kommen werden, die im Idealfall für alle Staatsarchive und Verfassungsschutzämter in Deutschland gleichermaßen gilt, bleibt abzuwarten. Das Problem auf internationaler Ebene zu lösen, ist aufgrund der hiermit verbundenen immensen Verwaltungsaufwände nicht möglich.

Die bereits angesprochene Problematik im Zusammenhang mit dem Methoden-, Quellen- und Mitarbeiterschutz lässt sich wohl nur lösen, wenn sich Archive und Nachrichtendienste ebenfalls auf die Festlegung von verbindlichen Schutzfristen, die über die in den Landesarchivgesetzen bzw. dem Bundesarchivgesetz nachgehaltenen Fristen hinausgehen, einigen können. Diese würden sowohl aufseiten der abgebenden Stellen, als auch aufseiten der Archive die Arbeit wesentlich erleichtern und zu mehr Rechtssicherheit führen. Alle Bearbeitenden können sich auf die festgelegten Fristen berufen. Eine Einzelfallentscheidung wäre nur noch in wenigen Fällen nötig. Eine Transparenz gegenüber Dritten wäre somit gegeben.

Die archivische Zusammenarbeit mit den Nachrichtendiensten

Wie hat sich das bisher Beschriebene auf die archivische Zusammenarbeit mit den Nachrichtendiensten ausgewirkt und welche Maßnahmen hat das Bundesarchiv im Einvernehmen mit den abgebenden Stellen getroffen, um dennoch eine aussagekräftige Überlieferung im Bereich der Nachrichtendienste bilden zu können? Im Vordergrund stehen dabei zurzeit die Sicherung der noch vorhandenen Unterlagen und die Wiederaufnahme von regelmäßigen Übernahmen.

Zunächst ist festzuhalten, dass beide Nachrichtendienste »Archivbereiche« geschaffen haben, die insbesondere bei der Sicherung der Unterlagen, die sich noch bei den Nachrichtendiensten befinden, einen nicht zu unterschätzenden Faktor darstellen. Mittlerweile teilweise ausgestattet mit Mitarbeiterinnen und Mitarbeitern, die archivischen Sachverstand mitbringen, hat man dort den internen Einblick in die Registraturen vor Ort. Sich diese Stellung zu erarbeiten, war nicht immer leicht. Aber die Rückendeckung der jeweiligen Hausleitungen, insbesondere im Zuge der Aufarbeitung der Frühgeschichte der Behörden, stärkte die Stellung der »Archivbereiche« und half bei der Durchsetzung deren Forderung, dass Akten, die in den Fachbereichen nicht mehr benötigt werden, zunächst den internen »Archivbereichen« zur Sicherung der Unterlagen übergeben werden. Der Überblick über den möglichst vollständigen schriftlichen Niederschlag einer Behörde ist der erste Schritt zu deren Sicherung. Letztlich führt dies dann auch zur Vermeidung beabsichtigter oder unbeabsichtigter Vernichtungen von Unterlagen bei den Nachrichtendiensten. Darüber hinaus bringen die Mitarbeiterinnen und Mitarbeiter der Nachrichtendienste ihr Fachwissen ein, indem sie Kennzeichnungen bzw. Bewertungsempfehlungen an einzelnen Akten anbringen. Dies geschieht auf Grundlage des § 3 Abs. 2 Satz 2 BArchG, der besagt, dass die Feststellung des bleibenden Werts der Unterlagen im Benehmen mit der anbietenden Stelle stattfinden soll. Damit wird das Bundesarchiv auf Fälle, Vorgänge oder Verfahren aufmerksam gemacht, die vonseiten der Bearbeiter in den Nachrichtendiensten als dokumentationswürdig und auf Dauer aufzuheben eingeschätzt werden. Eine Kennzeichnung durch die Nachrichtendienste führt allerdings nicht automatisch zur Archivwürdigkeit eines Vorgangs, sondern dient lediglich zur Orientierung und Einordnung eines Sachverhalts. Allein das Bundesarchiv entscheidet über den bleibenden Wert der angebotenen Unterlagen. Dessen Entscheidung ist bei Meinungsverschiedenheiten mit der abgebenden Stelle abschließend. Natürlich behält sich das Bundesarchiv vor, auch Unterlagen zu prüfen, bei denen die Kennzeichnung nicht erfolgt ist. Nur auf die Kennzeichnung der Mitarbeiterinnen und Mitarbeiter kann und darf sich das Bundesarchiv nicht verlassen. Es muss seine Bewertungshoheit aktiv ausüben.

Ziel ist es, ein regelmäßiges, möglichst automatisiertes Anbietungsverfahren zu etablieren. Im Vorfeld eines Bewertungsbesuchs vor Ort erhält das Bundesarchiv Anbietungslisten mit Unterlagen. Das können neben analogen Akten, auch sogenannte Lesekarten (Mikrofiches), Mikrofilme oder elektronische Akten sein, deren behördliche Aufbewahrungsfristen abgelaufen sind und die für die weitere Arbeit in der Behörde nicht mehr benötigt werden. Das Bundesarchiv prüft diese Listen auf potenziell archivwürdige Unterlagen und kennzeichnet diese auf den Abgabeverzeichnissen. Potenzielles Archivgut kann dabei bereits herausgefiltert und kenntlich gemacht werden. Diese Listen dienen während des folgenden Bewertungsbesuchs in der Behörde selbst als Arbeitsgrundlage.

Beim Bewertungsbesuch, der sowohl in den jeweiligen Archivbereichen, wie auch in den einzelnen Registraturen stattfinden kann, werden die Unterlagen dann einer sogenannten Aktenautopsie unterzogen und dabei die endgültige Bewertungsentscheidung getroffen.[32] Archivwürdige Unterlagen werden von Mitarbeiterinnen und Mitarbeitern des Bundesarchivs mittels eines Bundes-

---

32 Kriterien für eine positive Bewertungsentscheidung können bspw. sein: Bundesweite Tätigkeit der beobachteten Organisation bzw. Person, Umfang der politischen und gesellschaftlichen Aktivität sowie Bekanntheit einer Organisation bzw. Person, fortgeschrittenes Lebensalter einer Person, aufgrund der Annahme einer höheren Position des Betreffenden in einer verfassungsfeindlichen Organisation, Feststellung eines Ereignisses von öffentlicher Wirkmächtigkeit, Beobachtungszeitraum (Aktenlaufzeit), die Menge der angefallenen Meldungen zu einer Organisation bzw. Person, die Erwähnung in den Medien, die Erwähnung im jährlichen Verfas-

archivstempels als Archivgut gekennzeichnet. Nur Unterlagen, denen das Bundesarchiv keinen bleibenden Wert beimisst dürfen bei den Nachrichtendiensten vernichtet werden. Die beiden Behörden zur Verfügung stehende vollständig gekennzeichnete Anbietungsliste belegt die Arbeit des Bundesarchivs vor Ort und benennt eindeutig die von den Nachrichtendiensten abzugebenden Unterlagen. Im Folgenden beginnt nun in den abgebenden Stellen ein aufwendiger Prüfprozess, der die Akten im besten Fall offenlegen und somit abgabereif machen soll.

Festzustellen ist jedoch, dass beim nunmehr folgenden Abgabeprozess insbesondere der § 6 Abs. 1 Satz 2 BArchG ein Problem darstellt. Die Nachrichtendienste stellen sich auf den Standpunkt, ihre Unterlagen so lange nicht abgeben zu können, wie zwingende Gründe des nachrichtendienstlichen Quellen- und Methodenschutzes oder der Schutz der Identität der bei ihnen beschäftigten Personen einer Abgabe entgegenstehen. Sie tun zwar alles, die Akten offenzulegen (Anschreiben sämtlicher Herausgeber von Fremd-VS sowie der Landesämter für Verfassungsschutz und sogar ausländischer Nachrichtendienste), aber eine vollständige Offenlegung von Akten gelingt nur in den seltensten Fällen. Ein Beispiel dafür sind die zitierten Akten der Historikerkommission des BND.[33]

Aufgrund der möglichen Besonderheiten einzelner Dokumente (VS, Mitarbeiterschutz, Quellenschutz, Methodenschutz, AND-Material) hat das Bundesarchiv daher im Einvernehmen mit den Nachrichtendiensten bei der Abgabe von Akten eine Aktenteilung eingeführt. Führt die Prüfung zur Offenlegung bei einzelnen Dokumenten nicht zum Erfolg, werden die in der Akte befindlichen »problematischen« Dokumente entnommen und durch ein Entnahmeblatt ersetzt, welches anstelle des Originals in die abzugebende Akte eingeheftet wird. Die Benutzerinnen und Benutzer finden darauf die wichtigsten Metadaten zum entnommenen Dokument sowie die von den abgebenden Stellen festgelegten Fristen von Verschlusssachen oder zum Mitarbeiter-, Quellen- und Methodenschutz. So können sie während der Benutzung entscheiden, ob eine Offenlegung des Dokuments unabdingbar für ihr (Forschungs-)Anliegen ist oder ob ohne die Informationen im entnommenen Dokument der Benutzungszweck erfüllt wird.

Alle nicht offengelegten Dokumente werden in einem oder mehreren nicht offenen Teil(en) der Akte eingeheftet und im Geheimarchiv des Bundesarchivs gesichert. Dokumente, die AND-Material oder Quellenschutzinformationen

---

sungsschutzbericht, (bei Beschaffungsakten) die Anzahl und Qualität der gelieferten Berichte sowie eine lange Dauer der Zusammenarbeit.

33 DA 2254/6: Am 6. Oktober [2016] wurden von der UHK erste Ergebnisse präsentiert. Die zitierten Unterlagen sollten zeitnah an das Bundesarchiv abgegeben werden. Problem: Es konnten nur wenige der zitierten Akten komplett offengelegt werden (ca. 40 Stück). Der Rest enthielt vor allem AND-Material, das dem Bundesarchiv nicht übergeben werden durfte. Die Akten sollten daher geteilt werden. Der offene Teil inkl. geschwärzten Einlegeblättern wurde abgegeben. Die AND-Materialien verblieben beim BND. Vgl. Vermerk Referat B 4 vom 2.11.2016.

enthalten, verbleiben bei den Nachrichtendiensten. Nach Ablauf der festgelegten Fristen werden diese entweder als offene Dokumente wieder in den Hauptband (offenen Teil) zurücksortiert oder die Frist wird verlängert. Mit entsprechendem Zeitablauf wird die Akte in Gänze für die Benutzung zur Verfügung stehen.

Schlussfolgerungen

Die Kontakte des Bundesarchivs zu den Nachrichtendiensten und die Zusammenarbeit des Bundesarchivs mit den Nachrichtendiensten ist vertrauensvoll und gut. Man kennt sich und respektiert sich. Die Bewertungen vor Ort funktionieren reibungslos und die Menge der Unterlagen, die das Bundesarchiv in den Nachrichtendiensten bewertet, kann sich sehen lassen.

Schwierig wird es erst, wenn es zur Übergabe bzw. Übernahme der Unterlagen kommen soll. Hier sieht sich das Bundesarchiv zurzeit mit hohen rechtlichen Hürden konfrontiert. So wäre es wichtig, den § 6 BArchG explizit auf die Übergabe der Unterlagen anzuwenden. So, wie er zurzeit formuliert ist, steht er einer Anbietepflicht der Nachrichtendienste entgegen und könnte als eine Art Bereichsausnahme für die Nachrichtendienste interpretiert werden. Diesem Umstand könnte durch zwei Dinge entgegengewirkt werden: mit der Einführung verbindlicher Schutzfristen für Informationen zu Quellen, Mitarbeiterinnen und Mitarbeitern sowie Methoden der Nachrichtendienste und mit dem Ausbau des Systems der Aktenteilung. Beides würde die Nachrichtendienste von aufwendigen Prüfarbeiten entlasten, müssen die Beschäftigten in den Nachrichtendiensten doch zurzeit jeden Einzelfall begutachten und entscheiden. Die Implementierung verbindlicher Schutzfristen würde sowohl aufseiten der Nachrichtendienste, wie auch aufseiten der Archive, insbesondere wenn es am Ende um eine mögliche Benutzung der Akten geht, für Rechtssicherheit sorgen.

Daneben brauchen die Archive eindeutige Regelungen im Bereich der elektronischen Daten und Unterlagen. Es muss klar sein, dass die archivische Arbeit in Zukunft auch nicht-papiergebundene Informationen im Blick hat. Klare Regelungen im BArchG oder in den Spezialgesetzen der Nachrichtendienste würden hier ebenfalls Rechtssicherheit in beide Richtungen schaffen.

Die Arbeit einer modernen Verwaltung verschiebt sich immer mehr in Richtung Datenbanken und Register, die Grundlagen von sogenannten Fachverfahren sind. Die Aktenführung erfolgt heute immer mehr über Dokumentenmanagementsysteme. Von den abgebenden Stellen anzubieten und von den Archiven zu übernehmen sind dann am Ende des Tages elektronische Akten und Fachverfahrensdatenbanken. Dies muss aber für beide Seiten klar in den entsprechenden Gesetzen geregelt sein.

Martin Stief

Die ZAIG – Nachrichtenzentrale der Stasi

Zwischen Juni 1953 und Dezember 1989 belieferte das Ministerium für Staatssicherheit (MfS)[1] die Partei- und Staatsführung der DDR regelmäßig mit Berichten zu innen-, wirtschafts- und gesellschaftspolitischen Themen. Innerhalb des MfS war die Zentrale Auswertungs- und Informationsgruppe (ZAIG) für die Redaktion und Verteilung dieser Berichte verantwortlich. Kurz nach dem Volksaufstand 1953 als »Informationsgruppe« eingerichtet, entwickelte sich diese Diensteinheit zur Nachrichtenzentrale des MfS und wurde »zentrale Schaltstelle im Apparat der Staatssicherheit« mit weitreichenden Befugnissen über das Berichtswesen hinaus.[2] Im Folgenden wird die institutionelle Entwicklung der ZAIG und die Entwicklung ihrer Inlandsberichterstattung dargestellt. Daran anschließend werden die Empfänger der Berichte näher beleuchtet. Die Inlandsberichte der Staatssicherheit sind weitgehend vollständig überliefert und werden seit dem Jahr 2009 vom Stasi-Unterlagen-Archiv in der Edition »Die DDR im Blick der Stasi. Die geheimen Berichte an die SED-Führung« herausgegeben.[3] Über die internen Abläufe der Berichterstellung und ihrer Verteilung ist allerdings wenig bekannt. Doch hat die Beschäftigung mit diesen Fragen mittlerweile einige neue Aspekte zutage gefördert, die im Lichte der Grundlagenforschung im Folgenden betrachtet werden sollen.

Die Entwicklung der Nachrichtenzentrale und ihres Berichtswesens

Die Anfänge des Berichtswesens reichen bis in das Jahr 1951 zurück. Die für die Postkontrolle verantwortliche Abteilung der Staatssicherheit fertigte seinerzeit anhand geöffneter Briefe Berichte zur Bevölkerungsstimmung.[4] Des Weite-

---

1 Zwischen Juli 1953 und November 1955 war die Staatssicherheit kein Ministerium (MfS), sondern als Staatssekretariat (SfS) im Ministerium des Innern eingegliedert, im Sinne der Einheitlichkeit wird hier durchgängig MfS bzw. Ministerium gebraucht.
2 Roger Engelmann, Frank Joestel: Die Zentrale Auswertungs- und Informationsgruppe (Hg. BStU, MfS-Handbuch). Berlin 2009, S. 3.
3 In der Reihe sind Stand Januar 2024 bislang 17 von insgesamt 37 Jahrgängen erschienen. Alle edierten Dokumente samt wissenschaftlicher Einleitung zu jedem Jahrgang sind abrufbar unter: www.ddr-im-blick.de (letzter Zugriff: 1.7.2024).
4 Roger Engelmann, Frank Joestel: Die Zentrale Auswertungs- und Informationsgruppe (Hg. BStU, MfS-Handbuch). Berlin 2009, S. 17.

ren scheint die Geheimpolizei ab 1952 auch fallweise Situations- bzw. Lageberichte verfasst zu haben, die dem SED-Vorsitzenden Walter Ulbricht zugestellt wurden.[5] Ab Januar 1953 existierte zudem ein Informationsbüro, das Stasi-Minister Wilhelm Zaisser direkt unterstellt war, über dessen Arbeit aber aufgrund der schlechten Aktenlage kaum etwas bekannt ist. Eine regelmäßige Berichterstattung gab es zu dieser Zeit aber noch nicht.

Erst am Abend des 17. Juni 1953 nahm das MfS eine regelmäßige Informationstätigkeit an die Partei- und Staatsführung auf. Für diese Aufgabe war es jedoch schlecht aufgestellt: Weder verfügte es über entsprechende Strukturen, noch konnte es auf ausreichend qualifiziertes Personal für die Auswertung und Fertigung von Informationen zurückgreifen. Dennoch arbeiteten die im August 1953 installierten Informationsgruppen sehr bald regulär und versandten regelmäßig Berichte, die den Titel »Informationsdienst zur Beurteilung der Situation« trugen. Im Oktober 1953 erhielten die Informationsdienste eine feste Gliederung und ein gedrucktes Vorblatt.[6] Später wurde der Titel um die Angabe »in der DDR« präzisiert und die Gliederung mehrfach verändert.[7] Zu dieser Zeit war das MfS ganz auf Stimmungsberichterstattung fokussiert. Die Bezirksverwaltungen erhielten zu diesem Zweck konkrete Anweisungen aus der Zentrale, wie zum Beispiel im Oktober 1954: »Sie werden gebeten, Berichte über die Stimmung der Bevölkerung zur Regierungserklärung des Genossen Otto Grotewohl vor der Volkskammer [...] anfertigen zu lassen.«[8]

Die Sammlung entsprechender Informationen sollte vorrangig über konspirative Kanäle erfolgen, die Diensteinheiten waren angehalten, ihre »Geheimen Informatoren«, »Geheimen Mitarbeiter« und »Kontaktpersonen«[9] zum Beispiel

---

5 Hinweise auf solche Berichte finden sich in Aufstellungen zum Nachlass von Walter Ulbricht. Das MfS übernahm 1973 »Materialien aus dem Ministerium für Staatssicherheit«, die Ulbricht bis zu seinem Ableben nicht an das MfS und andere Institutionen zurückgegeben hatte. Darunter 8 Berichte, die zwischen 4.2. und 21.4.1952 datieren. Vgl. BArch, MfS, SdM Nr. 2581, Bl. 5–8; ebenda Nr. 616, Bl. 7–11.

6 Gliederung ab Oktober 1953: 1. Die Lage in Industrie, Verkehr, Handel und Landwirtschaft, 2. Stimmung der übrigen Bevölkerung, 3. Ereignisse von besonderer Bedeutung, 4. Feindtätigkeit, 5. Stimmen aus Westberlin und Westdeutschland, 6. Einschätzung der Situation.

7 Zusatz »in der DDR« ab Oktober 1954 und Streichung des Gliederungspunktes »Stimmen aus Westberlin und Westdeutschland«. Gliederung 1956: 1. Die Lage in Industrie und Verkehr, 2. Die Versorgung der Bevölkerung, 3. Die Lage in der Landwirtschaft, 4. Ereignisse von besonderer Bedeutung, 5. Anlagen.

8 Fernschreiben der Informationsgruppe des SfS v. 4.8.1954; BArch, MfS, AS 9/57, Bd. 13, Bl. 87.

9 Gewöhnliche inoffizielle Mitarbeiter wurden zwischen 1950 bis 1958 als Geheime Informatoren (GI) bezeichnet. Sie wurden für die allgemeine Informationsbeschaffung, zur Sicherung von Objekten und zur Feststellung der Bevölkerungsstimmung eingesetzt. Geheime Mitarbeiter (GM) waren inoffizielle Mitarbeiter mit tatsächlichen oder möglichen Kontakten zu Personen oder Organisationen, die von der Staatssicherheit als »feindlich« eingestuft wurden. GM wurden in den 1950er-Jahren häufig für Spionagetätigkeiten und zur Agentenbekämp-

in Betrieben zu befragen.[10] Die inoffiziellen Mitarbeiter galten als zentrale Quellen, da es aus Sicht der MfS-Verantwortlichen nur diesen möglich sei, »objektiv die Stimmung und die Lage festzustellen«, fast alle anderen Informationsquellen würden hingegen nur einseitige Berichte liefern.[11] Inwieweit sich die Informationsbeschaffung tatsächlich in der Hauptsache auf inoffizielle Mitarbeiter stützte, ist aufgrund der Quellenlage eine noch offene Forschungsfrage.[12] Jedoch griffen die Diensteinheiten auch auf Informationen staatlicher Institutionen zurück, auf der Bezirksebene zum Beispiel beim Thema Landwirtschaft auf die Abteilung Erfassung und Aufkauf.[13] Wichtige Hinweise zu Zwischenfällen oder Straftaten entnahmen die Bearbeiter zudem den Tagesrapporten der Bezirksdirektionen der Volkspolizei.[14]

Bis Anfang 1955 wurden die Berichte für die Partei in sehr hoher Frequenz gefertigt, in sensiblen Zeiträumen, zum Beispiel während besonderer Ereignisse, bis zu zwei Mal täglich. Die Informationsdienste waren jedoch keine analytischen Lageberichte, sondern additive Dossiers,[15] in denen die Meldungen teils buchstäblich aneinandergeklebt wurden. Versorgungsprobleme, Störungen und Missstände in Industrie und Wirtschaft finden sich darin ebenso wie zahlreiche Einzelereignisse etwa Brände, Flugblattfunde und Streikandrohungen. Die Informationsdienste waren insgesamt nicht von hoher Qualität: Sie bestanden in der Regel aus Aneinanderreihungen von Zitaten zu ausgewählten Themen, woraus zahlreiche Redundanzen bis hin zu wortgleichen Wiederholungen resultierten. Ungezählte orthografische Missgriffe, fehlerhafte Orts- und Betriebsnamen sowie eine kaum vorgenommene Wertung, Einordnung oder gar Analyse des

---

fung im Westen eingesetzt. Kontaktpersonen waren Vertrauenspersonen des MfS, die in den 1950er-Jahren ähnlich der GI Informationen an die Staatssicherheit lieferten, ohne dass sie formell als inoffizielle Mitarbeiter erfasst waren. Die Bezeichnungen meinten auch Zuträgerinnen. Vgl. Roger Engelmann u. a. (Hg.): Das MfS-Lexikon. Begriffe, Personen und Strukturen der Staatssicherheit der DDR. 4. Aufl., Berlin 2021, S. 103, 207.

10 Vgl. Vorschlag o. Verf., o. D.; BArch, MfS, AS 9/57, Bd. 13, Bl. 199 f.; Roger Engelmann: Einleitung 1953. In: ders. (Bearb.): Die DDR im Blick der Stasi, 1953, hg. von Daniela Münkel. Göttingen 2013, S. 52 f.

11 Zitat aus dem Jahr 1955; vgl. Roger Engelmann, Frank Joestel: Die Zentrale Auswertungs- und Informationsgruppe (Hg. BStU, MfS-Handbuch). Berlin 2009, S. 21.

12 Für die 1970er- bis 1980er-Jahre konnten mittlerweile Übersichten der HA XX/4 (Kirchenpolitik) des MfS ermittelt werden, in denen die von der HA XX/4 gefertigten kirchenpolitischen Berichte mit weitergehenden Angaben verzeichnet wurden. Dazu zählen neben dem »Mitarbeiter« (Verfasser der Information) auch die »Quelle«, also jene inoffiziellen Mitarbeiter, auf deren Aussagen sich die Berichte stützten. Darüber hinaus finden sich hier Weiterleitungsvermerke und Hinweise zum Berichtsthema (»Inhalt«). Vgl. BArch, MfS, HA XX/4 Nr. 3428.

13 Vgl. Schreiben der Informationsgruppe der BV Cottbus an die Informationsgruppe des SfS: Beschaffung von Informationen v. 12.11.1953; BArch, MfS, AS 9/57, Bd. 13, Bl. 253.

14 Vgl. ebenda.

15 Vgl. Henrik Bispinck: Einleitung 1956. In: ders. (Bearb.): Die DDR im Blick der Stasi, 1956, hg. von Daniela Münkel. Göttingen 2016, S. 40–42.

Berichteten zeigen, dass die Auswertekompetenz der Informationsgruppe noch unterentwickelt war.[16] Auf der anderen Seite resultiert aus den häufig ungeschminkten und oftmals wörtlichen Wiedergaben aber auch eine besondere Authentizität, die den Wert der Berichterstattung der Stasi zu dieser Zeit ausmacht. Roger Engelmann attestiert den Dokumenten, sie seien »gutes Material für die Rekonstruktion von Alltag jenseits der Rituale und Fiktionen des Regimes«.[17]

Die Frequenz wurde Anfang 1955 auf zwei Informationsdienste je Woche und ab November auf einen Informationsdienst aller zwei Wochen reduziert.[18] Ab diesem Zeitpunkt bildeten sich die »Einzelinformationen« bzw. »Informationen« zu punktuellen Ereignissen oder umfänglicheren Themenkomplexen als Hauptserie heraus. Bereits im Jahr 1956 dominierten solche Einzelfallmeldungen das Informationswesen mit 511 von insgesamt 537 Berichten.[19] Diese Informationen waren – wie in den späteren Jahren auch – thematisch breit gefächert, wobei der Stimmungsberichterstattung wenigstens 1956 mit 130 Informationen noch immer viel Platz eingeräumt wurde.[20]

Diese Veränderung im Berichtswesen schlug sich auch in der Struktur der Informationsgruppe nieder: 1956 gliederte sich die Abteilung in drei spezialisierte Referate, die jeweils für die Auswertung verschiedener Arbeitsbereiche des MfS, der sogenannten Linien,[21] verantwortlich zeichneten: Material zu Volkswirtschaft, Verteidigungsindustrie und Verkehr wurde in Referat I ausgewertet, Referat II war zuständig für Spionageabwehr, Staatsapparat, Blockparteien, Kirchen, »Untergrund« sowie die Volkspolizei und Referat III wertete Feindmaterial, die sogenannten Hetzschriften aus.[22] Doch die nun folgenden Jahre können als (kurze) Niedergangsphase der Informationsabteilung gelten, samt Reduzierung der Berichterstattung und des Personals.

Vorausgegangen war ein Konflikt zwischen Parteichef Walter Ulbricht und dem Minister für Staatssicherheit Ernst Wollweber. Vordergründig standen da-

---

16 Vgl. Mark Schiefer, Martin Stief: Einleitung 1954. In: dies. (Bearb.): Die DDR im Blick der Stasi, 1954, hg. von Daniela Münkel. Göttingen 2024, S. 51 f.
17 Vgl. Roger Engelmann: Einleitung 1953. In: ders. (Bearb.): Die DDR im Blick der Stasi, 1953, hg. von Daniela Münkel. Göttingen 2013, S. 68.
18 Auch die Gliederung wurde erneut überarbeitet und z. B. der Punkt »Feindtätigkeit« gestrichen. Hintergrund war, dass die Aktivitäten feindlicher Stellen nur noch in Sonderberichten für einen engeren Kreis von SED-Sicherheitspolitikern behandelt werden sollten. Vgl. Roger Engelmann, Frank Joestel: Die Zentrale Auswertungs- und Informationsgruppe (Hg. BStU, MfS-Handbuch). Berlin 2009, S. 21.
19 Vgl. Henrik Bispinck: Einleitung 1956. In: ders. (Bearb.): Die DDR im Blick der Stasi, 1956, hg. von Daniela Münkel. Göttingen 2016, S. 40.
20 Ebenda.
21 Vgl. Linienprinzip. In: Roger Engelmann u. a. (Hg.): Das MfS-Lexikon. Begriffe, Personen und Strukturen der Staatssicherheit der DDR. 4. Aufl., Berlin 2021, S. 225.
22 Henrik Bispinck: Einleitung 1956. In: ders. (Bearb.): Die DDR im Blick der Stasi, 1956, hg. von Daniela Münkel. Göttingen 2016, S. 39; Roger Engelmann, Frank Joestel: Die Zentrale Auswertungs- und Informationsgruppe (Hg. BStU, MfS-Handbuch). Berlin 2009, S. 18–24.

bei die operative Arbeit und die Inhalte der MfS-Berichte in der Kritik Ulbrichts, tatsächlich ging es im Kern aber um die Führungsrolle der SED und ihren Vormachtanspruch gegenüber der Geheimpolizei sowie deren operative Ausrichtung in der Entstalinisierungskrise.[23] Am Ende des Konflikts löste nicht nur Erich Mielke Staatssicherheitsminister Wollweber ab, auch das Berichtswesen wurde zurückgefahren und der »Informationsdienst« endgültig eingestellt. Stattdessen wurden nur noch Informationen bzw. Einzelinformationen versendet. Die Berichte der Bezirksverwaltungen fokussierten sich auf »Feindtätigkeit« und deren Bekämpfung sowie Missstände und deren Behebung in Produktionsbetrieben. Für die Fertigung entsprechender Informationen waren die Fachabteilungen verantwortlich und leiteten diese auch an die jeweiligen Hauptabteilungen in der MfS-Zentrale weiter. Da zugleich die Stimmungs- und Lageeinschätzungen zurückgefahren wurden, war die Arbeit der Informationsgruppen in den Bezirksverwaltungen zunehmend überflüssig und führte weitgehend zur Auflösung dieser Diensteinheiten.[24] 1957 kam es auch zu einem Leitungswechsel: Heinz Tilch, der die Informationsgruppe seit August 1953 geführt und das Berichtswesen mit aufgebaut hatte, wurde im Mai abgelöst. Ihm folgte im November der gerade 27-jährige Werner Irmler, der mit kurzer Unterbrechung[25] die Nachrichtenzentrale bis zu ihrer Auflösung geleitet und sie »zielstrebig zum ›Nervenzentrum‹ des MfS ausgebaut hatte«.[26]

Ab 1959 wendete sich das Blatt für die Informationsabteilung: Der Auslandsgeheimdienst (HVA) wurde grundlegend reorganisiert, was zum Anlass genommen wurde, die beiden bis dahin getrennten Berichtssysteme – der Auslands- und Inlandsberichte – in der nun eingerichteten »Zentralen Informationsgruppe«, kurz ZIG, zu bündeln.[27] Die spätere ZAIG wurde damit zur Nachrichtenzentrale, indem sie alle Informationen des Apparates sammeln,

---

23 Vgl. Roger Engelmann, Silke Schumann: Der Ausbau des Überwachungsstaates. Der Konflikt Ulbricht – Wollweber und die Neuausrichtung des Staatssicherheitsdienstes der DDR 1957. In: Vierteljahrshefte für Zeitgeschichte 43 (1995) 2, S. 341–378; dies.: Kurs auf die entwickelte Diktatur. Walter Ulbricht, die Entmachtung Ernst Wollwebers und die Neuausrichtung des Staatssicherheitsdienstes 1956/57 (BF informiert, Nr. 1). Berlin 1995.
24 Roger Engelmann, Frank Joestel: Die Zentrale Auswertungs- und Informationsgruppe (Hg. BStU, MfS-Handbuch). Berlin 2009, S. 24 f.
25 Zwischen 1959 und 1965 leitete Robert Korb die Zentrale Informationsgruppe (ZIG); Irmler war dessen Stellvertreter. Korb kam vom Auslandsgeheimdienst HVA, dort war er zuletzt stellv. Leiter und zuständig für Auswertung und Schulung. Irmler blieb aber der organisatorische und konzeptionelle Kopf in der ZIG. Vgl. ebenda, S. 6, 24 f.
26 Ebenda. Zu Irmler auch Roger Engelmann u. a. (Hg.): Das MfS-Lexikon. Begriffe, Personen und Strukturen der Staatssicherheit der DDR. 4. Aufl., Berlin 2021, S. 177 f.
27 Roger Engelmann, Frank Joestel: Die Zentrale Auswertungs- und Informationsgruppe (Hg. BStU, MfS-Handbuch). Berlin 2009, S. 25. Die ZAIG war lediglich für die einheitliche Erfassung und Verteilung der Informationen der HVA zuständig. Inhaltlich zeichnete für die Auslandsinformationen für die Partei- und Staatsführung weiterhin die Auswertungsabteilung der HVA, Abt. VII, verantwortlich. Vgl. zur HVA/VII Helmut Müller-Enbergs: Haupt-

verdichten und kommunizieren sollte. Nur ein Jahr später wurde ein weiterer grundsätzlicher Schritt zur Systematisierung der Informations- und Auswertungstätigkeit im MfS gegangen, jedoch nicht in den Informationsorganen, sondern auf der Linie V (später XX).[28] Hier wurden eine Quartalsberichterstattung sowie ein System zur Meldung von oppositionellen Geschehnissen geschaffen, unterlegt mit einem Auswertungssystem in Form von Kerblochkarteien. Dieses System wurde permanent weiterentwickelt und 1965 auf die gesamte Staatssicherheit ausgedehnt.[29] Mit dem Befehl 584/60 wurde die Informationstätigkeit der ZIG im Jahr 1960 zudem auf eine neue Grundlage gestellt und die Lageberichterstattung im MfS allgemein aufgewertet.[30] Denn in diesem Befehl kündigte sich an, welche zentrale Rolle der Bereich zukünftig in der Stasi spielen würde, wenn es da heißt: Die Informationsarbeit müsse »als wichtiger Bestandteil der politisch-operativen Tätigkeit des MfS gleichzeitig Ergebnis und wesentlicher Gradmesser der gesamten operativen Tätigkeit sein«.[31] Mit anderen Worten, musste sich die operative Arbeit der Geheimpolizei am Gehalt der Berichte messen lassen können. In den operativen Hauptabteilungen und in den Bezirksverwaltungen wurden nun (wieder) Informationsgruppen geschaffen und der ZIG wurde die übergreifende fachliche Zuständigkeit für die Informationsarbeit übertragen.

Im Befehl 584 wurde auch die Funktion der »Informationsarbeit« der Stasi beschrieben: Demnach sollte sie »den Minister, die führenden Funktionäre der Partei, des Staates und der Regierung der DDR qualifiziert und objektiv über die Lage in der DDR und besonders über die Absichten und Pläne der Feinde des Friedens und des Sozialismus gegen die DDR […] unterrichten«.[32] In der konkreten Ausgestaltung hatte die ZIG nach den Weisungen des Ministers oder aber aus eigener Initiative Informationen zu fertigen und sich dabei auf die von den Linien vorbereiteten Informationen zu stützen. Die Köpfe der Linien, also die Hauptabteilungen, hatten ihrerseits auf Anforderung des Ministers, seiner Stellvertreter, der ZIG oder in Eigeninitiative Informationen aufzubereiten und zu übermitteln. Hier wird deutlich, wie die ZIG als Nachrichtenzentrale, zumindest in der Theorie, grundsätzlich funktionieren sollte: In den Fachabteilungen liefen Daten aus der Fläche zusammen und wurden von Auswertern, die

verwaltung A (HVA). Aufgaben – Strukturen – Quellen (Hg. BStU, MfS-Handbuch). Berlin 2011, S. 128–145.
28 Die HA XX war zuständig für die Überwachung des Staatsapparats, der Blockparteien, der Kirchen, des Kulturbereiches sowie des »politischen Untergrunds«.
29 Roger Engelmann, Frank Joestel: Die Zentrale Auswertungs- und Informationsgruppe (Hg. BStU, MfS-Handbuch). Berlin 2009, S. 26.
30 Vgl. ebenda.
31 Befehl 584/60 Mielkes v. 7.12.1960: Verbesserung der Informationsarbeit des Ministeriums für Staatssicherheit, dokumentiert in: Roger Engelmann, Frank Joestel (Bearb.): Grundsatzdokumente des MfS (Hg. BStU, MfS-Handbuch). Berlin 2004, S. 132–136.
32 Ebenda.

von der ZIG fachlich angeleitet wurden, zu Berichten verdichtet und anschließend von den Hauptabteilungsleitern an die ZIG weitergeleitet; hier wiederum sollten Parteiinformationen gefertigt, dem Minister vorgelegt und nach dessen Zustimmung versendet werden.

Akten aus dem Stasi-Unterlagen-Archiv dokumentieren diese Vorschlagspraxis der operativen Linien. Sowohl für die Hauptabteilung XVIII als auch für die Hauptabteilung XX[33] liegen eine Reihe von Anschreiben für die 1960er- bis 1980er-Jahre vor, in denen die Leiter der beiden Hauptabteilungen Informationen an die ZIG/ZAIG übergaben. Häufig war die Überlassung mit der »Bitte« verbunden, aus dem Material »eine Information für die Partei«[34] oder andere Empfänger zu fertigen und zu verteilen. Leider ist diesen Anschreiben in der Regel keinerlei Material beigefügt, sodass ein Vergleich von der Vorlage der Fachabteilung und den versandten Berichten derzeit nicht möglich ist. Dadurch sind auch Aussagen zur Endfertigung der Berichte bislang nur anhand von Einzelfällen möglich.

Nachrichtenzentrale und Redaktionskommission

Einen Ansatz für einen Abgleich bietet aber womöglich die Überlieferung der kirchenpolitischen Abteilung der Stasi, die HA XX/4.[35] Für die 1980er-Jahre liegen Einschätzungen, die innerhalb dieser Fachabteilung gefertigt wurden und für eine Weiterleitung an die Auswertungsgruppe der HA XX (HA XX/AKG) und/oder die ZAIG gedacht waren in größerer Zahl vor.[36] Ein Vergleich mit den kirchenpolitischen Informationen, welche ZAIG an die externen Empfänger versendete, zeigt, dass die HA-XX/4-Einschätzungen in der Regel die Grundlage für die ZAIG-Berichte waren. Die ZAIG folgte den Informationen und Argumenten der Auswerter in den Fachabteilungen. In welchem Maße die Ausgangsberichte von der Nachrichtenzentrale vor der Verteilung nach außen noch überarbeitet oder auch ergänzt wurden, ergibt nach Aktenlage aber kein einheitliches Bild: Die ZAIG-Verantwortlichen beschränkten sich zum einen auf kleinere redaktionelle und sprachliche Änderungen, in anderen Fällen nahmen sie stärkere, auch inhaltliche Eingriffe vor, die sich entsprechend auf die Charakterisierung von Personen oder Ereignissen und damit auch die Bewer-

---

33 Vgl. BArch, MfS, HA XX Nr. 5134 (1960er-/1980er-Jahre); BArch, MfS, HA XVIII Nr. 21256.
34 HA XX: Anschreiben Kienbergs (Leiter HA XX) an Irmler v. 25.8.1966; BArch, MfS, HA XX Nr. 5134, Bl. 8.
35 Zur HA XX/4 Clemens Vollnhals: Die kirchenpolitische Abteilung des Ministeriums für Staatssicherheit. In: ders. (Hg.): Die Kirchenpolitik von SED und Staatssicherheit. Eine Zwischenbilanz (Analysen und Dokumente, 7). Berlin 1996, S. 79–119.
36 Vgl. exemplarisch BArch, MfS, HA XX/4 Nrn. 1236, 1245.

tung der Geschehnisse auswirken konnten.³⁷ Aufgrund der Aktenlage ist bislang nicht auszumachen, ob diese Eingriffe ausschließlich in der ZAIG vorgenommen wurden, oder ob bereits die Auswertungsgruppe der HA XX eventuell in Abstimmung mit dem Leiter der HA XX Änderungen vorgenommen und erst dann die nun überarbeitete Ausgangsinformation der HA XX/4 an die ZAIG weitergeleitet hat. In jedem Fall wurden die finalen ZAIG-Exemplare entweder zur fachlichen Prüfung oder zur Endabnahme bzw. Bestätigung immer den Hauptabteilungen bzw. den Hauptabteilungsleitern übersandt,³⁸ was auf eine grundsätzlich enge Abstimmung zwischen den Fachabteilungen und der ZAIG hinweist. Für die Linien XVIII, XIX (Verkehr) und XX, die ab 1975 allesamt in den Verantwortungsbereich des Mielke-Stellvertreters Rudi Mittig fielen, war die Abstimmung weitgehend formalisiert: Demnach waren alle Informationen aus den drei Bereichen, die für eine Verteilung in den Partei- und Staatsapparat vorgesehen waren, dem Leiter der jeweiligen Hauptabteilung vorzulegen; dann waren eventuelle Korrekturen einzuarbeiten und der Entwurf dem Leiter der ZAIG Werner Irmler vorzulegen. Dieser wiederum leitete den Entwurf mit einem Verteilervorschlag an Rudi Mittig weiter, dem die Bestätigung der Information und des Verteilers oblag, bevor die Information samt Verteilervorschlag dem Minister zur Unterschrift vorgelegt wurde.³⁹ Mielke schließlich stand es frei, weitere Änderungen oder Ergänzungen vorzunehmen.⁴⁰

So übersandte die ZAIG beispielsweise am 3. Juli 1982 die Information Nr. 367/82 über »Blues-Messen« in der Erlöserkirche Berlin-Lichtenberg an den Leiter der HA XX Paul Kienberg mit der »Bitte um Kenntnisnahme und Meinungsäußerung«. Daraufhin wurde die Information »geändert«. Erst nachdem Günter Hackenberg (ZAIG) die telefonische Zustimmung von der HA XX erhalten hatte, wurde sie über Rudi Mittig an Erich Mielke und schließlich an die externen Empfänger versandt.⁴¹

Die ab 1960 in Angriff genommene Ausweitung der Auswertung durch die Einbeziehung der operativen Linien ging einher mit Plänen, stärker Lageeinschätzungen zu verschiedenen Themensträngen zu fertigen, wie: Entwicklung

---

37 Vgl. Martin Stief: Einleitung 1982. In: ders. (Bearb.): Die DDR im Blick der Stasi, 1982, hg. von Daniela Münkel. Göttingen 2024, S. 33–46.
38 Vgl. z. B. Leiter HA XX an Leiter ZAIG v. 3.11.1975: »Die Vorlage [für das Politbüro, M. S.] wurde entsprechend durchgearbeitet. Die Hauptabteilung XX erhebt keine operativen Einwände. Hinweise oder Ergänzungen werden nicht vorgelegt.« BArch, MfS, HA XX Nr. 5134, Bl. 45 oder Leiter HA XVIII an Leiter ZAIG v. 15.5.1987: »Aus Gründen der Ausschließung von Fragen oder Zweifeln bei den Empfängern sollten einige Passagen klarer formuliert werden.« BArch, MfS, HA XVIII Nr. 21261, Bl. 76.
39 Vgl. Hinweise für das Anfertigen und Versenden von Informationen an die Partei- und Staatsführung; BArch, MfS, ZAIG Nr. 6099.
40 Vgl. z. B. Vermerk an Information Nr. 12/79 (»Der letzte Absatz auf der Seite 6 wurde auf Weisung des Genossen Minister hinzugefügt.«); BArch, MfS, HA XX/4 Nr. 1220, Bl. 385.
41 Vgl. Aktenvermerk; BArch, MfS, HA XX/4 Nr. 1258, Bd. 2, Bl. 378.

der Landwirtschaft, Lage in der Jugend, Lage im Staatsapparat oder auch Mängel und Missstände im Export etc. Das heißt, das MfS begann sein Spektrum an Lageberichten zu erweitern.

Die von der Zentrale dabei nun strenger geübte Anleitung und die »zentral vorgegebenen Berichterstattungspflichten« banden die nachgeordneten Dienststellen jedoch so stark ein, dass es Klagen darüber gab, die Auswerter der MfS-Kreisdienststellen könnten sich den ihr Territorium betreffenden Sachverhalten kaum mehr annehmen, weil sie nur Zeit für die Auswertung der zentral vorgegebenen Themen hätten. Ein weiterer unerwünschter Effekt war, dass sich die Berichterstattung der Bezirksverwaltungen auf die ZIG fokussierte und dadurch teilweise die fachlich zuständigen Hauptabteilungen uninformiert blieben. Dies aber war nicht im Sinne Irmlers, der ja gerade auf die fachliche Expertise in den Fachabteilungen setzte.[42]

Darauf reagierte man nun wiederum mit einer Vereinheitlichung und Systematisierung, welche 1965 mit dem Befehl 299/65 eingeführt wurde. Die ZIG wurde nun zur ZAIG – also zur Zentralen Auswertungs- und Informationsgruppe und in zwei Bereiche gegliedert, die »politisch-operative Auswertung« und die »informative Auswertung für Partei und Regierung«. Die Informationsgruppen in den Bezirksverwaltungen wurden entsprechend zu Auswertungs- und Informationsgruppen (AIG); die operativen Abteilungen der Bezirksverwaltungen sowie die Abteilungen der operativen Hauptabteilungen mussten nun mindestens eine Auswerterstelle einrichten, Gleiches galt für die Kreis- und Objektdienststellen. Die Auswerter unterstanden der fachlichen Anleitung und Kontrolle der jeweils übergeordneten AIG, welche wiederum von der ZAIG angeleitet wurden. Ab jetzt existierte somit eine Struktur, die nach einheitlichen Vorgaben arbeitete bzw. arbeiten sollte.[43]

Diese Umstrukturierung der Nachrichtenzentrale gilt als großer Entwicklungsschritt: Denn Kernstück des zugrunde liegenden Befehls waren von allen Auswertungsorganen zu führende Auswertungsvorgänge, Kerblochkarteien und zentrale Materialablagen. Diese sollten eine gezielte Recherche, statistische Auswertungen sowie die Steuerung von Informationsflüssen ermöglichen.[44] Der Befehl 299/65 wurde mittels zahlreicher und umfassender Anlagen in den folgenden Jahren immer weiter ausgestaltet, um das komplexe System der Erfassung, Speicherung und Auswertung weiterzuentwickeln: Ab Mai 1974 wurden beispielsweise sogenannte Vorverdichtungs-, Such- und Hinweiskarteien

---

42 Roger Engelmann, Frank Joestel: Die Zentrale Auswertungs- und Informationsgruppe (Hg. BStU, MfS-Handbuch). Berlin 2009, S. 31.
43 Ebenda, S. 33.
44 Ebenda; zur Informationsverarbeitung im MfS vgl. Christian Booß: Vom Scheitern der kybernetischen Utopie. Die Entwicklung von Überwachung und Informationsverarbeitung im MfS. Göttingen 2021 (Analysen und Dokumente, 56).

(VSH-Karteien) in Diensteinheiten ohne AIG eingeführt,[45] auf denen Informationen erfasst werden sollten, die von geringerer operativer Relevanz waren.[46] Oder in der zweiten Hälfte der 1970er-Jahre wurde in den AIG zum Beispiel eine Ablage für bedeutsame Dokumente verpflichtend, die über eine Sichtloch- und Dokumentenkartei erschlossen war.[47]

Mit den beiden Befehlen aus den Jahren 1960 und 1965 war die Auswertung und Information innerhalb der Stasi in ihren Grundzügen strukturiert. Ab Ende der 1960er-Jahre entwickelte sich die ZAIG dennoch weiter, und das weit über das Informationswesen hinaus: Im Jahr 1968 wurde die ZAIG »zu einem mir persönlich unterstellten Funktionalorgan« – wie es im Mielke-Befehl ausdrücklich heißt – weiterentwickelt. Sie war nicht mehr nur für die Verwaltung und Aufbereitung von Informationen zuständig, sondern in der ZAIG wurden »fast alle komplexen Stabsfunktionen konzentriert«.[48] Ihr wurde das zentrale Kontrollwesen zugeschlagen; sie war zuständig für die Einführung und Nutzung der EDV in der Stasi; sie erarbeitete Vorlagen für Führungsentscheidungen im MfS und dienstliche Bestimmungen;[49] sie erstellte Jahresanalysen und vieles mehr. Aus der 1953 ad hoc eingerichteten Informationsgruppe mit nur vier Mann, entwickelte sich bis Mitte der 1970er-Jahre das »Funktionalorgan« des Stasi-Ministers. Dies schlug sich auch im Personalbestand nieder: 1968 zählte die ZAIG 38 Mitarbeiterinnen und Mitarbeiter, 1979 bereits 125 und zuletzt 423.[50]

Die Umstrukturierungen und Ausdifferenzierungen der Nachrichtenzentrale berührten freilich auch die MfS-Berichterstattung. Die intern als Parteiinformation bezeichneten Dokumente, hier als ZAIG-Berichte bezeichnet, waren in der Regel Informationen zu einzelnen Vorkommnissen. Zwar bestanden im Jahr 1960 auf dem Papier insgesamt fünf Berichtskategorien: Sofortmeldungen, Ergänzungsmeldungen, Einzelinformationen, Berichte und Militärische Sonderinformationen. Tatsächlich gefertigt und verteilt wurden aber nur zwei Arten: Erstens »Einzelinformationen«, bei denen es sich gemäß Befehl 584/60 um Informationen handeln sollte, die von so hoher Bedeutung waren, dass sie auch ohne Kenntnis aller Zusammenhänge mitzuteilen waren oder wenn es sich um »Einzelerscheinungen« handelte, zu denen noch keine »analytische Darstellung« geliefert werden konnte. Zweitens »Berichte«, welche »umfassende Materialien« zu einem bestimmten Problem bzw. zu mehreren zusammenhängenden Pro-

---

45 Die AIG selbst durften aber solche VSH-Karteien führen.
46 Roger Engelmann, Frank Joestel: Die Zentrale Auswertungs- und Informationsgruppe (Hg. BStU, MfS-Handbuch). Berlin 2009, S. 72 f.
47 Ebenda, S. 33.
48 Ebenda, S. 59.
49 Ebenda, S. 61.
50 Ebenda, S. 5.

blemen enthalten sollten oder aber »analytische Darstellungen«.⁵¹ Ab den späten 1960er-Jahren wurden beide Berichtsarten unter dem Titel »Einzelinformation« und ab den 1970er-Jahren als »Informationen« versandt.⁵²

Die thematische Bandbreite der ZAIG-Berichte ist schier unerschöpflich, wobei einige Themenfelder alle Dekaden durchziehen: Hierzu zählen Flucht, Grenze und Ausreise, Probleme und Missstände in Wirtschaftsbetrieben – hier besonders Streiks, Missstimmungen unter der Arbeiterschaft, aber auch Missmanagement sowie Brände und Störungen; des Weiteren die Kirchen bzw. die Kirchenpolitik und damit eng verbunden, besonders in den 1980er-Jahren, politisch abweichendes Verhalten/Opposition, aber auch Informationen rund um wichtige innen- und außenpolitische Ereignisse, wie Parteitage, Wahlen usw. Es zeichnen sich auch Trends bzw. Berichtskonjunkturen ab, in den 1950er-Jahren dominierten Stimmungsberichte, in den 1960er- und 1970er-Jahren stehen Wirtschafts- und Versorgungsfragen im Vordergrund und in den 1980er-Jahren stechen kirchenpolitische Berichte, eng verbunden mit Berichten zur Friedens- und Umweltbewegung hervor.

Kommunikationsräume

Das wirft die Frage nach den Empfängern der MfS-Berichte auf. Wer erhielt die Informationen der Geheimpolizei? Was erwarteten sie und was kann über die Nutzung der MfS-Berichte durch die Empfänger in Erfahrung gebracht werden? Diese Fragen sind schwer zu beantworten, was auch daran liegt, dass für die frühen Jahre kaum Verteiler überliefert sind. Ganz grundsätzlich können die Adressaten der ZAIG-Berichte erst ab Mitte 1956 weitgehend nachgewiesen werden, seitdem liegen Verteilerübersichten, Postausgangsbücher sowie Ablageexemplare mit Verteilerangaben vor. Für 1956 wissen wir, dass die Verteiler im Unterschied zu den späteren Jahren vergleichsweise umfangreich und sehr viel standardisierter waren. Sie umfassten bis zu 56 Empfänger, in der Regel das gesamte Politbüro, die ZK-Sekretäre sowie intern den Minister, dessen Stellvertreter sowie die Chefs aller Bezirksverwaltungen.⁵³ Vermutlich infolge der Auseinandersetzungen zwischen Wollweber und Ulbricht ging die Berichtsfrequenz zurück und auch die Verteiler und damit die Auflage wurden kleiner. So erhielten 1959 insgesamt nur 28 Funktionäre aus Partei und Staat ZAIG-Berichte, wobei Wirtschaftsfunktionäre wie Alfred Neumann, Bruno Leuschner und Erich Apel am

---

51 Vgl. Vermerk der ZIG v. 26.11.1960: Betr. Befehl zur Verbesserung der Informationsarbeit im MfS; BArch, MfS, ZAIG Nr. 5639c, Bl. 66–68.
52 Roger Engelmann, Frank Joestel: Die Zentrale Auswertungs- und Informationsgruppe (Hg. BStU, MfS-Handbuch). Berlin 2009, S. 29.
53 Henrik Bispinck: Einleitung 1956. In: ders. (Bearb.): Die DDR im Blick der Stasi, 1956, hg. von Daniela Münkel. Göttingen 2016, S. 46–50.

häufigsten unterrichtet wurden, Walter Ulbricht als erster Mann im Staat hingegen seltener und vorrangig zum Bereich Spionage und »Feindtätigkeit«.[54] Hier zeichnet sich eine später verstegte Praxis ab: ZAIG-Berichte werden vorrangig denjenigen Funktionären zugeführt, in deren Zuständigkeiten die berichteten Sachverhalte fielen, wobei die Entscheidung über die Empfänger in letzter Instanz Mielke oblag. Für die 1960er-Jahre ist zudem eine Belieferung in erster Linie von hohen Parteifunktionären und weniger von Staatsfunktionären festzustellen, was die Hegemonie der SED über das MfS unterstreicht.[55]

In einem Befehlsentwurf »über die Informationstätigkeit des MfS an leitende Partei- und Staatsfunktionäre« aus dem Jahr 1974[56] hieß es zur Verteilung, dass wie bisher prinzipiell der Erste Sekretär des ZK ständiger Empfänger der Informationen sei und der »Empfängerkreis so klein wie möglich zu halten« sei, um die »Information nicht unnötig breit zu streuen«. Tatsächlich sind die Empfängerkreise bis zum Herbst 1989 in der Regel auf wenige Funktionäre beschränkt, jedoch erhielt der 1. Sekretär niemals alle Berichte eines Jahres. Für die 1970er- und 1980er-Jahre erhielt Honecker zwar stets die meisten Informationen,[57] verteilt auf verschiedene Themenbereiche, jedoch gingen zum Beispiel zahlreiche kirchenpolitische Berichte nur an den zuständigen ZK-Sekretär, die Arbeitsgruppe Kirchenfragen und ab 1981 auch an den Staatssekretär für Kirchenfragen. Die zahlreichen Berichte zu Störungen und Bränden in Wirtschaft und Industrie wurden häufig nur an die zuständigen Einrichtungen im ZK und an zuständige Minister versendet. Nicht zuletzt gab es mit den statistischen Berichten zum grenzüberschreitenden Verkehr sowie insbesondere zum »Zwangsumtausch« ab den 1970er-Jahren Berichtsserien, die keine (sicherheits-) politische Relevanz besaßen, sondern lediglich buchhalterischen Mehrwert und ausschließlich an das Finanzministerium versendet wurden.

In diesem Zusammenhang muss auf eine weitere Besonderheit hingewiesen werden. Neben den ZAIG-Informationen, also jenen Berichten, die offiziell das MfS in Richtung Partei- und Staatsapparat verließen, gab es auch halboffizielle Berichtsysteme, die in den internen Dokumenten als formlose Unterrichtungen bezeichnet werden. Die Möglichkeit, externe Empfänger auch abseits der offiziellen Kanäle zu unterrichten, war bereits im Befehl aus dem Jahr 1960 gere-

---

54 Ann-Kathrin Reichardt: Einleitung 1959. In: dies. (Bearb.): Die DDR im Blick der Stasi, 1959, hg. von Daniela Münkel. Göttingen 2022, S. 53 f.

55 Vgl. Daniela Münkel: Einleitung 1961. In: dies. (Bearb.): Die DDR im Blick der Stasi, 1961, hg. von Daniela Münkel. Göttingen 2016, S. 57 f.; Georg Herbstritt: Einleitung 1963. In: ders. (Bearb.): Die DDR im Blick der Stasi, 1963, hg. von Daniela Münkel. Göttingen 2020, S. 62.

56 Entwurf: Befehl …/74 über die Informationstätigkeit des MfS an leitende Partei- und Staatsfunktionäre; BArch, MfS, ZAIG Nr. 14479, Bl. 1–39.

57 Bei der Auszählung wurden die statistischen Berichte zu Umtausch und Reisen ausgeblendet.

gelt: Demnach war es den Leitern der operativen Hauptabteilungen gestattet, in Ausnahmefällen und »unter Wahrung der Konspiration Informationen an die Funktionäre der Partei und Regierung« in eigener Zuständigkeit weiterzugeben, wenn eine Notwendigkeit vorlag und »derartige Verbindungen« bereits bestanden.[58] Es scheint, dass solche »formlosen« Unterrichtungen in den kommenden Jahrzehnten zunahmen: Das zeigt sich zum Beispiel an der HA XX/4, die kirchenpolitische Abteilung des MfS. Dieser Bereich bilanzierte für das Jahr 1978, er habe insgesamt 198 Informationen gefertigt, von denen 75 an das ZK verteilt worden seien.[59] Tatsächlich zeigt eine Auszählung der über die ZAIG verteilten Berichte, dass nur 37 kirchenpolitische Papiere über den offiziellen Kanal versendet wurden.[60] Eine Aufstellung über »1978 gefertigte Kircheninformationen an [die] Parteiführung (Linie XX/4 über ZAIG)« bestätigt diese Zahl.[61] Eine ähnliche Diskrepanz ergibt sich auch für den Zeitraum Oktober 1980 bis September 1981: In dieser Zeit habe die HA XX/4 insgesamt 289 Informationen erarbeitet. Davon seien 121 über die ZAIG an das ZK der SED verteilt worden.[62] In den Unterlagen der ZAIG lassen sich für den genannten Zeitraum jedoch nur 35 kirchenpolitische Informationen ermitteln, die an den zuständigen ZK-Arbeitsgruppenleiter Rudi Bellmann gingen.[63] Demzufolge ergibt sich eine Differenz von 86 Kirchenberichten, die von der HA XX/4 an das ZK geliefert worden sein sollen, jedoch nicht von der ZAIG dokumentiert wurden.

Umgekehrt finden sich auch in den Unterlagen der AG Kirchenfragen beim ZK Hinweise auf diesen halboffiziellen Informationsaustausch, zum Beispiel eine »Information« über Bischof Krusche, die der zuständige ZK-Abteilungsleiter Rudi Bellmann »gleichlautend vom MfS und der [SED-]BL Halle« erhalten hatte,[64] die aber in den Inlandsberichten der ZAIG nicht dokumentiert ist. Hinzu kamen mündliche Absprachen, wie ein Gespräch am 17. Juni 1982 zwischen einem »Genossen des MfS« und einem Mitarbeiter der Arbeitsgruppe Kirchenfragen beim ZK. Es ist durchaus wahrscheinlich, dass sich hinter diesen

---

58 Befehl 584/60 Mielkes v. 7.12.1960: Verbesserung der Informationsarbeit des Ministeriums für Staatssicherheit, dokumentiert in: Roger Engelmann, Frank Joestel (Bearb.): Grundsatzdokumente des MfS (Hg. BStU, MfS-Handbuch). Berlin 2004, S. 132–136.
59 Vgl. HA XX/4: Jahresanalyse 1978 [im Original fälschlich 1979] v. 9.1.1979; BArch, MfS, HA XX/4 Nr. 3232, Bl. 602–662, hier 656.
60 Vgl. BArch, MfS, HA IX Nr. 4252, Bl. 213–286.
61 Vgl. BArch, MfS, HA XX/4 Nr. 1220, Teil 2, Bl. 397–399.
62 HA XX/4: Jahresanalyse 1981 v. 1.10.1981; BArch, MfS; HA XX/4 Nr. 3232, Bl. 282–303, hier 302.
63 Für das letzte Quartal 1980 können vorläufig 12 kirchenpolitische Berichte gezählt werden (vgl. BArch, MfS, ZAIG Nr. 14388, Bl. 71–134). Für die ersten 3 Quartale des Jahres 1981 konnten 23 Berichte gezählt werden (vgl. Matthias Braun, Bernd Florath: Einleitung 1981. In: dies. (Bearb.): Die DDR im Blick der Stasi, 1981, hg. von Daniela Münkel. Göttingen 2015, S. 45–51).
64 Vgl. Schreiben Bellmanns an Verner v. 8.6.1982; BArch, DY 30/69872, Bl. 172.

Informationsflüssen jene von der HA XX/4 abgerechneten Berichte verbergen, die zwar das MfS verlassen haben, aber nicht über den offiziellen ZAIG-Verteiler und damit nicht als offizieller MfS-Bericht zur Verteilung gelangten. Solche Kommunikationskanäle der Staatssicherheit in den Staats- und Parteiapparat beschränkten sich nicht nur auf die HA XX/4, sondern lassen sich auch für andere Bereiche nachweisen.

Insbesondere über die Hauptabteilungen XVIII und XX wurden nicht nur halboffizielle, sondern auch die »offiziellen« also die formalen ZAIG-Berichte verteilt. Die ZAIG hatte zwar die Redaktion der Berichte und die Abstimmung mit dem Minister über die Verteiler zu regeln, aber dann gingen die Berichte an die Hauptabteilungen zurück und wurden von ihren Mitarbeitern den außenstehenden Empfängern überbracht. Diese Praxis ist in den 1970er-Jahren gut in den Postausgangsbüchern sowie den Verteilervorschlägen auf den Ablageexemplaren dokumentiert. In den 1980er-Jahren fehlen diese Hinweise zwar, aber das dahinterstehende System blieb erhalten.

Dass die ZAIG-Berichte über die Fachabteilungen zur Versendung gelangten, dürfte vor allem auf Arbeitsbeziehungen zu den Empfängern zurückzuführen sein und sollte der fachlichen Auswertung und Aussprache dienen. Die Fachleute aus der Stasi tauschten sich mit den Fachleuten aus ZK und Staat aus. Die offiziellen Verbindungen und die in diesem Rahmen geführten Gespräche der Staatssicherheit sind kaum dokumentiert worden. Wir haben es hier quasi mit einer kleinen Entsprechung der legendären Vieraugengespräche zwischen Honecker und Mielke nach den diensttäglichen Politbürositzungen zu tun. Immerhin lassen sich einige Ansprechpartner aus dem Partei- und Staatsapparat rekonstruieren. Welche Ebene der Staatssicherheit mit ihnen Kontakt hielt – vermutlich Hauptabteilungsleiter, aber auch Abteilungsleiter oder andere höherrangige Offiziere – lässt sich gegenwärtig nur erahnen. Hier wird noch weitere Forschung nötig sein, denn sie kann auch Hinweise auf konkrete Informationsaufträge liefern.

Denn welche Kriterien darüber entschieden, zu welchen Ereignissen, Vorkommnissen, Missständen oder dergleichen eine Information anzufertigen war und zu welchen eben nicht, ist noch weitgehend unklar. Bislang lassen sich konkrete Auftragserteilungen nur in Einzelfällen nachweisen: So fertigte die Stasi 1982 eine Einschätzung zu möglichen Straftaten im Zusammenhang mit Problemen im Kernkraftwerk in Greifswald; den Auftrag dafür erhielt sie vom Politbüro.[65] Ebenfalls 1982 forderte Honecker von Mielke Informationen zu einer Flucht mehrerer Kraftfahrer mittels einer Planierraupe, die ihm bis dahin nur vom Verteidigungsministerium gemeldet worden war.[66] Aus anderen Jahr-

---

65 BArch, DY 30/4899, Bl. 126.
66 Vgl. Information Nr. 227/82, online unter: www.ddr-im-blick.de (letzter Zugriff: 23.7.2024).

gängen sind Informationsbedarfe aus dem Staatsapparat ebenfalls dokumentiert, so in einem Fall aus dem Jahr 1970: Der Leiter der HA XX, Kienberg, trat im August 1970 an die ZAIG und bat um eine Information über die Lage im DDR-Gesundheitswesen für die Partei und den Gesundheitsminister, da die Lage in diesem Bereich »sehr kompliziert« sei. Es sei, so Kienberg weiter, der stellvertretende Gesundheitsminister gewesen, der den Weg der Informierung der Parteiführung über die Stasi vorgeschlagen habe, weil Versuche auf dem offiziellen Weg bislang ungehört geblieben seien und sein Anliegen durch die Stasi eine »gewisse Unterstützung« erfahren würde. Tatsächlich ging ein solcher Bericht im November u. a. an den Ministerratsvorsitzenden Willi Stoph.[67]

Dass ein solcher Weg jedoch nicht im Sinne des ZAIG-Leiters Werner Irmler war, geht aus dem bereits erwähnten Befehlsentwurf aus dem Jahre 1974 hervor. Hierin hieß es: »Wird von Personen in staatlichen [...] Funktionen dem MfS inoffiziell über Probleme, Mängel, Missstände usw. berichtet, für deren Beseitigung sie selbst verantwortlich sind«, sollte sich der verantwortliche MfS-Mitarbeiter »nicht als ›Übermittler‹ oder ›Sprachrohr‹ dieser Personen ausnutzen lassen«.[68] Der nicht umgesetzte Befehl aus dem Jahr 1974 scheint generell eine funktionellere Ausrichtung des Berichtswesens angestrebt zu haben: So sollte die Stasi zwar dafür Sorge tragen, dass die 1. Sekretäre der SED von den Leitern anderer verantwortlicher Einrichtungen informiert werden, ohne dabei aber »die Informationspflicht dieser Organe durch das MfS zu übernehmen«. Bei besonders wichtigen Geschehnissen sollte mit anderen Institutionen abgestimmt werden, wer an die Parteiführung berichtet. Nicht zuletzt sah sich die Stasi aber immer auch als letzte Kontrollinstanz: Denn sollten die anderen Apparate trotz Einflussnahme der Stasi ihrer Berichtspflicht nicht nachkommen, erfolge eine entsprechende Informierung über diese Weigerung durch das MfS, wenn notwendig auch wiederholt.[69]

Der Befehl wirft auch ein Schlaglicht auf das Verhältnis von SED und Staatssicherheit: Die Informationen galten als Dokumente, die »das MfS repräsentieren« und daher stellte Irmler entsprechend »hohe Anforderungen« an deren Übersichtlichkeit, logischen Aufbau, einen »guten Stil« und eine »fehlerfreie Abfassung«. Die Informationen des MfS sollten zudem Vorschläge zur Auswertung und wenn nötig auch Maßnahmen enthalten, wenn dies aus Sicht der MfS-Verantwortlichen notwendig war. Dabei war zu beachten, die Vorschläge »als Empfehlung« bzw. als »Anregung zur Entscheidungsfindung des Empfängers zu

---

67 Ronny Heidenreich: Einleitung 1970. In: ders. (Bearb.): Die DDR im Blick der Stasi, 1970, hg. von Daniela Münkel. Göttingen 2023, S. 46 f. So übersandte die HA XX unter dem 2.11.1970 eine Stellungnahme zum Entwurf. Vgl. Kienberg an Irmler, 2.11.1970; BArch, MfS, HA XX Nr. 5134, Bl. 18.
68 Entwurf: Befehl .../74 über die Informationstätigkeit des MfS an leitende Partei- und Staatsfunktionäre; BArch, MfS, ZAIG Nr. 14479, Bl. 13.
69 Ebenda, Bl. 12.

formulieren«. Es sei immer eine »entsprechend höfliche und zurückhaltende Formulierung« zu wählen, die erkennen lasse, dass die Stasi nicht beabsichtige, in die »Entscheidungsbefugnis des Empfängers einzugreifen oder ihn zu bevormunden«. Es war »nicht statthaft, Anweisungen zu geben oder Forderungen zu erheben«, selbst dann, wenn der Gegenstand der Information in die Zuständigkeit der Geheimpolizei fiel.[70] Diese Anweisungen verdeutlichen das Unterordnungsverhältnis der Geheimpolizei unter die SED ebenso, wie das Verbot, aus eigener Initiative die 1. Sekretäre der SED über »interne Parteiangelegenheiten, über die Parteiarbeit [...] oder Parteifunktionäre« zu informieren. Solche Berichte waren »nur dann« anzufertigen, wenn eine »entsprechende Anforderung« der 1. Sekretäre vorlag!ial[71]

Letzten Endes trat der Befehl, aus bislang nicht geklärten Gründen, nicht in Kraft und das Berichtswesen blieb hochgradig abhängig von den Entscheidungen Mielkes. Er gab Themen vor, über die zu berichten war, einerseits »planvoll« im Rahmen von Arbeitsplänen der operativen Linien sowie der Nachrichtenzentrale und andererseits ad hoc, das heißt Informationsbedarf, der aus dem politischen Raum an ihn herangetragen wurde oder zu Themen, die er im Moment als relevant erachtete. Mielke oblag es auch, den Kreis derjenigen genau zu bestimmen, die eine Information erhalten sollten und damit auch darüber, wer im Unklaren blieb. Dies zeigt sich auch daran, dass es in jedem Jahr Entwürfe, also Vorlagen der ZAIG gab, die für eine Außenverteilung vorgesehen waren, aber nicht rausgingen. Wobei sich der Anteil von den 1960er- bis zu den 1980er-Jahren stetig verringerte, auf zum Beispiel 1976 und 1977 nur noch 10 bzw. 7 Prozent aller Entwürfe.[72] Dies kann als Hinweis dafür gelesen werden, dass das MfS dank seiner Vernetzung nach außen immer besser beurteilen konnte, was an Informationen erwünscht war und was nicht.

Schlussbemerkungen

Die Forschungen zur Nachrichtenzentrale der Stasi – der ZAIG – sowie zu den »geheimen Berichten an die SED-Führung« sind weit fortgeschritten, dennoch stellen sich auch weiterhin viele spannende und wichtige Fragen zur Berichtsgenese und Beauftragung. Um die ZAIG als Nachrichtenzentrale der Stasi in ihrer Gänze zu erfassen, müssen die internen Auswertungsmechanismen und -praktiken sowie die zugrunde liegenden Ablagen und Speicher genauso unter die Lupe genommen werden wie das Auswertungs- und Informationswesen der Be-

---

70 Ebenda, Bl. 31.
71 Ebenda, Bl. 13.
72 Henrik Bispinck: Einleitung 1977. In: ders. (Bearb.): Die DDR im Blick der Stasi, 1977, hg. von Daniela Münkel. Göttingen 2012, S. 48.

zirks- und Kreisebene. Denn die hier erarbeiteten Informationen waren zum einen wichtige Grundlagen für die Berichte der Zentrale. Zum anderen kommunizierte das MfS auch mit den lokalen SED-Spitzenfunktionären und konnte so Einfluss auf die Wahrnehmung der Probleme im Land durch die Staatspartei nehmen. Dass die Stasi imstande war, auch sehr komplexe Probleme zu analysieren und realistische Lagebilder zu entwerfen, wird deutlich, um nur ein Beispiel zu nennen, an den Ausarbeitungen der HA XVIII zu den ökonomischen und finanziellen Problemen der DDR zu Beginn der 1980er-Jahre.[73] Dass sich diese Auswertungskompetenz der Nachrichtenzentrale jedoch nicht zwangsläufig in den »geheimen Berichten an die SED-Führung« widerspiegelt, war ganz wesentlich von der Berichtspolitik gegenüber der Parteiführung und damit von dem Verhältnis zwischen SED und MfS beeinflusst.

---

73 Vgl. Hans-Hermann Hertle: Die DDR an die Sowjetunion verkaufen? Stasi-Analysen zum ökonomischen Niedergang der DDR. In: DA 42 (2009) 3, S. 476–495; Andreas Malycha: Staatssicherheit und Wirtschaftskrise. Warnungen des MfS vor dem ökonomischen Niedergang der DDR in den 1980er Jahren. In: Totalitarismus und Demokratie 11 (2014) 2, S. 251–265.

Andreas Hilger (†)

Feindbild oder Feindlage? – Die Organisation Gehlen und der BND in den 1950er-Jahren

Noch Anfang der 1970er-Jahre hielt sich Reinhard Gehlen, langjähriger Chef bzw. Präsident der sogenannten Organisation Gehlen (Org.) und, ab 1956, des Bundesnachrichtendienstes (BND) zugute, dass seine Dienste »nahezu alle bedeutenden Entwicklungen im Sowjetblock frühzeitig, oft Monate oder Jahre vorher, erkannt und in den meisten Fällen zutreffend analysiert haben«. Man sei mit seinen Erkenntnissen jedoch, so Gehlen in seinem Memoiren weiter, vielfach »in den Ruf der Einseitigkeit, wenn nicht in den Verdacht bewusster Verteufelung geraten«.[1] Dabei habe man doch nichts weiter als das ureigene Wesen des sowjetischen Kommunismus, nämlich seine rein »zerstörerische Kraft« sowie aggressive Expansionslust, erkannt, darüber berichtet und dementsprechend immer wieder vor dem »schleichenden Gift der friedlichen Koexistenz« gewarnt.[2] Man dürfe, so die unverbrüchliche Überzeugung Gehlens, »niemals vergessen, dass nach kommunistischer Überzeugung die Bolschewisierung Deutschlands die Voraussetzung für die kommunistische Umwandlung Europas ist und bleibt«. Die »Verteidigung« gegen diese Gefahr habe demnach eine Hauptaufgabe aller Politik und nachrichtendienstlichen Tätigkeit dargestellt.[3] Das Bild vom hellsichtigen Rufer in der Wüste, das Gehlen hier von sich zeichnete, hatte bereits vor der Veröffentlichung seiner Erinnerungen deutlich an Überzeugungskraft verloren.[4] In den 1950er-Jahren jedoch schienen zumindest maßgebliche Stellen in der Regierung Adenauer einschließlich des Bundeskanzlers selbst Gehlens klar antikommunistischen Lagebildern Glauben zu schenken.[5] Auch von daher – und angesichts der seinerzeit recht engen Beziehungen zwischen dem BND in Pullach und der Regierung in Bonn – ist es angebracht, nach der Qualität der geheimdienstlichen Informationen zu fragen. Im Kern geht es darum, ob sich entsprechende Einschätzungen des Dienstes auf fundierte Erkenntnisse, Informationen nach Bonn auf sorgfältige Analysen und die positive

---

1 Reinhard Gehlen: Der Dienst. Erinnerungen 1942–1971. Mainz 1971, S. 322.
2 Ebenda, S. 185, 272 f.
3 Ebenda, S. 10, 149 f., 406.
4 Jost Dülffer: Geheimdienst in der Krise. Der BND in den 1960er-Jahren. Berlin 2018.
5 Reinhard Gehlen: Der Dienst. Erinnerungen 1942–1971. Mainz 1971, S. 296 f.

Rezeption in der Politik auf nüchterne Urteilskraft und mögliche übereinstimmende Zuarbeiten Dritter stützten oder ob hier eher gemeinsame Feindbilder die Wahrnehmung und potenzielle Fehlwahrnehmung der außenpolitischen Realität prägten. Der vorliegende Beitrag konzentriert sich dabei vornehmlich auf die entsprechenden Pullacher Aktivitäten. Somit wird hier zunächst die eigentliche Generierung von Wissen in Org. und BND, das heißt die Informationsbeschaffung und -analyse, skizziert. Danach sind die Wissensvermittlung und damit die Kommunikation nach außen kritisch zu beleuchten. Der Beitrag konzentriert sich dabei auf Nachrichten und Berichterstattung über den sogenannten kommunistischen Machtbereich außerhalb von SBZ und DDR. Dass es hinsichtlich Ostdeutschlands bereits früh bei Wissensproduktion und -vermittlung nicht unbedingt zum Besten bestellt war, haben jüngere Studien im Detail beschrieben.[6] Mit Blick auf die nichtdeutschen Territorien des sowjetischen Einfluss- und Herrschaftsgebiets stellte sich die Lage, soviel sei vorweggenommen, noch negativer dar.

Aufklärungsziel »Weltkommunismus«

Die Org. arbeitete seit 1949 vorrangig der CIA zu, versorgte jedoch bereits vor der Übernahme durch die Bundesregierung auch die Bonner Regierung zunehmend mit Nachrichten. Die Erwartungen, die die Auftraggeber in CIA sowie in der Bundesregierung an die Tätigkeit von Org. bzw. BND stellten, wurden in den 1950er-Jahren nicht eindeutig ausformuliert. Die Anforderungen wiesen insgesamt recht wenig Stringenz auf und liefen in aller Regel unkoordiniert nebeneinander her. Letztlich versprachen sich die Abnehmer von der westdeutschen Spionage in den 1950er-Jahren neben militärischen zunehmend politische, gesamt- und rüstungswirtschaftliche Informationen über den gesamten Ostblock. Pullach versprach, diese Erwartungen nicht zu enttäuschen.[7]

Regional galten jenseits der DDR die UdSSR und deren osteuropäische Verbündete als Hauptziele westdeutscher nachrichtendienstlicher Tätigkeit. Dabei zählte der Dienst Jugoslawien gleichfalls zu seinen gegnerischen Aufklärungszielen, ungeachtet aller Konflikte Belgrads mit Moskau. Innerhalb des Ostblocks staffelte sich in den Augen von Org./BND die Bedeutung der Staaten je nach ihrer geografischen Nähe zur BRD sowie der damit verbundenen angenomme-

---

6 Ronny Heidenreich: Die DDR-Spionage des BND. Von den Anfängen bis zum Mauerbau. Berlin 2019; Daniela Münkel, Elke Stadelmann-Wenz und Ronny Heidenreich: Geheimdienstkrieg in Deutschland. Die Konfrontation von Organisation Gehlen und DDR-Staatssicherheit im Herbst 1953. Berlin 2016.

7 Andreas Hilger: Blick durch den Eisernen Vorhang. Der westdeutsche Nachrichtendienst und der »Sowjet-Kommunismus«, 1946–1968. In: ders. u. a. (Hg.): Die Auslandsaufklärung des BND. Operationen, Analysen, Netzwerke. Berlin 2021, S. 47–262.

nen militärischen Bedrohung, kombiniert mit der jeweiligen politisch-militärischen Stellung im Ostblock, die man den Einzelstaaten zuschrieb. So betrachtete Pullach beispielsweise Ungarn als wichtiges Auf- und Durchmarschgebiet des Warschauer Pakts und maß dem Land zugleich als Standort bedeutsamer Rüstungsindustrien einige Bedeutung bei. Darüber hinaus erhoffte man sich, Ungarn als Ausgangs- oder Zwischenstation für Operationen gegen den Hauptgegner, die UdSSR, nutzen zu können. Vor diesem Hintergrund kann eine kritische Bestandsaufnahme der geheimdienstlichen Resultate gegenüber Budapest gerade in den ereignisreichen 1950er-Jahren als ein aussagekräftiger Indikator für Erfolge und Misserfolge des Dienstes in dieser Dekade insgesamt genommen werden.[8] Analog legen eingehende Beschreibungen der westdeutschen Beobachtung der Tschechoslowakei die begrenzte Schlagkraft des Dienstes in Osteuropa exemplarisch für die 1960er-Jahre dar.[9]

Während der 1950er-Jahre zeigten sich die Führung des Dienstes und zentrale Teil- bzw. Sonderapparate wie der sogenannte Strategische Dienst mit der eigenen Leistungsfähigkeit zufrieden. Diese positive Einschätzung findet sich sowohl in zeitunmittelbaren Korrespondenzen als auch in internen Rückblicken. Eine in den 1980er-Jahren entstandene interne Aufarbeitung der Aktivitäten während und nach der Ungarn-Krise 1956 gab sich überzeugt, dass Pullach »die politischen Vorgänge und Entwicklungen [...] mit den entscheidenden Phasen der Eskalation rechtzeitig erkannt« und Bonn dementsprechend »auf die drohende Gefahr eines Volksaufstands hingewiesen« habe. Insgesamt, so das (selbst-)zufriedene Fazit, habe man auch bei »Anlegung eines kritischen Maßstabs« den Kanzler und führende Politiker der »staatstragenden Parteien« »rechtzeitig und zuverlässig« informiert.[10] Betrachtet man die Tätigkeit des BND vor und während der Krise in Ungarn jedoch etwas genauer, wird bald deutlich, dass derlei Bewertungen erhebliche Leerstellen, Beschönigungen und Einseitigkeiten aufweisen. Das positive Bild kaschierte konkrete Probleme in den wesentlichen Arbeitsbereichen von Beschaffung, Auswertung und Berichterstattung des Dienstes.

---

8 Andreas Hilger, Sabrina Nowack: Die BND-Spionage in Südosteuropa. Personal, Sicherheit, Operationen. In: Andreas Hilger u. a. (Hg.): Die Auslandsaufklärung des BND. Operationen, Analysen, Netzwerke. Berlin 2021, S. 263–395.
9 Andreas Hilger, Armin Müller: »Das ist kein Gerücht, sondern echt.« Der BND und der »Prager Frühling« 1968. Marburg 2014.
10 Kurt Weiß: Das Krisenjahr 1956; BArch, B 206/1970, Bl. 1–14.

Organisation und Personal

Dazu zählten strukturelle Probleme. Neben der unklaren Auftragslage litt die Effektivität des Dienstes unter überlappenden Zuständigkeiten verschiedener Dienststellen. Unter den Bedingungen der nahezu zwanghaften internen Abschottungspolitik führten diese Überschneidungen zu nutzloser Doppelarbeit und, noch problematischer, zu Kontrollverlust von Leitung und Auswertung über konkrete Aktivitäten und Effektivität. Daneben herrschte, folgt man den internen Bestandsaufnahmen, in allen Abteilungen über die Jahre hinweg Mangel an geeignetem Personal. Klagten verschiedene Teilbereiche anfangs über fehlende Planstellen und Finanzausstattung, häuften sich im Laufe der 1950er-Jahre und insbesondere nach den umfangreichen Aufstockungen ab 1956 Beschwerden über die Fähigkeiten der Mitarbeiter. Sie waren nach Ansicht der Personalabteilung bestenfalls »durchschnittlich qualifiziert«.[11] Tatsächlich orientierte sich die Personalgewinnung nicht unbedingt an nachrichtendienstlicher Expertise und Fähigkeiten. Sie erfolgte vielmehr über private Netzwerke, deren Loyalitäten mitunter weniger dem Nachrichtendienst in einem neuen demokratischen Staat und mehr individuellen, »kameradschaftlichen« Freundeskreisen und Seilschaften galten.[12] Die bevorzugte Anwerbung von guten Bekannten, Freunden und alten Kameraden war mit Gehlens Einstellung kompatibel. Für ihn waren eine strikt antikommunistische Haltung und eine vermeintliche Vertrautheit mit einer vorausgesetzten, quasi kollektiven »Mentalität« des Ostens wesentliche Einstellungsvoraussetzungen.[13] Allerdings fußte das angeblich tiefere Verständnis von Land und Leuten dabei in aller Regel auf deutschen Karrieren in Wehrmacht, Sicherheitsdiensten und NSDAP vor 1945. So galt etwa Rupert Mandl, ehemals u. a. beim SD Wien und bei dessen Jagdkommandos im Einsatz, noch 1955 als »Vollblut-ND-Mann« mit guten Verbindungen in Südosteuropa.[14] Drei Jahre später wurde er wegen »SD-Methoden« abgesetzt.[15] Darunter verstanden die Kritiker jedoch möglicherweise nur einen äußerst laxen Umgang mit öffentlichen Geldern und Mandls sture Fokussierung auf die Gegenspionage, die für sein eigentliches Aufklärungsziel Ungarn keine dienlichen Informationen erbrachte. Insgesamt konnten die vielfach zweifelhaften Arbeits-

---

11 Schreiben Personalwesen, Dr. Neumann, v. 19.12.1958 an Gehlen (363 pers.), Entwurf betr. Organisationsprüfung 1958; BND-Archiv, N 71/1, Bl. 128–155.

12 Vgl. grundsätzlich Thomas Wolf: Die Entstehung des BND. Aufbau, Finanzierung, Kontrolle. Berlin 2018; Gerhard Sälter: NS-Kontinuitäten im BND. Rekrutierung, Diskurse, Vernetzung. Berlin 2022.

13 Reinhard Gehlen: Der Dienst. Erinnerungen 1942–1971. Mainz 1971, S. 124, 145, 252 f., 260.

14 Führungsbeauftragter Operative Beschaffung (121), Beurteilungsnotiz v. 25.4.1955; BND-Archiv, P 0203, Bl. 1.

15 Handschriftliche Notiz Randel – Semper zu Rupert Mandl v. 6.11.1962; BND-Archiv, 220.576.

ergebnisse von quasi privat angeworbenen Mitarbeitern die Rekrutierungslogik auch fachlich nicht rechtfertigen.

Daneben kamen in verschiedenen Dienststellen Angehörige der diversen Emigrationswellen aus dem kommunistischen Lager zum Einsatz. Sie brachten ihrerseits als Expertise und Verbindungen meist nur veraltete Vorstellungen und überholte Kontakte mit. Zudem waren sie aufgrund ihres Hintergrunds den gegnerischen Sicherheitsdiensten wohlbekannt, was aus nachrichtendienstlicher Sicht ein erhebliches Risiko darstellte. Dies wurde jedoch etwa mit Blick auf die Ungarnaufklärung erst nach 1956 als Problem thematisiert, nachdem sich die fatalen Auswirkungen dieses Personaleinsatzes gezeigt hatten.

Insgesamt wies das Personal des Dienstes in den 1950er-Jahren eine starke militärische Prägung auf, auch dann, wenn man sich mit Politik und Wirtschaft zu befassen hatte. Die Lücken, was aktuelle Kenntnisse über die Zielländer anbelangte, waren bedeutsam, zumal es vielfach an einschlägigen Sprachkenntnissen fehlte. Schließlich hielten überalterte Mitarbeiter an überkommenen Vorstellungen fest und weigerten sich, Dynamiken und Veränderungen gerade nach Stalin zu erkennen bzw. anzuerkennen.[16] Ob sich andere Mitarbeiter mit der Aufklärung leichter getan hätten, sei indes dahingestellt. Auch sie wären auf eine verschwindend geringe Bereitschaft der Bevölkerung vor Ort zur Zusammenarbeit und auf die strikten Sicherheitsmaßnahmen der dortigen Dienste getroffen.[17]

Beschaffung – Schwierige Annäherung an den Feind

Die Kombination von hausgemachten Problemen und aggressiver Abwehr der sozialistischen Staaten bereitete zuallererst den für die Informationsbeschaffung verantwortlichen Dienststellen enorme Probleme. An hochrangige eigene menschliche Quellen (HUMINT) hinter dem Eisernen Vorhang war nicht zu denken. Der Dienst erzielte in dieser viel beschworenen Paradedisziplin der Geheimdienste in den 1950er-Jahren jenseits Deutschlands keine wesentlichen Erfolge. Dort hatte nach der Niederlage 1945 und aufgrund des konsequenten Ausbaus der kommunistischen Herrschaft unter sowjetischer Kontrolle jede westliche Geheimdienstarbeit bei Null zu beginnen. Verzweigte Netzwerke bis ins Umfeld des Mitglieds des Moskauer Politbüros Anastas Mikojan, mit denen gleich zu Beginn prominente Vertreter der Org. sprachen, waren nichts weiter

---

16 Andreas Hilger: Blick durch den Eisernen Vorhang. Der westdeutsche Nachrichtendienst und der »Sowjet-Kommunismus«, 1946–1968. In: ders. u. a. (Hg.): Die Auslandsaufklärung des BND. Operationen, Analysen, Netzwerke. Berlin 2021, S. 242–262.
17 Łukasz Kamiński, Krzystof Persak und Jens Gieseke (Hg.): Handbuch der kommunistischen Geheimdienste in Osteuropa 1944–1991 (Analysen und Dokumente, 33). Göttingen 2009.

als bloße Erfindungen oder leere Versprechen.[18] In den folgenden Jahren konnten dann nur – so Gehlen selbst – »vereinzelt« Quellen vor Ort hinzugewonnen werden.[19] Die ebenso vage wie abenteuerliche Hoffnung, über Verbindungen zu Untergrundbewegungen insbesondere im Baltikum eigene Agenten in die Sowjetunion einzuschleusen oder im Land aufzubauen, zerschlug sich Anfang der 1950er-Jahre endgültig. Dies lag nicht zuletzt daran, dass amerikanische und britische Dienste das Terrain für sich beanspruchten.[20] Auch Sondierungen bei der Organisation Ukrainischer Nationalisten (OUN) bzw. Stepan Banderas Gefolgsleuten (OUN-B) führten zu keinen greifbaren Resultaten.[21] Nach wie vor konnte die Emigration nur mit obsoletem Wissen und unsicheren Kontakten aufwarten. Auf dieser Grundlage betrieben ihre verschiedenen Vertreter zudem nicht nur aktive Informationspolitik, sondern mitunter auch schwunghaften Nachrichtenhandel: Die CIA schloss bereits 1952 eine Studie unter dem bezeichnenden Titel »Paper mills and fabrication« ab, in der insbesondere Emigrantenkreisen eine zwielichtige Rolle zukam.[22]

Vor dem Hintergrund der schwierigen Rekrutierungslage zählte der Dienst beispielsweise im Jahr 1952 nur 28 Agenten in Polen, sechs in der Tschechoslowakei, zwölf in Ungarn, einen in Rumänien und keinen in der UdSSR.[23] »Eine

---

18 G-2, Burress, an DCI Vandenberg betr. Op. Rusty v. 1.10.1946. In: Kevin C. Ruffner (Hg.): Forging an intelligence partnership. CIA and the origins of the BND, 1945–49. A documentary history, 2 Bde. Washington 1999, hier Bd. 1, S. 114 f.; Tagebuch Wessel, Einträge v. 19.9. und 22.10.1946; BND-Archiv, N 1/2; Critchfield an Chef OSO, Untersuchungsbericht Rusty v. 17.12.1948. In: Kevin C. Ruffner (Hg.): Forging an intelligence partnership. CIA and the origins of the BND, 1945–49. A documentary history, 2 Bde. Washington 1999, Bd. 2, S. 45–123, hier 53 f.

19 Graber, Notizen zu einem Aufbau; BND-Archiv, N 4/18, Bl. 34 f., 39 f.

20 Strategische Aufklärung UdSSR (50/R), Aktennotiz betr. Besprechung »Vineta« am 24.9.1952 v. 25.9.1952; BND-Archiv, Nr. 1668; Morgenstern (Mix), Aufzeichnung »Vineta«, o. D.; BND-Archiv, N 18; Mart Laar: The armed resistance movement in Estonia from 1944 to 1956. In: Arvydas Anušauskas (Hg.): The anti-Soviet resistance in the Baltic states. Vilnius 1999, S. 209–241, hier 236–239. Zu Einsätzen in britischen Diensten vgl. Sigurd Hess: Die Schnellbootgruppe Klose und der British Baltic Fishery Protection Service, 2 Teile. In: Marineforum 76(2001)3, S. 21–25 u. 4/2001, S. 29–32; Armin Müller: Wellenkrieg: Agentenfunk und Funkaufklärung des Bundesnachrichtendienstes 1945–1968. Berlin 2017.

21 Andreas Hilger: Blick durch den Eisernen Vorhang. Der westdeutsche Nachrichtendienst und der »Sowjet-Kommunismus«, 1946–1968. In: ders. u. a. (Hg.): Die Auslandsaufklärung des BND. Operationen, Analysen, Netzwerke. Berlin 2021, S. 92 f., 210 f.

22 CIA, Paper mills and fabrication v. Februar 1952, S. 1–5, Zitat S. 1, https://www.cia.gov/readingroom/docs/PAPER%20MILLS%20AND%20FABRICATION_0001.pdf (letzter Zugriff: 5.7.2024).

23 Chief of Base Pullach an Chief EE betr. Survey Report of Zipper's Satellite operations for calendar year 1952. In: Kevin C. Ruffner (Hg.): Forging an intelligence partnership. CIA and the origins of the BND, 1949–56. A documentary history. Washington 2006, S. 653–694, hier 661.

wirkliche SU-Quelle existiert[e]« auch 1956 noch nicht.[24] Derweil zählte die für Wirtschaft und Rüstungspolitik zuständige Dienststelle vier Quellen, wusste indes nichts über deren tatsächliche Qualität zu sagen. Außerdem erschwerten die äußerst zeitaufwendigen und gefährlichen Übermittlungswege immer die Kommunikation mit den menschlichen Agenten vor Ort. Durch die Verzögerung verloren ihre Informationen zusätzlich an Wert.

Im Laufe der Jahre ergänzte der Dienst seine stationären Agenten durch andere Zugänge. Anders ausgedrückt: Die Pullacher Beschaffungsapparate versuchten, mit Ersatzmaßnahmen den grundlegenden Mangel an hochrangigen Informanten zumindest ansatzweise zu kompensieren. Geschäftsreisende, aber auch Matrosen von Handelsschiffen, mochten zumindest punktuelle Einblicke in das Leben entlang der Reiserouten liefern. Deutsche Journalisten teilten mitunter einige ihrer Eindrücke ebenfalls mit dem Dienst, aus professionellem Eigeninteresse heraus jedoch kaum die wichtigsten und aktuellsten Nachrichten. Zudem erwarteten die Reporter ihrerseits Gegenleistungen in Form von Informationen und Erkenntnissen.

Kontinuierlicher entwickelte sich das sogenannte Befragungswesen, bei dem seit den 1940er-Jahren Personengruppen im Zentrum standen, die länger im sowjetischen Herrschaftsbereich gelebt hatten oder hatten leben müssen und dann nach Westdeutschland kamen: Kriegsgefangene, Flüchtlinge, Wissenschaftler aus vergangenen sowjetischen Verschleppungs- und Anwerbungsmaßnahmen sowie eine kleine Zahl von Deserteuren aus sowjetischen und anderen sozialistischen Militäreinheiten, Sicherheitsstrukturen und Bürokratien. Der Dienst hat diesen Zweig seiner Tätigkeit als unverzichtbares »Aufklärungsmittel aus dem Inneren der SU [...] und [...] auch für manche Satellitenstaaten« stets besonders hervorgehoben.[25] Umfang und Ergiebigkeit dieses Zugriffs dürfen jedoch nicht überschätzt werden. Eine systematische oder gar flächendeckende Erfassung und Befragung der großen Zahl potenzieller Auskunftspartner gelang bis in die 1950er-Jahre hinein nicht;[26] Kriegsgefangene als Quelle fielen zudem ab 1955 endgültig weg. In vielen Fällen stellte sich die konkrete Gesprächsführung als schwierig dar, da die Betroffenen ganz andere Akzente setzten als faktenorientierte Befrager. Diese waren außerdem schlecht auf die komplexe Aufgabe eingestellt. Möglicherweise diente der Befragungsapparat auch schon in

---

24 Arbeitsbesprechung Einsatzführungsstelle (Büro Bavaria) [von Anfang Dezember 1956]; BND-Archiv, Nr. 104365.
25 Stabsstelle (34/7) an Leitstelle »Süd« (17) u. a. betr. Vorläufige Regelung des Vernehmungswesens – Verbesserung v. 5.8.1949; BND-Archiv, N 4/1, Bl. 419–422.
26 Ebenda. Vgl. Aufzeichnung Zipper Satellite operations, [Mai 1953]. In: Kevin C. Ruffner (Hg.): Forging an intelligence partnership. CIA and the origins of the BND, 1949–56. A documentary history. Washington 2006, S. 447 f. Für die Außendarstellung exemplarisch Hermann Zolling, Heinz Höhne: Pullach intern. General Gehlen und die Geschichte des Bundesnachrichtendienstes. Hamburg 1971, S. 123–129.

den 1950er-Jahren als Abschiebebahnhof für ungeliebte oder unfähige Mitarbeiter.[27] Noch schwerwiegender war, dass Org./BND sich in der asymmetrischen Konkurrenz mit den maßgeblichen westlichen Diensten um vielversprechende Quellen – Nichtdeutsche, Militärs u. Ä. – nicht durchsetzen konnten.[28] Die generellen Möglichkeiten besserten sich zwar im Laufe der 1950er-Jahre sukzessive, doch eigene Befragungsstellen des Dienstes wurden erst ab 1958 eingerichtet.[29] Ohnehin erfolgte der Erkenntnisgewinn durch diese Quellen immer im Nachhinein, mit mitunter erheblichem zeitlichem Abstand zu den Ereignissen und mit starken individuellen Verzerrungen. Schließlich ließen sich aus der Zuarbeit durch wissenschaftliche Einrichtungen in Westdeutschland zwar grundlegende »Basisinformationen«, jedoch wiederum keine aktuellen, verdeckten Nachrichten gewinnen. Die gezielte Auswertung offener Materialien wie Zeitungen oder Ausstellungsprospekte entwickelte sich seit den 1940er-Jahren gleichfalls zögerlich. Während 1955 eine politische Presseauswertung geschaffen wurde, ließ sich der Dienst bis Anfang 1962 Zeit, um eine Dienststelle zur »Beschaffung von Unterlagen aller Art für Zwecke des BND zur Ergänzung der im Bereich des geheimen Meldedienstes anfallenden Nachrichten«, den Beschaffungsdienst Unterlagen (BDU), einzurichten. Der BDU stand vor den gleichen Problemen wie die verstreuten Mitarbeiter der 1950er-Jahre: Die Flut von Veröffentlichungen war kaum gezielt und systematisch zu erfassen.[30]

In Krisenzeiten wie dem Ungarn-Aufstand 1956 versuchte Pullach, den prekären Kenntnisstand durch direkte Befragungen – sowie Anwerbungen – im österreichisch-ungarischen Grenzgebiet aufzubessern. Wie gefährlich derlei Einsätze waren, zeigt der Fall von Sandor Visney. Er vereinbarte im Dezember 1956 ein Treffen mit einer ungarischen »Kurzeinsatzquelle«, um Details über die sowjetische Armee zu erhalten. Vom vereinbarten Treffpunkt an der österreichisch-ungarischen Grenze kehrte Visney nicht mehr zurück. Schnell stellte

---

27 Mil. Aufklärung (RW 14) Nr. 20038/67 VS-V an Operat.-Gruppe Polen (475 pers.) und 71 pers. betr. Si-Lage bei den Befragerstellen v. 27.1.1967; BND-Archiv, Nr. 3273, Bl. 75.

28 Station Karlsruhe an SRFG, Briefing, 21.8.1951. In: Kevin C. Ruffner (Hg.): Forging an intelligence partnership. CIA and the origins of the BND, 1949–56. A documentary history. Washington 2006, S. 59–64, hier 64; History of the Gehlen Intelligence Organization v. September 1953. In: ebenda, S. 73–238, hier 145, 147; Chief of Base Pullach an Chief EE betr. Survey Report of Zipper's Satellite operations for calendar year 1952. In: ebenda, S. 653–694, hier 654 f.

29 Geschichte der Vorläuferorganisation des BND von 1945–1968: Befragungswesen; BND-Archiv, Nr. 1402; Verbindungsstelle Büro Bonn (Reiner, 552) an Leiter (88), betr. Besprechung mit Briten über Zusammenarbeit in Befragungswesen am 3.3.1954 v. 4.3.1954; BND-Archiv, Nr. 30201, Bl. 4–6; vgl. Einzelangaben in Aufzeichnungen/Schriftverkehr; BND-Archiv, Nrn. 30165, 40086–40088.

30 Ref. Org. (49) an Verbindungs- und Unterlagenbeschaffungsdienst (Zweckverband) Nr. 2/62 geh. betr. Auftrag für BDU v. 5.2.1962; BND-Archiv, Nr. 7267, Bl. 2 f.; Beauftragter für Dienstaufsicht (106/D) an Vizepräsident (106/G) Nr. 134/67 VSV betr. Presseauswertung v. 15.11.1967; BND-Archiv, Nr. 4307.

sich heraus, dass die ungarische Staatssicherheit Állomvédelmi Hatóság (ÁVH) Visney verschleppt hatte. Entgegen den Hoffnungen des BND zeigte sich Visney in ungarischer Haft aussagebereit.[31] Die ungarische Staatssicherheit konnte daher weitere BND-Agenten verhaften und sich einen genauen Überblick über wesentliche Teile der Ostaufklärung des BND verschaffen.[32]

Die Funkaufklärung von Org./BND schließlich konnte die Defizite des HUMINT-Sektors auch nicht auffangen. Sie blieb in ihrer Abdeckung lückenhaft, teils auch deswegen, weil die amerikanischen Stellen sich schwertaten, diesen wichtigen und kaum zu kontrollierenden Bereich in deutsche Hände zu legen. Unabhängig davon blieben einige Chiffrierungen im Ostblock unzugänglich, in anderen Fällen blieben technische Möglichkeiten aufgrund fehlenden Personals ungenutzt.[33] Vor diesem allgemeinen Hintergrund war es nahezu unvermeidbar, dass Informationen der Partnerdienste für den BND immer mehr an Bedeutung gewannen, trotz aller Gefahren für das eigene unabhängige Lagebild, die sich aus einer gezielten möglichen Informationssteuerung und -selektion durch die »Freunde« ergeben konnten.[34]

Die weiteren Problemfelder der verschiedenen Kategorien von Informationsquellen können hier nicht ausführlich diskutiert werden. Unterscheidet man die Quellentypen nach gehaltvolleren Innenansichten und oberflächlicheren Außenansichten und sortiert man sie nach der Zeitunmittelbarkeit der Informationsgewinnung, so wird deutlich, dass es dem Dienst in der Breite nicht gelang, zeitnah Informationen aus dem relevanten Innenleben des Ostblocks zu beschaffen. Dies galt nicht nur für Politik und Wirtschaft, sondern zunehmend auch für eine rechtzeitige militärische Vorwarnung.

Dementsprechend fallen interne Statistiken des Dienstes über das Meldeaufkommen aus, die die Jahre bis 1956 abdecken. Für diesen Zeitraum machten Meldungen aus dem gesamten Ostblock außerhalb der DDR nur maximal 20 Prozent des gesamten Berichtswesens aus.[35] Mit Versuchen zu »strategischen, langfristigen, hochrangigen und tief eindringenden Operationen« jenseits der DDR war Pullach offenkundig gescheitert.[36] In der Tat konnten etwa unmittel-

---

31 Zitate in diesem Abschnitt nach Beschaffung Balkan (131/B) Nr. 5085/56 VS-V an Gehlen (50) betr. Pannenmeldung, 12.12.1956; BND-Archiv, Nr. 152040, Bl. 130–132.
32 Krisztián Ungváry: Der Bundesnachrichtendienst im Spiegel der ungarischen Staatssicherheit, unveröff. Manuskript. Budapest [2013], S. 8, 10 f.
33 Vgl. Armin Müller: Wellenkrieg: Agentenfunk und Funkaufklärung des Bundesnachrichtendienstes 1945–1968. Berlin 2017.
34 Wolfgang Krieger: Partnerdienste. Die Beziehungen des BND zu den westlichen Geheimdiensten 1946–1968. Berlin 2021.
35 Andreas Hilger: Blick durch den Eisernen Vorhang. Der westdeutsche Nachrichtendienst und der »Sowjet-Kommunismus«, 1946–1968. In: ders. u. a. (Hg.): Die Auslandsaufklärung des BND. Operationen, Analysen, Netzwerke. Berlin 2021, S. 147–168.
36 So eine Zwischenbilanz von 1950, Aufzeichnung über Gespräch mit Gehlen v. 28.12.1950. In: Kevin C. Ruffner (Hg.): Forging an intelligence partnership. CIA and the ori-

bar für Südosteuropa zuständige Dienststellen des BND 1956 hinsichtlich Ungarns selbst das »gewonnene militärische Lagebild nicht mehr ausreichend auf dem Laufenden [...] halten«.[37] Im Ganzen war man sich in Pullach intern bereits Mitte der 1950er-Jahre nicht sicher, ob man »mit unseren gegenwärtigen Aufklärungsmitteln« »rechtzeitige Meldungen über sowjetische Angriffsabsichten mit überfallartigem Angriffsbeginn« oder über einen zügigen »Aufmarsch der Fern-Raketen-Batterien« beibringen könnte.[38]

Analyse – Interpretation und Weltbild

Aus dieser Beschaffungslage ergaben sich für die Auswertung der Informationen zwangsläufig Interpretationsspielräume. Die zuständige Fachabteilung war sich ihrer dünnen Arbeitsgrundlage bewusst. So klagte etwa die Militärauswertung 1955, dass sie »aus dürftigerem Material die besseren Folgerungen« ziehen müsse.[39] Auf der anderen Seite stand aber die Auswertung ihrerseits vor dem Problem, dass ihr Mitarbeiterstab für die zeitintensive Bearbeitung von offenem Material und von Ergebnissen der Funkaufklärung nicht ausreichte.[40] Unterschieden die Beschaffer in ihren Meldungen zudem nicht genau zwischen Spionageergebnissen und Zeitungslektüre, war es für die Auswertung ohnehin unmöglich, die Inhalte entsprechend adäquat zu gewichten. Schließlich benötigte man in Pullach, so die Einschätzung sowohl durch Mitarbeiter als auch durch Abnehmer, häufig zu viel Zeit, um Ergebnisse zu liefern.[41] Wie fundiert diese Analysen ausfielen, stand zudem auf einem anderen Blatt.

Es ist, soweit ich sehe, in den Quellen nicht zu fassen, mit welchen konkreten Methoden und mit welchem methodischen Verständnis die Abteilungen der Auswertung die Informationen der Beschaffung verarbeiteten. Offenbar kam persönlichen Voreinstellungen eine kaum zu überschätzende Bedeutung zu, da sich die Analysten, wie es noch spätere Bestandsaufnahmen festhielten, »je nach Individualität« von ihrem »subjektiven« Empfinden leiten ließen, »ob und wel-

gins of the BND, 1949–56. A documentary history. Washington 2006, S. 386–390, hier 389.
 37 Ltr. Operat. Meldungsbeschaffung (124) an Quellenbewertung (124/Q) Nr. 2415/57 VS-V betr. Arbeitsbesprechung über Dst. 2 v. 20.2.1957; BND-Archiv, Nr. 104231, Bl. 78.
 38 Vortragsnotiz Auswertung NVA-Luftwaffe (125/L) v. 8.6.1954; BND-Archiv, Film Nr. 125, Bl. 9–12 sowie Ausarbeitung Anzeichen militärischer Kriegsvorbereitungen des Ostblocks in Mitteleuropa, Stand: April 1955; BND-Archiv, N 3/1, Bl. 3–73, hier 71–73.
 39 Auswertung NVA-Heer (125/H) an Ltr. Auswertung (125) betr. Lagebesprechung v. 28.9.1955; BND-Archiv, Film 665, Bl. 173 f.
 40 Auswertung (125/Ü) an Ltr. Auswertung (125) u. a. betr. Qualität der Meldungen (II) v. 21.2.1958; ebenda, Bl. 45.
 41 Exemplarisch Ltr. Auswertung (125) an Leiter (88) v. 26.5.1954; BND-Archiv, Nr. 18640.

che Meldung einen brauchbaren Beitrag zum Lagebild liefert«.⁴² Relevante Teile des Dienstes einschließlich des Präsidenten schienen von einem nüchternen, abgewogenen, kritischen, ergebnisoffenen und unvoreingenommenen Umgang mit dem Rohmaterial der Meldungseingänge nicht viel zu halten. Vielmehr, so Gehlen höchstpersönlich, seien »Lagebeurteilungen« mit »rastlose[m] Fleiß« und einem gehörigen Maß an »Intuition« zu erstellen, denn: »Lagebeurteilungen, die sich nur oder hauptsächlich auf erkannte Tatsachen stützen«, müssten »oberflächlich oder unzutreffend ausfallen«.⁴³ Der von Gehlen in Pullach favorisierte Strategische Dienst nutzte denn auch lieber intensiv »Diagnose[n]« von angeblich politisch gut informierter Prominenz als operative »Mosaiksteine« mit ihrer genauen Trennung zwischen Fakten und Meinungen.⁴⁴ Auf diese Weise wurden Meldungen im Extremfall zu »einer Anregung« degradiert oder dienten nur dazu, »vorgefasste Vorstellungen« zu bestätigen, wie die hausinterne Gegenposition vonseiten der Beschaffung formulierte.⁴⁵

Daneben mochte die interpretatorische Freizügigkeit zu nachrichtendienstlichen Zirkelschlüssen führen. Standen beispielsweise die entsprechenden »Sonderverbindungen«, die der Strategische Dienst nutzte, in politisch relevanten Stellungen, erhielten ihre Einschätzungen über den Umweg Pullach und die entsprechende Kanalisierung der Meldungen durch Gehlen ohne jeden nachrichtendienstlichen Hintergrund plötzlich ein Gütesiegel von Org. und BND und konnten damit für andere Abnehmer an Relevanz gewinnen. Dieser Kreislauf funktionierte indes nur für Ansichten, die Gehlen teilte, war er doch darauf bedacht, dass seine Einschätzung »nach außen ausschlaggebend« blieb.⁴⁶

Die Folgen von »Intuition« und Vorurteil für eine politische Analyse und Berichterstattung konnten enorm sein. So verwarf die politische Auswertung Mitte der 1950er-Jahre selbst nach dem Besuch der sowjetischen Parteiführung in Belgrad zahlreiche Meldungen über eine – vorübergehende – sowjetisch-jugoslawische Annäherung, »weil nicht sein kann, was nicht sein darf«.⁴⁷

So transportierte das Berichtswesen durchaus Weltbilder von Gehlen und seinen Vertrauten nach Bonn. Sie wurden stets als Ergebnis eines detaillierten, umfassenden und objektiven Prozesses der Wissensgenerierung präsentiert, auch

---

42 Führungsbeauftragter Personal u. a., 48/PI-602/02, Nr. 195/68 geh. V. 18.6.1968, Anl. 3, S. 3 f.; BND-Archiv, Nr. 4307.
43 Gehlen, o. D., Weiterleitung anonymer Ausarbeitung zur Lagebeurteilung v. 12.1.1955; BND-Archiv, Nr. 1172, Bl. 211–215.
44 [Auswertung (125)] an Leiter (88), Entwurf v. 13.12.1955; BND-Archiv, Nr. 18640.
45 Auswertung Politik (125/P) an Ltr. Auswertung (125), 11.5.1954; BND-Archiv, N 2/3, Bl. 21 f.
46 Gehlen vor 2. UA, Stenograf. Protokoll 25. Sitzung v. 19.11.1974, VS-Registratur BKamt, 11300 (12), Bd. 10, Bl. 53–191, hier 65. Vgl. Pers. Mitarbeiter Leiter (30d) an Ltr. Auswertung (125) betr. Meldungsweitergabe nach Bonn, Entwurf v. 21.1.1957; BND-Archiv, Nr. 18640.
47 Anonym, »Lieber Hartwig« v. 15.12.1955; BND-Archiv, Nr. 211.

dann, wenn dieser Prozess hinter den BND-Kulissen keineswegs lücken- und fehlerlos verlief. Die analytischen Bewertungen aus Pullach mussten keineswegs durchweg die wirkliche Weltlage wiedergeben.

Berichtswesen – Information und Stimmungen

Dabei diente das allgemeine Berichtswesen der Pullacher Leitung nie ausschließlich der reinen Information. Vielmehr war die Tätigkeit immer auch mit dem Ziel verwoben, den Dienst und seine Leitung in Bonn gut aussehen zu lassen. Die Meldungen nach Bonn stellten damit ein Instrument im bürokratischen und machtpolitischen Konkurrenzkampf mit anderen amerikanischen Einrichtungen und insbesondere mit Behörden der Republik wie dem Auswärtigen Amt (AA) oder dem Verfassungsschutz (BfV) dar. Innerhalb des Dienstes wurden sie zudem dazu genutzt, um in Auseinandersetzungen zwischen Beschaffung, Auswertung und Strategischem Dienst zu punkten.

In der Praxis schlugen sich diese eng miteinander verflochtenen Charakteristika der Berichterstattung – partielle bewusste politische Verfremdung oder Verfälschung und positive Selbstdarstellung – in verschiedenen Ausformungen nieder. Sie spiegelten sich zum Beispiel in der Fülle von letztlich unkontrollierbaren persönlichen mündlichen Unterrichtungen durch Gehlen wider, mit denen er seine enge Verbindung ins Bundeskanzleramt pflegte. Der Strategische Dienst lieferte seine Erkenntnisse mitunter auch an der eigentlichen Auswertung im Dienst vorbei, um die eigene Bedeutung zu unterstreichen und genehme Einschätzungen unhinterfragt einspeisen zu können.[48] Neben dem bereits erwähnten Zirkelschluss bestand insbesondere für diese beiden Berichtswege die Gefahr, dass sich außen- und letztlich innenpolitische Berichterstattung miteinander vermengten.

Daneben lassen sich in der übrigen Berichterstattung immer wieder sachlich nicht gebotene Einstufungen von Meldungen als Nachrichten angeblicher »Spitzenquellen«, als hochaktuelle »Blitzmeldungen« oder als »streng geheime«, besonders wertvolle Informationen nachweisen.[49] Daneben wurden mitunter offen zugängliche Materialien als nachrichtendienstliche Erkenntnisse verkauft. Die bereits erwähnte Ausarbeitung zum Umgang des BND mit dem Ungarn-Aufstand von 1956 beispielsweise lässt deutlich erkennen, dass für die damaligen Beurteilungen häufig nur offenes Material herangezogen wurde, ohne dass des-

---

48 Vgl. als Bilanz der Ära Gehlen BK, Ref. I/2, v. Koester, I/2-15100-323/68 str. geh., an Staatssekretär v. 12.3.1968, betr. Allgemeine Lage BND; VS-Registratur Bundeskanzleramt (BK), 15100, Nr. 64, Bd. 5, Bl. 13a–13g.

49 Vgl. insbesondere zum Strategischen Dienst ausführlich Ronny Heidenreich: Die DDR-Spionage des BND. Von den Anfängen bis zum Mauerbau. Berlin 2019, S. 462–568.

sen Grenzen, Aussagekraft, Belastbarkeit und Reichweite thematisiert worden wären.[50] Zuweilen gab der Dienst auch »zweifelhafte« und »unbestätigte« Informationen weiter, da »sich dieselben nachträglich als richtig herausstellen könnten«. Mit der schieren Masse von Meldungen und gegebenenfalls etwas Glück sollte so eigene Kompetenz demonstriert werden.[51] Die Manipulierung von Meldungen schließlich ging mit gleichen Absichten noch einen Schritt weiter.[52]

Die Mischung von handwerklichen Defiziten und bewusst tendenziöser Berichterstattung schien so auch in den 1950er-Jahren immer wieder das antikommunistische Feindbild des Dienstes und wesentlicher Abnehmer zu bestätigen und zu bekräftigen. Die Furcht vor der vermeintlich allgegenwärtigen Gefahr des »Weltkommunismus«, der Glaube an eine Politik der Stärke, mit der allein man gegen einen von Moskau aus gelenkten und durchweg aggressiven Ostblock unter sowjetischer Führung bestehen könne, war indes eher geteiltes Vorwissen von Wissensproduzenten und Abnehmern als Ergebnis genauer Analysen von geheimdienstlich beschafften Nachrichten. Für Pullach stand schlicht außer Frage, dass die UdSSR planmäßig einen Expansionskurs verfolge, dem der Westen viel zu lasch entgegentrete. Ereignisse wie die Doppelkrise von 1956 in Ägypten und Ungarn, aber auch die Kongokrise wenige Jahre später bestätigten in den Augen des BND diese Bewertung nachdrücklich und nachhaltig, ohne dass man einen tiefen Einblick in sowjetische Entscheidungsfindungsprozesse und Motivationslagen gewonnen hätte.

Die strukturellen und professionellen Defizite des Dienstes, die in den 1950er-Jahren immer offenkundiger wurden, spitzten sich in den 1960er-Jahren noch zu. Sie wurden bis zum Ende der Amtszeit Gehlens 1968 nicht behoben. 1966 beispielsweise kritisierte die Leitung der Auswertung die langjährige Berichtspraxis, die –

> etwas überspitzt ausgedrückt – der ›Verpackung‹ den gleichen Wert beimaß wie dem Inhalt, den Eindruck erwecken sollte, überall mit Quellen gut postiert zu sein, möglichst viel – auch Gegensätzliches – meldete, um unter dem Vielen auch das Richtige gemeldet zu haben, sich möglichst nicht festlegte, um nicht ›festgenagelt‹ zu werden, Lücken im Meldungsbild durch ›geistreichelnde‹ Analysen zu verdecken suchte, durch pseudowissenschaftlich anmutende Expertisen den Nachweis hoher Qualifi-

---

50 Vgl. allg. »Bericht und Gutachten über das Ergebnis der Untersuchung einzelner Beschwerden von Angehörigen des Bundesnachrichtendienstes« (»Mercker-Bericht«), 24.7.1969, Anl. zu [BK], 41 D-4062/90 str. geh.; BND-Archiv, Nr. 1514, hier Bl. 185 f., 192–197, 204 f., 210–213.
51 Information für Auswertung (125) Nr. 2786/56 VSV betr. Zusammenarbeit mit AA, 20.12.1956; BND-Archiv, Nr. 1166, Bl. 53–56.
52 Grundsätzlich Bundeskanzleramt, Dr. Bachmann, 15100-1166/68 geh., an »Mercker-Kommission« v. 15.10.1968, Bl. 16 f.; VS-Registratur BK, Az 15100-1166/68 geh.; »Mercker-Bericht«, Bl. 185 f., 210.

kation zu erbringen sich bemühte, durch Hochspielen des Geheimhaltungsgrades sich interessant machte.[53]

Diese Tendenzen kulminierten erneut während und unmittelbar nach dem Prager Frühling 1968.[54]
Warum diese langjährige Entwicklung eines grundsätzlich wichtigen Apparats deutscher und internationaler Sicherheitspolitik vom Kanzleramt geduldet wurde, kann an dieser Stelle nicht ausführlich diskutiert werden. Abnehmer in der Bonner Politik zeigten sich hinsichtlich der Berichterstattung über den »Osten« unterschiedlich zufrieden. Ihre Akzeptanz der Pullacher Ergebnisse hing einerseits von deren unabhängigem Informationsstand, andererseits von bürokratischen und individuellen Weltbildern der Leser sowie ministeriellen Konkurrenzen ab.[55] Das Auswärtige Amt gab sich daher Anfang 1956 demonstrativ unbeeindruckt von der Leistungsfähigkeit des zukünftigen BND: »Ein Zeitungsvertreter des eigenen Landes mit guten Lokalkenntnissen ist zumeist in der Lage, gleichwertige und vor allem mehr abgerundete Nachrichten zu liefern.«[56] Aber dennoch freute man sich im AA über Berichte aus Osteuropa, »weil wir in diesem Viertel der Welt selbst keine Vertretungen besitzen«.[57]

Das Bundeskanzleramt selbst schien erst nach dem Fall Felfe, nach Mauerbau und »Spiegel«-Affäre eine kritische Haltung zum Dienst einzunehmen.[58] Dennoch ließen einschneidende personelle und strukturelle Konsequenzen noch Jahre auf sich warten. Fehlende Alternativen zu einem für notwendig erachteten Nachrichtendienst, eine vielfach erfolgreiche innenpolitische und mediale

---

53 Aufzeichnung Führungsbeauftragter Auswertung (455) Nr. 501/66 geh. v. 26.8.1966; BND-Archiv, Nr. 42112.
54 Andreas Hilger, Armin Müller: »Das ist kein Gerücht, sondern echt.« Der BND und der »Prager Frühling« 1968. Marburg 2014.
55 Detailliert für die Rezeption der Berichterstattung durch das AA in den 1950er-Jahren Andreas Hilger: Blick durch den Eisernen Vorhang. Der westdeutsche Nachrichtendienst und der »Sowjet-Kommunismus«, 1946–1968. In: ders. u. a. (Hg.): Die Auslandsaufklärung des BND. Operationen, Analysen, Netzwerke. Berlin 2021, S. 226–241.
56 Verbindungsstelle Büro Bonn (552) an Pers. Mitarbeiter Leiter (88a) Nr. 290/56 geh. betr. Berichterstattung an das AA v. 21.2.1956, mit Schreiben Gregor; BND-Archiv, Nr. 1166, Bl. 9–16.
57 [AA], Abt. 3, Gesandter Kiewitz, Aufzeichnung betr. Berichte Org., 17.2.1956, VS-Registratur BK, 15130/10, Bd. 1, Bl. 17–22, hier 20. Vgl. Aufzeichnung Dr. Neumann über »Notwendigkeit und Möglichkeit, die Effektivität der geheimdienstlichen Teile des BND zu verbessern« v. 11.8.1967; BND-Archiv, Nr. 3263. Dazu insgesamt Bewertungen in Chronik der Auswertung 1945–1968; BND-Archiv, Nr. 101820; Aufstellung o. Nr., o. D.; BND-Archiv, Nr. 4454; BND 01/B/L-Az 04-51 an ChBKAmt, z. Hd. von Koester, Nr. 1055/68 geh. betr. Meldungsaufkommen und Bewertung v. 27.8.1968; VS-Registratur BK, 15130/10, Bd. 1, Bl. 139–147 sowie BND I Pol.-Nr. 7065/4329/69 VSV, 18.2.1969; ebenda; monatl. Teilbewertungen von April 1957 bis November 1958; VS-Registratur BK, 15130/10, Bd. 1.
58 Jost Dülffer: Geheimdienst in der Krise. Der BND in den 1960er-Jahren. Berlin 2018.

Landschaftspflege des Dienstes, aber auch die innenpolitische Zuarbeit für Bonner Entscheidungsträger spielten hier offenkundig eine wesentliche Rolle.[59] Immerhin sahen sich Politiker aus CDU/CSU, die sich ab 1969 in der ebenso ungeliebten wie ungewohnten Rolle der Opposition wiederfanden, genötigt und berechtigt, eine Art von klandestiner Nebenberichterstattung für die eigene Politik zu organisieren. Sie stießen hierbei auf wohlwollendes Verständnis und aktive Unterstützung diverser ehemaliger BND-Mitarbeiter.[60] Somit boten der BND und seine Vorläuferorganisation über Jahrzehnte hinweg auch ein Beispiel für die komplexe, schwierige Balance von Nachrichtendienst und Politik zwischen politischer Zuverlässigkeit und fachlicher Professionalität.

---

59 Ebenda. Für die 1950er-Jahre Klaus-Dietmar Henke: Geheime Dienste. Die politische Inlandsspionage des BND in der Ära Adenauer, 2 Teile. Berlin 2022.
60 Stefanie Waske: Nach Lektüre vernichten! Der geheime Nachrichtendienst von CDU und CSU im Kalten Krieg. München 2013.

Roger Engelmann und Ronny Heidenreich

Das MfS als Nachrichtengeber der SED

Es besteht ein weitgehender Konsens darüber, dass die Staatssicherheit für die Herrschaftssicherung der SED von zentraler Bedeutung war. Die DDR war in dieser Hinsicht kein Einzelfall: In allen staatssozialistischen Regimen des Kalten Krieges ist die herausragende herrschaftssichernde Rolle der Geheimpolizeien herausgearbeitet worden,[1] die mehrere Aspekte hatte: Die Geheimpolizeien gewährleisteten durch Repression und Manipulation die Stabilität der kommunistischen Regime unter den Bedingungen fehlender gesellschaftlicher Akzeptanz. Diese Funktion basierte auf umfassenden Kontroll- und Überwachungskompetenzen, die den Herrschenden nicht zuletzt ein Gefühl der Sicherheit vermitteln sollten. Dank des hierfür aufgebauten Überwachungsapparates verfügten die Geheimpolizeien über spezifische Fähigkeiten und Ressourcen, die sie in die Lage versetzten, Partei- und Staatsführung unter den Bedingungen einer diktatorisch eingeschränkten Öffentlichkeit – zuweilen weitergehend als andere Apparate – über herrschaftsrelevante Probleme zu informieren.[2]

Im Mittelpunkt dieses Beitrages steht dieser letzte Aspekt: die Rolle des MfS als Nachrichtengeber der SED-Führung. Das Editionsprojekt des Stasi-Unterlagen-Archivs »Die DDR im Blick der Stasi« widmet sich der Berichtsgenese und Rezeption des Stasi-Berichtswesens über mehr als drei Jahrzehnte. Eine solche systematische Untersuchung einer Geheimpolizei des ehemaligen Ostblocks als Nachrichtengeber ist in dieser Form einmalig.[3] Weder die Geheimdienstforschung noch die Aufarbeitung der ehemaligen staatssozialistischen Regime hat sich diesem Aspekt so umfassend gewidmet, sieht man von der inzwischen eingehend beleuchteten Frage ab, in welchem Maße Informationen der Geheimpolizeien zur Beurteilung von Stimmungslagen in der Bevölkerung nützlich waren.[4] In der angelsächsischen Intelligence-Forschung wird die These vertreten, dass die nachrichtendienstliche Berichterstattung der östlichen Geheimpolizeien allgemein und namentlich auf außenpolitischem Gebiet für die politi-

---

1 Vgl. u. a. Łukasz Kamiński, Krzystof Persak und Jens Gieseke (Hg.): Handbuch der kommunistischen Geheimdienste in Osteuropa 1944–1991 (Analysen und Dokumente, 33). Göttingen 2009.
2 Grundlegend zum MfS vgl. Jens Gieseke: Der Mielke-Konzern. Die Geschichte der Stasi 1945–1990. München 2001.
3 Vgl. die Projektseite www.ddr-im-blick.de (letzter Zugriff: 23.7.2024).
4 Daniela Münkel (Hg.): Dem Volk auf der Spur … Staatliche Berichterstattung über Bevölkerungsstimmungen im Kommunismus. Deutschland – Osteuropa – China (Analysen und Dokumente, 50). Göttingen 2018; Jens Gieseke und Klaus Bachmann (Hg.): The Silent Majority in Communist and Post-Communist States. Opinion Polling in Eastern and South-Eastern Europe. Frankfurt/M. 2016.

schen Entscheidungsprozesse in den staatssozialistischen Regimen nachrangig blieb. Das wird vor allem am unangefochtenen Gestaltungsanspruch der Parteiführung festgemacht, dem sich auch die Geheimpolizeien mit ihren Informationen unterzuordnen hatten.[5]

Zentrales Kommunikationsmedium zwischen Staatssicherheit und politischer Führung waren von 1953 bis 1989 eigens im MfS zur Information der Partei geschaffene Berichtsformate, die im internen Sprachgebrauch zuweilen als »Parteiinformationen« bezeichnet und von einem speziellen Nachrichtenstab gefertigt wurden, der seit 1965 als Zentrale Auswertungs- und Informationsgruppe (ZAIG) firmierte.[6] Jährlich gab die Staatssicherheit auf der zentralen Ebene zwischen 500 und mehr als 1 000 solcher Berichte heraus, die vor allem an Mitglieder des Politbüros sowie an hohe Funktionäre des ZK- und Staatsapparates gingen. Ähnliche Berichterstattungspraxen und -strukturen gab es darüber hinaus regional auf Bezirks- und Kreisebene.

Die Staatssicherheit maß ihrer externen Berichterstattung eine große Bedeutung bei, denn diese »repräsentierte« die Geheimpolizei gegenüber Partei und Staat, weshalb »hohe Anforderungen« hinsichtlich des Gehalts und der Aufmachung zu stellen seien.[7] Dieses Berichtswesen zerfiel auf der zentralen Ebene in zwei Teile: die über weite Strecken quantitativ dominierende außen- und deutschlandpolitische Berichterstattung, die aus der Auslandsspionage der Hauptverwaltung A stammte, sowie die innenpolitischen Informationen, welche zwischen 12 und gut 40 Prozent des Berichtsaufkommens ausmachten, was zwischen 140 und 340 Berichte jährlich bedeutete.[8] Inwiefern diese innenpolitischen Unterrichtungen geeignet waren, Entscheidungsprozesse innerhalb der Parteiführung bzw. deren Wahrnehmung der Lage im Land zu beeinflussen, soll im vorliegenden Beitrag erörtert werden. Darauf aufbauend soll eine Bewertung des MfS als Nachrichtengeber versucht werden.

---

5 Michael Herman: What difference did it make. In: ders., Gwilym Hughes (Hg.): Intelligence in the Cold War. What Difference did it make? London 2013, S. 132–146.

6 Roger Engelmann, Frank Joestel: Die Zentrale Auswertungs- und Informationsgruppe (Hg. BStU, MfS-Handbuch). Berlin 2009.

7 So die Festlegung in einem Befehlsentwurf der ZAIG von 1974. Entwurf zu einem Befehl über die Informationstätigkeit, 1974; BArch, MfS, ZAIG Nr. 14419, hier Bl. 4.

8 Die statistischen Erhebungen nach Jens Gieseke: Annäherungen und Fragen an die »Meldungen aus der Republik«. In: ders: Staatssicherheit und Gesellschaft. Studien zum Herrschaftsalltag in der DDR (Analysen und Dokumente, 30). Göttingen 2007, S. 79–98, hier 86.

Nachrichtenzentrale

Zunächst unterstreichen die Einrichtung und Verstetigung der externen Berichterstattung, dass sich das MfS ab 1953 nach seinem Selbstverständnis nicht nur als im Verborgenen agierende Geheimpolizei, sondern als aktiver Nachrichtengeber verstand. Die quantitativen Schwerpunkte des Berichtswesens verweisen darauf, dass die Staatssicherheit diesen Anspruch überwiegend auf außen- und deutschlandpolitischem Gebiet einlöste. Es könnte angesichts der insgesamt deutlich geringeren Anzahl der innenpolitischen ZAIG-Berichte gemutmaßt werden, dass die innere Herrschaftssicherung in der Berichterstattung gegenüber den außenpolitischen Themen eine nachgeordnete Rolle gespielt habe, was zunächst im Widerspruch zur eingangs erwähnten zentralen Rolle für den Machterhalt der SED stehen würde. Die Betrachtung der Mengenverhältnisse allein lässt eine solche Bewertung aber nicht ohne Weiteres zu.

Das große quantitative Gewicht der außenpolitischen Berichterstattung verweist auf das starke Interesse der SED-Führung an Informationen aus der Bundesrepublik, später auch aus anderen Ländern, und die exklusive Rolle des MfS auf diesem Feld.[9] Anders als bei den Inlandsberichten hatte die Staatssicherheit hier kaum institutionelle Konkurrenz. Bis 1959 waren diese Informationen direkt von der Hauptverwaltung A nach außen gegeben worden, erst in der Folgezeit wurden sie über die Zentrale Informationsgruppe des MfS verteilt und in die Hauptberichtsreihe der »Einzelinformationen« integriert.[10]

Bei der Inlandsberichterstattung fungierte das MfS als das, was im Jargon der Geheimdienste als Lagedienst bezeichnet werden kann. Die MfS-Führung gab – von einer kurzen Phase zwischen 1953 und 1955 abgesehen – überwiegend anlassbezogene Einzelfallmeldungen an die politischen Spitzenfunktionäre. Periodische Berichte – das heißt Tages-, Wochen- oder Monatsinformationen, wie sie für die Auslandsberichterstattung seit Ende der 1970er-Jahre nachweisbar sind – gab es – außer in den ersten Jahren – bei der Inlandsberichterstattung nicht.[11] Umfassendere analytische Studien oder gar Prognosen, wie sie beispielsweise amerikanische Geheimdienste für den politischen Raum anfertigen, sind von wenigen Ausnahmen abgesehen ebenfalls nicht zu finden.

In der Zusammenschau decken diese Einzelmeldungen ein breites Spektrum an Themen ab, was den Eindruck erweckt, das MfS sei über faktisch alles informiert gewesen und habe sein Wissen auch geteilt. Die innenpolitischen

---

9 Vgl. ebenda, S. 84–86.
10 Vgl. BStU/Abt. Archivbestände: Verzeichnis der Ausgangsinformationen der Hauptverwaltung A des Ministeriums für Staatssicherheit der DDR, Version 6.0. Bearbeitet von Stephan Konopatzky; online unter: https://www.bundesarchiv.de/assets/bundesarchiv/de/Publikationen/Verzeichnis_Ausgangsinformationen-HVA_2020_barrierearm.pdf (letzter Zugriff: 26.8.2024), S. 11–13.
11 Vgl. ebenda.

ZAIG-Berichte behandeln Wirtschafts- und Versorgungsprobleme ebenso wie Aktivitäten der Kirchen und der Opposition, Fluchten und andere Grenzzwischenfälle oder beschrieben Stimmungslagen in der Bevölkerung. Besonders in den letzten beiden Jahrzehnten der DDR ist auffällig, dass sich diese Einzelmeldungen als vergleichsweise nüchterne Rapporte lesen, die trotz der formalen strengen Geheimhaltungsvermerke von Duktus und Inhalt her eher an Polizeiberichte als an Geheimdienstmeldungen erinnern. Solche Vorfallmeldungen wurden seit den 1970er-Jahren durch neue Berichtsserien ergänzt, die keinen vordergründigen sicherheitspolitischen Gehalt hatten, sondern aus der fachlichen Zuständigkeit des Ministeriums für bestimmte organisatorische Bereiche der Grenzsicherung erwuchsen. Dazu gehörten beispielsweise Statistiken über den Umtausch von Westwährungen oder Erhebungen über den Reiseverkehr, die regelmäßig und in großem Umfang an den Partei- und Staatsapparat übermittelt wurden. In den 1980er-Jahren machten diese Routineberichte immerhin rund 40 Prozent der jährlichen Inlandsinformationen aus.[12]

Konjunkturen

In den Anfängen hatte das Berichtswesen der Staatssicherheit einen deutlich anderen Charakter. Die Staatssicherheit begann erst im Jahr vier ihres Bestehens und in unmittelbarer Reaktion auf den Volksaufstand vom 17. Juni 1953 mit der Berichterstattung an die politische Führung der DDR. Ziel war es damals, die SED-Führung mit einem engmaschigen tagesaktuellen Informationssystem bei der Stabilisierung der ins Wanken geratenen Herrschaft zu unterstützen.[13] Das MfS legte der Parteiführung in dichter Folge – 1954 sogar mitunter mehrmals täglich – Lageberichte vor, die Hinweise auf herrschaftsgefährdende Stimmungen, Vorgänge und Probleme geben sollten.[14] Die Staatssicherheit hatte damit

---

12 Die MfS-Berichterstattung über den grenzüberschreitenden Verkehr wurde nach Inkrafttreten des Verkehrsvertrages bzw. Transitabkommens im Juni 1972 eingeführt. Als Vorläufer können die Berichte des MfS über die Durchführung der Passierscheinabkommen 1964, 1965 und 1966 gelten. 1972 setzte die Staatssicherheit 52 derartige Berichte ab (etwa 21 % der Inlandsberichte des Jahrganges); 1982 waren es 17. Neben Erhebungen über den Reiseverkehr setzte das MfS 1982 außerdem weitere 52 statistische Berichte über den Mindestumtausch ab, sodass 69 von 182 Inlandsberichten (etwa 37 %) dieses Jahrganges auf Routineberichte entfallen. 1983 entfielen 21 Berichte auf den Reiseverkehr und 53 auf den Mindestumtausch, was bei 177 Inlandsberichten rund 41 % entsprach. Im zahlenmäßig stärksten Jahrgang des letzten Jahrzehnts 1988 mit 235 Berichten entfielen immerhin noch 72 Berichte auf Routineausarbeitungen, was einem Anteil von rund 30 % entsprach.
13 Roger Engelmann: Einleitung 1953. In: ders. (Bearb.): Die DDR im Blick der Stasi, 1953, hg. von Daniela Münkel. Göttingen 2013, S. 55.
14 Mark Schiefer, Martin Stief: Einleitung 1954. In: dies. (Bearb.): Die DDR im Blick der Stasi, 1954, hg. von Daniela Münkel. Göttingen 2024, S. 43–46.

gleichwohl keine exklusive Aufgabe übernommen. Die MfS-Berichterstattung flankierte und ergänzte ähnliche Berichtsstränge des Parteiapparates und der ihm nachgeordneten Vorfeldorganisationen wie Gewerkschaften oder des Jugendverbandes.[15] Auf deren Informationen hatte die SED bereits im Vorfeld des Aufstandes zurückgreifen können. Doch erwies sich diese Art von Berichterstattung für eine hinreichende Lagebeurteilung aus verschiedenen Gründen als unzureichend. Da die jeweiligen Apparate überwiegend aus ihrem eigenen Zuständigkeitsbereich berichteten, konnte die Verlässlichkeit der weitergegebenen Informationen in Zweifel gezogen werden; Selbstzensur konnte zu verzerrten Wahrnehmungen führen. Die Einbindung der Staatssicherheit in das bestehende Berichtswesen an die Parteiführung erfolgte daher wahrscheinlich im Bestreben, für die Beurteilung der inneren Lage eine weitere Vergleichsgrundlage zu schaffen. Nicht zuletzt dürfte die Erwartung bestanden haben, dass das MfS als das für die staatliche Sicherheit zuständige Organ mit seinen geheimdienstlichen Methoden Informationen beschaffen konnte, mit denen man hoffte, Gefährdungen der SED-Herrschaft frühzeitig erkennen zu können.

Der Mehrwert der MfS-Berichte hielt sich gleichwohl im Vergleich zu anderen Informationskanälen der Parteiführung zunächst in engen Grenzen.[16] Als das MfS am 17. Juni 1953 die Parteiführung mit Lageberichten versorgte, ergänzten und unterfütterten diese inhaltlich vergleichsweise gehaltvoll die Unterrichtungen des Polizei- und Parteiapparates. Überdies lehnten sie sich hinsichtlich Aufbau und Themensetzung eng an die Berichtspraxis des Parteiapparates an. Beide Umstände – inhaltliche Synergieeffekte und die Anpassung an die Informationsbedürfnisse des Parteiapparates – deuten auf ein offenkundiges Bestreben, die Ressourcen des MfS für die SED nutzbar zu machen. Die Staatssicherheit hatte aus dem Stand bewiesen, dass sie als Nachrichtengeber funktionieren konnte. Aus einer geradezu überbordenden Ad-hoc-Berichterstattung über das Aufstandsgeschehen und seine Ausläufer, bei der teilweise mehrmals täglich berichtet wurde, entwickelten sich Ende Juni 1953 tägliche Lageberichte, die ab September eine feste thematische Gliederung aufwiesen und ab Oktober »Informationsdienst zur Beurteilung der Situation« hießen. Diese Berichte bestanden überwiegend aus einer Aneinanderreihung von Informationen

---

15 Mario Niemann: »Schönfärberei und Schwarzmalerei«. Die Parteiinformation der SED. In: ders., Detlev Brunner: Die DDR – eine deutsche Geschichte. Wirkung und Wahrnehmung. Paderborn 2011, S. 159–185; Heike Amos: Politik und Organisation der SED-Zentrale 1949–1963. Struktur und Arbeitsweise von Politbüro, Sekretariat, Zentralkomitee und ZK-Apparat. Münster 2003; Rüdiger Bergien: Im »Generalstab der Partei«. Organisationskultur und Herrschaftspraxis in der SED-Zentrale (1946–1989). Berlin 2016.
16 Zum Verhältnis von MfS- und SED-Berichterstattung im Umfeld des Volksaufstandes vgl. Ronny Heidenreich: Einleitung. In: ders.: Der 17. Juni 1953. Berichte über den Volksaufstand aus Ostberlin und Bonn, Bd. 1 (BF informiert, Nr. 46). Berlin 2023, S. 15–70 sowie Roger Engelmann: Einleitung 1953. In: ders. (Bearb.): Die DDR im Blick der Stasi, 1953, hg. von Daniela Münkel. Göttingen 2013.

über mehr oder weniger sicherheitsrelevante Vorgänge und Stimmungen, zumeist ohne eine besondere analytische Durchdringung.[17] Ob hiermit ein substanzieller Mehrwert im Vergleich zu anderen Berichtsstrukturen, etwa denen des Parteiapparats, vorlag, ist fraglich.

Im Jahr 1954 stieg die Berichtsfrequenz zunächst noch einmal; jetzt wurde zweimal, manchmal sogar dreimal täglich allgemein zur Lage berichtet. Offensichtlich wollte man die politische Führung immer ganz aktuell auf dem Laufenden halten. Da es aber mit der Beruhigung der Lage immer weniger wirklich Sicherheitsrelevantes zu berichten gab, erwies sich das bald als überzogen. Im Jahr 1955 wurde die Lageberichterstattung deutlich zurückgefahren: Der »Informationsdienst« erschien zunächst nur noch zweimal wöchentlich und ab November 1955 nur noch alle 14 Tage.[18] Angesichts der nachlassenden Frequenz der Situationsberichte ist davon auszugehen, dass die SED-Führung diesen häufig redundanten Zusammenstellungen aus der Normannenstraße zunehmend weniger Bedeutung beigemessen hatte – umso mehr, als keine Bestrebungen des Parteiapparates erkennbar sind, die Berichterstattung des MfS auf andere Gebiete auszuweiten.

Erst 1956, das für die SED als ein weiteres politisches Krisenjahr anzusehen ist, kam es zu einer grundlegenden Änderung des MfS-Berichtswesens.[19] Neben den »Informationsdienst«, in dem die Stimmungsberichterstattung weiterhin dominierte, traten jetzt zunehmend Einzelmeldungen, die Hinweise auf oppositionelle Strömungen, Versorgungsengpässe, Havarien, Störungen in der Produktion usw. enthielten. Mit dieser Ausdifferenzierung des Berichtswesens wurden der Parteiführung nunmehr konkrete Hinweise auf besondere Ereignisse und Entwicklungen gegeben, von denen aus Sicht der Staatssicherheit eine mehr oder weniger deutliche Gefahr für die innere Stabilität ausging, ohne den Anspruch zu erheben, eine allgemeine Lageberichterstattung zu liefern.

Was als Sicherheitsgefährdung wahrgenommen wurde, unterlag in der längeren Perspektive Veränderungen. So ist auffällig, dass die Staatssicherheit in den 1960er- und 1970er-Jahren kaum über oppositionelle Strömungen oder politisch abweichendes Verhalten berichtete, im Gegensatz zu den 1950er-Jahren, als Kritik an der SED breiten Raum in den Stimmungsberichten einnahm. Zu Beginn der 1980er-Jahre dominierte das Thema dann wieder. Jetzt begann das MfS fast schon ausufernd, Einzelberichte über die sich formierende Bürgerrechts- und

---

17 Mark Schiefer, Martin Stief: Einleitung 1954. In: dies. (Bearb.): Die DDR im Blick der Stasi, 1954, hg. von Daniela Münkel. Göttingen 2024, S. 43–56 sowie ähnlich bereits für 1953 Roger Engelmann: Einleitung 1953. In: ders. (Bearb.): Die DDR im Blick der Stasi, 1953, hg. von Daniela Münkel. Göttingen 2013, S. 55–59.
18 Vgl. Henrik Bispinck: Einleitung 1956. In: ders. (Bearb.): Die DDR im Blick der Stasi, 1956, hg. von Daniela Münkel. Göttingen 2016, S. 40 f.
19 Ebenda, S. 42–45.

Oppositionsbewegung in den Parteiapparat zu verteilen.[20] In den 1960er- und 1970er-Jahren dominierten hingegen vor allem Schwierigkeiten in der Wirtschaft das Berichtswesen. Das heißt wirtschaftliche Störungen schienen – nach der Logik der MfS-Berichte – das größte Sicherheitsproblem der DDR zu sein. Hinsichtlich der Verlagerung der Schwerpunkte ließe sich argumentieren, dass diese Konjunkturen die innenpolitische Stabilisierung der DDR nach dem Mauerbau spiegeln und in den 1980er-Jahren die abermalige Destabilisierung der Herrschaftsverhältnisse u. a. durch das Aufkommen neuer oppositioneller Strömungen anzeigten.[21]

Beauftragung

Insofern wäre zu fragen, welcher politische Generalauftrag von der MfS-Berichterstattung erfüllt wurde, der ihre drei aufeinanderfolgenden Schwerpunkte – Stimmungsberichte, Wirtschaft, Opposition – erklären könnte. Explizite Hinweise auf eine entsprechende Beauftragung durch die Parteiführung sind spärlich. Das im Oktober 1953 – nach der Einführung des »Informationsdienstes« – erlassene und vom Ministerpräsidenten Otto Grotewohl bestätigte Statut des MfS erwähnt die Berichterstattung noch nicht einmal als Aufgabe oder Befugnis der Staatssicherheit.[22] Erst in dem vom Nationalen Verteidigungsrat bestätigten Statut des MfS vom 30. Juli 1969 – und damit fast 20 Jahre nach Gründung des MfS – findet sich die ziemlich vage Formulierung, es sei Aufgabe des MfS, »Partei- und Staatsorgane rechtzeitig und umfassend über feindliche Pläne, Absichten und das gegnerische Potenzial sowie über Mängel und Ungesetzlichkeiten« in Kenntnis zu setzen.[23]

In der Honecker-Ära finden sich dann noch nicht einmal mehr MfS-interne normative Festlegungen zur eigenen Berichterstattung. Sie ergaben sich gleichsam aus den übergeordneten Aufgaben des MfS zum »Schutz der gesellschaftli-

---

20 Mark Schiefer, Martin Stief: Einleitung 1983. In: dies. (Bearb.): Die DDR im Blick der Stasi, 1983, hg. von Daniela Münkel. Göttingen 2021, S. 28–32.
21 Zur Bedeutung der oppositionellen Gruppen für die finale Destabilisierung der DDR vgl. Ilko Sascha Kowalczuk: Endspiel. Die Revolution von 1989 in der DDR. Bonn 2009 und die entsprechende Kontroverse, diskutiert bei Thomas Großbölting: »Wem gehört die Friedliche Revolution? Die Pollack-Kowalczuk-Kontroverse von 2019 als Lehrstück von Wissenschaftskommunikation.« In: Deutschland Archiv, 14.7.2020, Link: www.bpb.de/312786 (letzter Zugriff: 2.7.2024).
22 Statut des Ministeriums für Staatssicherheit vom 6.10.1953, abgedruckt in: Roger Engelmann, Frank Joestel: Grundsatzdokumente des MfS (Hg. BStU, MfS-Handbuch). Berlin 2004, S. 61 f.
23 So die Formulierung des § 2 (d) des Statuts des Ministeriums für Staatssicherheit vom 30. Juli 1969. Abgedruckt in: Roger Engelmann, Frank Joestel: Grundsatzdokumente des MfS (Hg. BStU, MfS-Handbuch). Berlin 2004, S. 183–188, hier 184.

chen Entwicklung und zur allseitigen Gewährleistung der staatlichen Sicherheit«, wie es formelhaft in den internen Grundsatzdokumenten hieß. Für die praktische Berichterstattung – namentlich die tagesaktuelle Auswahl von Themen – war diese allgemeine Orientierung jedoch wenig hilfreich. Eine weitergehende Präzisierung oder gar Beauftragung des MfS vonseiten der Parteiführung hinsichtlich der zu liefernden Informationen erfolgte nach Aktenlage nicht. Weder aus dem SED-Apparat noch von anderen externen Stellen wie Ministerien sind mittel- oder langfristige Anforderungen bekannt, welche die Aufklärungsarbeit der Geheimpolizei bzw. ihre Berichterstattung hätten strukturieren können.

Es stellt sich somit die Frage, welche politischen Akteure in welchem Maße Einfluss auf die Berichterstattung nahmen. In diesem Zusammenhang kann die Betrachtung der Genese des Berichtswesens Anhaltspunkte liefern. Dass die Staatssicherheit am Abend des 17. Juni 1953 mit der Unterrichtung der SED-Führung begann, ist wenig verwunderlich. Schließlich war sie maßgeblich für die Aufrechterhaltung der SED-Herrschaft mitverantwortlich. Angesichts der damals bestehenden engen Verzahnung mit dem sowjetischen Sicherheitsorgan dürfte eine sowjetische Entscheidung bei der Aufnahme der Berichterstattung im Hintergrund maßgeblich gewesen sein, zumal in der SED-Führung in dieser Zeit ein Machtkampf im Gange war und Ulbricht bis in den Juli hinein politisch stark geschwächt war. Dass die ersten täglichen Lageberichte auf Initiative der »Freunde« sowie in erster Linie für sie gefertigt wurden und sie intensiven Einfluss auf den Inhalt der Berichterstattung nahmen, ist quellenmäßig gut belegt.[24] Die Staatssicherheit war zu diesem Zeitpunkt ohnehin noch weitgehend ein Hilfsorgan der sowjetischen Geheimpolizei, wohingegen die SED-Führung noch keinen institutionalisierten Zugriff auf die Informationsressourcen und Arbeit der Staatssicherheit hatte.[25] Gleichzeitig lag es in den Tagen des Volksaufstandes im Interesse der sowjetischen Führung, die Herrschaft der SED wieder zu stabilisieren, wozu auch eine stärkere Mitsprache in Staatssicherheitsangelegenheiten diente. Der bereits erwähnte Übergang von einer ausufernden Ad-hoc-Berichterstattung zu knapperen, thematisch vorstrukturierten Tagesberichten im August/September 1953 legt nahe, dass es sich bei der ersten Phase um eine zeitlich auf die akute Krisenphase zugeschnittene, befristete Berichtspraxis gehandelt hatte, in der die Rolle der sowjetischen Geheimpolizei noch dominant war. Diese überließ der SED das MfS als Nachrichtengeber erkennbar nur schrittweise und eher zögerlich. Was der SED auf offiziellem Wege an geheimpolizeilichen Erkenntnissen zugänglich gemacht wurde, unterlag außerdem weiterhin mit großer Wahrscheinlichkeit der Kontrolle

---

24 Vgl. Roger Engelmann: Einleitung 1953. In: ders. (Bearb.): Die DDR im Blick der Stasi, 1953, hg. von Daniela Münkel. Göttingen 2013, S. 50–53.

25 Roger Engelmann: Diener zweier Herren. Das Verhältnis von Staatssicherheit zur SED und den sowjetischen Beratern 1950–1959. In: Siegfried Suckut, Walter Süß (Hg.): Staatspartei und Staatssicherheit. Zum Verhältnis von SED und MfS (Analysen und Dokumente, 8). Berlin 1997, S. 51–72.

der sowjetischen Staatssicherheit. Die MfS-interne Präsenz der sowjetischen Geheimpolizei mit ihren »Beratern«, die bis 1958 faktisch Weisungsbefugnisse besaßen, schloss wahrscheinlich auch eine Kontrolle des Informationsflusses an die ostdeutsche Parteiführung ein, auch wenn sich für konkrete diesbezügliche sowjetische Einflussnahmen nach dem Sommer 1953 keine quellenmäßigen Belege mehr finden lassen.[26]

Die politischen Rahmenbedingungen änderten sich mit der Übertragung der formalen innen- und außenpolitischen Souveränität an die DDR 1955. Das KGB zog sich bis 1958 sukzessive aus dem MfS zurück und wandelte sich vom omnipräsenten Kontrollorgan zu einem formal gleichberechtigten Partnerdienst, der allerdings in manchen Bereichen weiterhin den Ton angab. Im Zuge dieser Entwicklung erhielt nun auch die SED verstärkten Zugriff auf den Apparat und dessen Ressourcen. Es ist kein Zufall, dass dieser Prozess von Konflikten begleitet war, die in einen Machtkampf zwischen Staatssicherheitsminister Wollweber und Parteichef Ulbricht mündeten, der 1957 mit der Ablösung Wollwebers endete. Das Berichtswesen spielte dabei eine zentrale Rolle. Interessant ist die damalige Konfliktlinie: Ulbricht warf der Staatssicherheit vor, mit den damals relativ großflächig in der Parteiführung verteilten Stimmungsberichten »die Hetze des Feindes legal« zu verbreiten. Tatsächlich war gerade Ulbricht nach dem XX. Parteitag der KPdSU stark in das Zentrum der Kritik geraten und die Abteilung Information des MfS hatte dem sogar mit einer kleinen eigenen Berichtsserie »Hetze gegen den Genossen Walter Ulbricht« Rechnung getragen.[27] Es dürfte für den Ersten Sekretär, dessen Machtposition in der Parteiführung zu dieser Zeit wieder infrage stand, unangenehm gewesen sein, dass den Genossen in Politbüro und Sekretariat durch die MfS-Berichterstattung seine mangelnde Popularität so massiv vor Augen geführt wurde. Tatsache ist, dass Erich Mielke, der Wollweber an der Spitze der Staatssicherheit nachfolgte, daraus seine Lehren zog und mit der externen Herausgabe von Stimmungsberichten bis 1989 äußerst zurückhaltend blieb.

Ein weiterer, wahrscheinlich noch entscheidenderer Punkt im Konflikt zwischen Ulbricht und Wollweber war, dass der Staatssicherheitschef im Januar 1957 den Versuch unternahm, die eigenständige Kommunikation leitender MfS-Funktionäre mit der Parteiführung durch den Erlass einer entsprechenden Meldeordnung zu unterbinden. Ulbricht, der weder zu Wollweber noch zum Bevollmächtigten des KGB in Karlshorst, Jewgeni Pitowranow, in einem besonders guten Verhältnis stand, hatte immer wieder den kurzen Draht zum stellvertretenden Minister Mielke genutzt, um sich am Minister vorbei über ihn interessierende Staatssicherheitsangelegenheiten auf dem Laufenden zu halten.

---

26 Ebenda sowie ders.: Einleitung 1953. In: ders. (Bearb.): Die DDR im Blick der Stasi, 1953, hg. von Daniela Münkel. Göttingen 2013, S. 60.
27 Henrik Bispinck: Einleitung 1956. In: ders. (Bearb.): Die DDR im Blick der Stasi, 1956, hg. von Daniela Münkel. Göttingen 2016, S. 24 f.

Wollwebers Meldeordnung sollte sicherstellen, dass die Kommunikation mit der Parteiführung über den Minister zu laufen hatte oder wenigstens von ihm genehmigt werden musste.[28] Der Staatssicherheitschef wollte damit ein offenbar eingespieltes und sehr wahrscheinlich schon in die Zeit vor 1953 zurückreichendes System halboffizieller und bilateraler Informationsströme unterbinden, das seine Stellvertreter – namentlich Mielke – unter Umgehung des Ministers (und der sowjetischen Chefberater) zu Ulbricht und wahrscheinlich anderen ranghohen SED-Funktionären aufgebaut hatten.[29] Im Kern ging es also darum, einzelne SED-Funktionäre und nicht die Partei auf innenpolitischem Gebiet mit exklusiven Informationen zu versorgen. Damit ließen sich aus Sicht Ulbrichts nicht nur Herrschaftswissen sichern, sondern auch die damals noch maßgebliche Dominanz des KGB aufbrechen. In diese Richtung gingen dann auch von Ulbricht noch im gleichen Jahr durchgesetzte und bis 1989 im Kern nicht mehr veränderte Justierungen des Verhältnisses zwischen SED und Staatssicherheit. Erstens beendete Ulbrichts Intervention die bis dahin geübte Praxis, dass MfS-Berichte dem gesamten Politbüro zugestellt wurden. Zweitens verfügte er die Unterstellung der Territorialverwaltungen des MfS in Fragen des Berichtswesens unter die regionalen Parteichefs.[30] Das galt für die Ebene der Bezirke ebenso wie für die Kreise. Was die Staatssicherheit auf lokaler und regionaler Ebene berichtete, wurde primär von den Interessen der örtlichen Parteichefs abhängig gemacht und unterlag im sonst so hierarchischen Apparat einer nur geringfügigen zentralen Koordinierung.

Die einzigen seit den 1960er-Jahren verbindlichen Festlegungen für die Berichterstattung waren die Tagesordnungspunkte der Tagungen der SED-Bezirksleitungen und der Bezirkseinsatzleitungen, zu denen das MfS nach Möglichkeit eigene Einschätzungen beizutragen hatte. Ansonsten waren die Territorialverwaltungen der Staatssicherheit angehalten, im persönlichen Kontakt mit den örtlichen Parteichefs Inhalte und Frequenz der Berichte abzustimmen. In welchem

---

28 Roger Engelmann und Silke Schumann: Der Ausbau des Überwachungsstaates. Der Konflikt Ulbricht – Wollweber und die Neuausrichtung des Staatssicherheitsdienstes der DDR 1957. In: Vierteljahrshefte für Zeitgeschichte 43 (1995) 2, S. 341–378. Wollweber erließ hierzu einen Befehl 11/57, der auf Druck Ulbrichts wieder zurückgenommen werden musste. Abgedruckt ebenda, S. 355 f.

29 Engelmann verweist auf Vorfälle aus dem Jahr 1956, als Mielke Berichte an Wollweber vorbei Ulbricht zugänglich gemacht hatte. Roger Engelmann und Silke Schumann: Der Ausbau des Überwachungsstaates. Der Konflikt Ulbricht – Wollweber und die Neuausrichtung des Staatssicherheitsdienstes der DDR 1957. In: Vierteljahrshefte für Zeitgeschichte 43 (1995) 2, S. 341 f. Andere Aktenfunde deuten darauf hin, dass Ulbricht von unbekannten Stellen aus der Staatssicherheit bereits seit 1952 fallweise Berichte erhielt. Material aus der Wohnung des Gen. Ulbricht, undat. [1973]; BArch, MfS, SdM Nr. 616.

30 Roger Engelmann und Silke Schumann: Der Ausbau des Überwachungsstaates. Der Konflikt Ulbricht – Wollweber und die Neuausrichtung des Staatssicherheitsdienstes der DDR 1957. In: Vierteljahrshefte für Zeitgeschichte 43 (1995) 2, S. 352.

Umfang damit eine Unterrichtung erfolgte, blieb höchst unterschiedlich.[31] In der Praxis führte dies dazu, wie die Besprechungen zwischen der Nachrichtenzentrale in Ostberlin und den Bezirken zeigen, dass die Informationsflüsse vor Ort sehr heterogen und stets wenig zur Zufriedenheit der MfS-Führung ausfielen. Ständiger Kritikpunkt der Zentrale war die mangelnde Präsenz der Staatssicherheit im regionalen Herrschaftsgefüge: Gradmesser hierfür war Mitte der 1970er-Jahre die geringe Zahl an Informationsberichten, die je nach Bezirk zwischen wenigen Dutzend und etwas mehr als 100 Berichten jährlich schwankte. ZAIG-Chef Werner Irmler verstieg sich angesichts dieses Umstandes zu der Äußerung, dass das MfS in den Bezirken – angesichts der geringen Informationstätigkeit – keine Daseinsberechtigung für sich reklamieren könne.[32]

Auf zentraler Ebene ist eine starke Fokussierung des Berichtswesens auf einzelne Spitzenfunktionäre zu beobachten, insbesondere den Parteichef und den für Sicherheitsfragen zuständigen ZK-Sekretär. Daneben wurden vor allem diejenigen Funktionäre des Parteiapparates und des Staatsapparates in den Verteilern berücksichtigt, in deren politische und fachliche Zuständigkeit das jeweils Berichtete fiel. Dies erfolgte jedoch nicht nach einem zwingenden Schema. Auf den ersten Blick ist häufig nicht erkennbar, warum in einem Fall nur der zuständige ZK-Sekretär, in einem anderen Fall nur der betreffende Minister, im dritten Fall beide oder im Zweifelsfall keiner von beiden, dafür aber ein Stellvertreter oder gar nur der Parteichef informiert wurden. Letztlich sind die Verteiler für jeden Bericht einzeln vor dem konkreten situativen und zeithistorischen Hintergrund zu analysieren. Als durchgängige Tendenz ist jedoch erkennbar, dass bei den Adressaten der Inlandsberichte ein deutliches Übergewicht der hohen SED-Funktionäre bestand. Hier kam gleichsam die »führende Rolle der Partei« zum Ausdruck sowie die Tatsache, dass das MfS im Kern ein Parteigeheimdienst war.

In der zweiten Hälfte der 1960er-Jahre und Anfang der 1970er-Jahre ist erkennbar, dass das MfS dazu überging, seine Informationen im Partei- und Staatsapparat breiter und gleichzeitig gezielter bei den fachlich Verantwortlichen zu platzieren. Das ist möglicherweise vor dem Hintergrund des Machtkampfes in der SED-Führung zu sehen, der unterschwellig bereits Mitte der 1960er-Jahre begonnen hatte und im Mai 1971 schließlich mit der Absetzung Ulbrichts endete.[33] Erich Mielke und das MfS schlugen sich in dieser Auseinandersetzung auf die Seite Honeckers, der den Minister für Staatssicherheit im Juni 1971 als Kandidat des Politbüros und schließlich 1976 als Vollmitglied in den innersten

---

31 Vgl. dazu exemplarisch das Protokoll der Arbeitstagung der ZAIG vom 3.6.1971; BArch, MfS, ZAIG Nr. 17739, bes. Bl. 329–334.
32 Protokoll der Arbeitstagung mit den Bezirksverwaltungen, 1970; BArch, MfS, ZAIG Nr. 17738, Bl. 327.
33 Zur Vorgeschichte von Ulbrichts Ablösung siehe Monika Kaiser: Machtwechsel von Ulbricht zu Honecker. Funktionsmechanismen der SED-Diktatur in Konfliktsituationen 1962 bis 1972. Berlin 1997.

Führungszirkel der Partei aufnahm. Erstmals seit 1953 hatte damit ein Staatssicherheitschef wieder Zugang zu den Diskussionen der obersten Parteiführung. Für Mielke bedeutete dieser Aufstieg einen erheblichen persönlichen Machtgewinn. Im Vergleich zu anderen Geheimpolizeien des Ostblocks, die in der Regel im obersten Führungsgremium des Parteiapparates vertreten waren, war damit allerdings nur ein Normalzustand wiederhergestellt.[34] Mielke bzw. seine Stellvertreter erhielten allerdings keine weiteren fachlichen Zuständigkeiten im Parteiapparat, im Unterschied beispielsweise zur Sowjetunion, wo KGB-Vertreter in Fachkommissionen und -ausschüssen der Parteiführung die Expertise ihres Hauses einbringen konnten.[35] Gleichwohl scheint Mielke bestrebt gewesen zu sein, seine neue politische Funktion mit einer intensiveren und zielgerichteteren Politikberatung seines Ministeriums zu flankieren.

Grundlage hierfür scheint eine – nach Aktenlage erstmals – Ende 1970 vorgenommene interne Evaluation gewesen zu sein, die Aufschluss darüber geben sollte, welche Wirkung die eigene Berichtstätigkeit in den Schaltstellen von Partei und Staat entfaltete. Die Untersuchung war mit einigen Unwägbarkeiten behaftet: Innerhalb der ZAIG bestand zu diesem Zeitpunkt weder ein vollständiger Überblick über die Verteiler noch über die Wege, auf denen die Informationen an ihre Empfänger gelangten. Noch weniger Anhaltspunkte ließen sich für die Relevanz der Informationsweitergabe finden: Da es vonseiten jener Stellen, die direkten Kontakt zu den Berichtsempfängern hielten, kaum Feedback gab, bemühte sich die ZAIG, aus den zurückgegebenen Exemplaren anhand von Anmerkungen, Notizen oder wenigstens Sichtvermerken Anhaltspunkte abzuleiten. Das Ergebnis fiel ernüchternd aus. Von den insgesamt 49 Empfängern reichte die Hälfte die Papiere – wenn überhaupt – unbearbeitet an das MfS zurück. 17 Berichte wiesen Sichtvermerke auf, waren also nachweislich durch die Hände der Empfänger gegangen. Nur in sieben Fällen fanden sich weitergehende Bearbeitungsvermerke. Weil die Bestandsaufnahme auch die von der HVA stammenden deutschland- und außenpolitischen Berichte einschloss, fiel die Bilanz der hier interessierenden Inlandsberichterstattung noch schlechter aus. Unter den sieben durch Bearbeitungsvermerke ausgewiesenen eifrigen Lesern befanden sich mehrheitlich Funktionäre wie Propagandachef Alfred Norden oder ZK-Sekretär für gesamtdeutsche Fragen Erich Glückauf, denen hauptsächlich außenpolitisches Material vorgelegen haben dürfte. Das könnte darauf hindeuten, dass das Interesse an den innenpolitischen Informationen vergleichsweise gering war und dem Minister das hier auch deutlich wurde.[36]

---

34 Vgl. Andreas Hilger: Sowjetunion (1945–1991). In: Łukasz Kamiński, Krzystof Persak und Jens Gieseke (Hg.): Handbuch der kommunistischen Geheimdienste in Osteuropa 1944–1991 (Analysen und Dokumente, 33). Göttingen 2009, S. 43–142, hier 71–77.
35 Vgl. ebenda, S. 72.
36 Irmler an Mielke, 8.1.1917 mit Anlagen sowie Übersicht über Empfang und Behandlung der Informationen, undat. [Ende Dezember 1970]; BArch, MfS, ZAIG Nr. 5636, Bl. 185–198.

Welche unmittelbaren Folgen diese Mielke vermutlich vorgelegten Ergebnisse hatten, ist nicht bekannt. Dass ein Problembewusstsein entstanden sein könnte, darauf deuten allerdings auf Arbeitsebene angestoßene Neuerungen hin. Erstens sollte nun auch die Ostberliner Zentrale das in den Bezirken praktizierte System befolgen, die Berichtsabfassung thematisch mit den Tagesordnungen der Parteigremien zu synchronisieren. Zum Jahreswechsel 1971/72 wurden die Materialien für die Tagungen des Zentralkomitees und die Sitzungen des Politbüros in die ZAIG durchgestellt.[37] Außerdem erhielt sie sämtliche Unterlagen, zum Beispiel Vorlagen und Berichte aus dem Partei- und Staatsapparat, die die Mitglieder des Politbüros als Entscheidungsgrundlage vorgelegt bekamen. In der Nachrichtenzentrale des MfS bestand damit erstmals ein umfassender Überblick, welche Probleme mit welchen Argumenten innerhalb der SED-Führung besprochen wurden. Zweitens versuchte die ZAIG den Minister dazu zu bewegen, ein Feedback-System zur Ermittlung der Relevanz der abgelieferten Berichte zu schaffen.[38] Drittens ist der Entwurf eines Befehls überliefert, der die bislang eher unsystematische und auf bestimmte Spitzenfunktionäre ausgerichtete Berichtspolitik aufbrechen und eine arbeitsteilige und kontinuierliche Belieferung aller relevanten Akteure im Partei- und Staatsapparat sicherstellen sollte.[39]

Doch diese Vorhaben wurden nicht umgesetzt und nach gegenwärtiger Aktenlage war auch die erwähnte Verteilung der Politbürotagesordnungen nicht von Dauer.[40] Warum diese Neuerungen, die sich in die Verwissenschaftlichungskonzepte einfügten, die der Leiter der ZAIG, Werner Irmler, in dieser Zeit beim Ausbau seiner Diensteinheit zum zentralen »Funktionalorgan der Leitung« verfolgte,[41] nicht umgesetzt wurden, wirft Fragen auf. Ein Grund könnte gewesen sein, dass mit der Festlegung solcher Aufgaben verbindliche Kriterien formuliert worden wären, an welchen sich die Informationstätigkeit des Minis-

---

37 ZAIG an alle Hauptabteilungen, Auszug aus dem Arbeitsplan des Politbüros im 1. Halbjahr 1972; BArch, MfS, HA XX Nr. 17658.
38 Entwurf für eine vorläufige Ordnung zu Rückinformationen, undat. [1971]; BArch, MfS, ZAIG Nr. 11642, Bl. 129–133.
39 Der in der ZAIG ausgearbeitete Befehlsentwurf schrieb zwar weiterhin die primäre Unterrichtung des Parteichefs bzw. der ranghöchsten Parteifunktionäre auf Bezirks- und Kreisebene durch die Territorialverwaltungen fest. Als Kriterium für erweiterte Verteiler wurden allerdings sachliche und fachliche Zuständigkeiten formuliert. Entwurf zu einem Befehl über die Informationstätigkeit, 1974; BArch, MfS, ZAIG Nr. 14479, hier Bl. 5.
40 Das über den Minister in die ZAIG gelangte Material aus dem Politbüro wurde ab 1971 in besonderen Posteingangsbüchern erfasst. Diese sind nur bis 1974 nachweisbar. Möglicherweise handelt es sich um ein Überlieferungsproblem. Aufstellungen von Tagesordnungen der Parteigremien, wie sie die ZAIG 1972 bspw. an die Hauptabteilung XX verteilte, sind ebenfalls bislang nicht nachweisbar.
41 Vgl. Roger Engelmann, Frank Joestel: Die Zentrale Auswertungs- und Informationsgruppe (Hg. BStU, MfS-Handbuch). Berlin 2009, S. 59–73.

teriums hätte messen lassen – und damit auch zum Maßstab für Kritik geworden wären. Entscheidender dürfte jedoch ein anderer Umstand gewesen sein. Die Aufhebung der selektiven und personengebundenen Verteilerpraxis des MfS war eine Frage, die mit dem Parteichef abzustimmen war. Wenn die ZAIG in der mangelnden Resonanz ihrer Berichte ein Problem gesehen haben sollte und Mielke bereit gewesen wäre, den Einfluss seines Hauses auf die oberste Parteiführung auch jenseits seines bilateralen Verhältnisses zu Honecker auszubauen, so dürfte das Scheitern dieses Ansatzes auf die Ablehnung durch den neuen Parteichef Erich Honecker zurückzuführen sein. Vor dem Hintergrund seines eigenen machtpolitischen Interesses war der Status quo wenig änderungsbedürftig. Honecker verfügte mit Mielke und seinem Ministerium über einen Nachrichtenapparat, der ihm schon in seiner Zeit als Sekretär für Sicherheitsfragen zu Diensten gewesen war. Jetzt hatten sich seine Zugriffsmöglichkeiten sogar noch erweitert. Ähnlich wie Ulbricht gut 15 Jahre zuvor mag er eine Einbeziehung eines größeren Kreises von Funktionären und die damit einhergehende stärker geregelte Einbindung der MfS-Informationstätigkeit in die Entscheidungsprozesse des SED-Staates für nicht notwendig und seiner eigenen Machtstellung sogar abträglich gehalten haben.

Zwischen den Themen der innenpolitischen Stasi-Berichterstattung und den Tagesordnungen des Politbüros ist somit bis 1989 eine erhebliche Diskrepanz feststellbar, nur in wenigen Fällen lässt sich ein unmittelbarer thematischer Zusammenhang herstellen. Noch schwerer lässt sich ermessen, ob MfS-Informationen bei der Entscheidungsfindung eine Rolle gespielt haben. Im Regelfall berichtete das MfS nachträglich über Vorfälle oder gab Reaktionen auf bereits gefasste und bekannt gegebene Beschlüsse wieder. Das war 1972 beispielsweise bei der Entscheidung über die Liberalisierung der Regelungen zum Schwangerschaftsabbruch oder der Kampagne zur Vollverstaatlichung der halbstaatlichen Betriebe der Fall.[42] Das Gleiche gilt auch 1976 und 1988 für die Berichte der Staatssicherheit zur Ausbürgerung des Liedermachers Wolf Biermann oder der Störung der offiziellen Parteikundgebung der Luxemburg-Liebknecht-Kundgebung durch Oppositionelle am 15. Januar 1988. Handlungsleitend wurden MfS-Berichte nur in Ausnahmefällen. Eine gewisse Bedeutung scheint die Lageberichterstattung der Staatssicherheit zur Grenzschließung 1961 gehabt zu haben, wobei in diesem Fall geheimdienstlich gewonnene Informationen über Reaktionen in der westdeutschen und alliierten Politik und weniger die innenpolitische Resonanz einen exklusiven Mehrwert boten.[43]

---

42 Ronny Heidenreich: Einleitung 1972. In: ders. (Bearb.): Die DDR im Blick der Stasi, 1972, hg. von Daniela Münkel. Göttingen 2024, S. 39–42.

43 Daniela Münkel: Einleitung 1961. In: dies. (Bearb.): Die DDR im Blick der Stasi, 1961, hg. von Daniela Münkel. Göttingen 2016, S. 12–51, hier 32–34.

Einfluss auf die Themenauswahl der Berichte und ihre Verteiler scheinen, wenn überhaupt, nicht institutionalisierte, bilaterale Kontakte gehabt zu haben, wobei den jeweiligen Parteichefs wohl eine zentrale Bedeutung zufiel. Allerdings lassen sich quellenmäßig nur wenige Belege dafür finden, dass Ulbricht oder Honecker konkrete Wünsche oder Fragen an das MfS herantrugen, die dann ZAIG-Berichte zur Folge hatten. Besonders wichtige und heikle Themen wurden wohl ohnehin in mündlichen Gesprächen zwischen Parteichef und Staatssicherheitschef verhandelt. Das war schon in den Anfangsjahren der DDR so[44] und wurde bei den legendären Vieraugengesprächen zwischen Mielke und Honecker nach den diensttäglichen Politbürositzungen zur wöchentlichen Routine. Dies konnte aber schwerlich die thematische Breite und die Detailliertheit des ZAIG-Berichtsaufkommens ersetzen, zumal die Parteichefs zwar erhebliche Teile, aber bei Weitem nicht alle Berichte erhielten.

Wie aus der Korrespondenz zwischen der SED-Parteispitze und dem MfS erkennbar ist, spielten auch die stellvertretenden Minister wie Bruno Beater in den 1970er-Jahren oder Rudi Mittig in den 1980er-Jahren bei der Festlegung der Berichtsthemen eine tragende Rolle. Sie gaben nach Unterredungen mit Funktionären die Ausarbeitung von Informationsberichten ebenso in Auftrag, wie sie umgekehrt Informationswünsche aus dem Parteiapparat entgegennahmen.[45] Eine dritte wichtige Kommunikationsebene bestand in den Fachabteilungen der Staatssicherheit, die ein Vorschlagsrecht für Berichtsthemen besaßen. Hierbei spielten vor allem deren offizielle Verbindungen eine entscheidende Rolle, weniger die Quellen, die diese in den betreffenden Einrichtungen führten. Eine Rekonstruktion dieser Beziehungen und ihr Einfluss auf Themenauswahl und Verteiler der innenpolitischen Informationen wäre noch zu leisten. Exemplarisch lässt sich nachweisen, dass die Kontakte der Fachabteilungen in den Staats- und Wirtschaftsapparat auf Ebene der Minister, stellvertretenden Minister und Staatssekretäre ebenfalls dazu führten, dass Wünsche und Anregungen für ZAIG-Berichte an das MfS herangetragen wurden.[46] Wie zentral die Rolle der MfS-Fachabteilungen war, zeigt sich auch daran, dass in den 1970er- und 1980er-Jahren ein signifikanter Teil der Inlandsberichterstattung auf Routineberichte entfällt, die das MfS aufgrund seiner Zuständigkeit beispielsweise

---

44 Vgl. die Ausführungen des Staatssicherheitsministers Wilhelm Zaisser auf dem 15. ZK-Plenum, 24.–26.7.1953; BArch, DY 30 IV2/1/119, Bl. 192.
45 Wie weit die Autonomie der stellv. Minister reichte, zeigen Vorgänge aus dem Jahr 1971, in denen Beater die Erstellung von Berichten an die ZAIG in Auftrag gab bzw. deren Abfassung ohne Rücksprache mit der ZAIG vornahm. Ronny Heidenreich: Einleitung 1972. In: ders. (Bearb.): Die DDR im Blick der Stasi, 1972, hg. von Daniela Münkel. Göttingen 2024, S. 51 f.
46 Vgl. dazu Martin Stief: Einleitung 1982. In: ders. (Bearb.): Die DDR im Blick der Stasi, 1982, hg. von Daniela Münkel. Göttingen 2023, S. 17–25; Ronny Heidenreich: Einleitung 1971. In: ders. (Bearb.): Die DDR im Blick der Stasi, 1971, hg. von Daniela Münkel. Göttingen 2022, S. 51 und Ronny Heidenreich: Einleitung 1970. In: ders.: (Bearb.): Die DDR im Blick der Stasi, 1970, hg. von Daniela Münkel. Göttingen 2023, S. 46 f.

für die Überwachung des grenzüberschreitenden Verkehrs (Reisestatistiken und Statistiken über den Umtausch von Westwährungen) lieferte. Solche »technischen« Routineberichte gelangten nur in Ausnahmefällen auf die Schreibtische der Parteiführung, sondern wurden über die ZAIG von den Fachabteilungen an die Empfänger im Staatsapparat, hier das Finanz- bzw. Verkehrsministerium, weitergeleitet. Die Adressatin für die Statistik der Mindestumtauscheinnahmen war als Abteilungsleiterin im Finanzministerium auch hierarchisch ungewöhnlich niedrig angesiedelt.

Völlig anders verhielt es sich bei der in den 1980er-Jahren ziemlich dominanten Berichterstattung über Kirchenfragen, bei der oft auch oppositionelle Aktivitäten unter dem Dach der Kirche behandelt wurden. Ein erheblicher Teil dieser Berichte ging nicht nur an die fachlich zuständigen Funktionäre im Partei- und Staatsapparat, sondern angesichts ihrer allgemein- und sicherheitspolitischen Bedeutung auch an Erich Honecker und 1988/89 auch an den Sekretär für Sicherheitsfragen Egon Krenz.[47]

Die Zahl der Inlandsberichte schwankte über die Jahre hinweg erheblich zwischen weniger als 150 und mehr als 300. Eine klare Tendenz ist nicht erkennbar. So liegen die Jahre mit dem zweitniedrigsten (1971: 144) und dem höchsten Wert (1973: 340) eng beieinander. Es kann vermutet werden, dass der niedrige Wert von 1971 dem sich in diesem Jahr vollziehenden Machtkampf in der SED-Führung und der Ablösung Ulbrichts durch Honecker geschuldet ist und der hohe Wert von 1973 mit Profilierungsabsichten gegenüber der neuen Parteiführung zu tun hat. Außerdem ist der starke Anstieg des innerdeutschen Besucherverkehrs (und der damit verbundenen Kontakte) nach dem Inkrafttreten der deutsch-deutschen Verträge ein Faktor, der die Anzahl der MfS-Inlandsberichte steigerte. Allein die damit im Zusammenhang stehende Routineberichterstattung über Einreisen und Mindestumtauscheinnahmen führten zu mehr als 70 zusätzlichen Berichten im Jahr. Auffällig ist, dass in den 1980er-Jahren die Gesamtzahl der Inlandsberichte gegenüber den 1970er-Jahren zunächst sank,[48] obwohl die Eskalation der Krisenphänomene im letzten Jahrzehnt der DDR eher die umgekehrte Tendenz nahelegen würde. Erst 1988/89 zeigt sich wieder ein kleiner Ausschlag nach oben.

---

47 Der Anteil der Berichte zu Kirchenfragen, die auch an Honecker gingen, betrug 1977 13 %, 1981 40 %, 1983 73 %, 1988 54 % und 1989 48 %.

48 In den 1970er-Jahren gab die ZAIG, abgesehen von 1970 und 1971, jährlich mehr als 200 Berichte heraus, 1976 sogar 340. In den 1980er-Jahren wurde die Marke von 200 Berichten nur noch viermal (1981, 1986, 1988 und 1989) überschritten. Vgl. die statistische Erhebung bei Jens Gieseke: Annäherungen und Fragen an die »Meldungen aus der Republik«. In: ders: Staatssicherheit und Gesellschaft. Studien zum Herrschaftsalltag in der DDR (Analysen und Dokumente, 30). Göttingen 2007, S. 86.

Einhegung

Diese quantitative Entwicklung steht unter anderem im Zusammenhang mit dem tendenziellen Rückzug des MfS auf dem Feld der innenpolitischen Wirtschaftsberichterstattung. Diese erreichte zwischen Mitte der 1960er- und Ende der 1970er-Jahre quantitativ ihren Höhepunkt. Inhaltlich handelte es sich um Meldungen über Havarien und Brände bis hin zur Denunziation einzelner Funktionäre – aber auch übergreifende Analysen zu Produktions- und Versorgungsengpässen bis hin zu genuin technischen Problemen. In den Augen Mielkes war, wie seine Stellungnahmen auf MfS-Dienstversammlungen belegen, eine solche umfängliche Berichterstattung über Wirtschaftsfragen absolut notwendig. Gleichzeitig räumte der Minister ein, dass sie zu Kritik der fachlich zuständigen Ministerien und der betroffenen Betriebe führte. Noch 1971 brüstete sich Mielke damit, dass er solchen Gegenwind gerne in Kauf nehme und betonte: Die Arbeit des MfS sei erst erledigt, wenn die Probleme abgestellt würden.[49] Für ein solches Maß an Selbstbewusstsein musste sich Mielke politisch gedeckt wissen. Eine zentrale Rolle dürfte hierbei der mächtige ZK-Wirtschaftssekretär Günter Mittag gespielt haben. Mittag übernahm 1963 die Funktion des ZK-Sekretärs für Wirtschaft und gilt als maßgeblicher Architekt der von Ulbricht forcierten Wirtschaftsreformen der 1960er-Jahre. Mittag war, wie sein Briefwechsel mit der MfS-Führung andeutet, anfänglich geneigt, den von Mielke gemeldeten Problemen nachzugehen.[50] Er nahm MfS-Berichte zum Anlass, um gegen Untergebene bzw. Ministerien konkrete Maßnahmen zu ergreifen. Das Verhältnis zwischen Mielke und Mittag scheint mit Aufbrechen des Machtkampfes zwischen Honecker und Ulbricht 1969/70 eine Abkühlung erfahren zu haben. Das MfS stützte mit seiner Berichtspolitik nunmehr die Kritiker des Ulbricht'schen Reformkurses. Mittag, der wirtschaftspolitisch zunächst den alten Parteichef verteidigte, tauchte im ersten Halbjahr 1970 kaum mehr in den Verteilern auf.[51] Erst als er sich im Sommer dem Honecker-Flügel anschloss, wurde er wieder in die Verteiler aufgenommen.[52] Bis dahin versuchte das MfS über die von seinen Fachabteilungen gehaltenen Verbindungen in den Staatsapparat auf Probleme hinzuweisen.

Nach dem Machtantritt Honeckers stieg Mittag 1976 in das Politbüro auf und blieb bis zu seinem Rücktritt im Dezember 1989 unangefochtener und in den Augen vieler Zeitgenossen selbstherrlicher Wirtschaftslenker. Mit den bis-

---

49 Referat Mielke am 20.1.1971; BArch, MfS, ZAIG Nr. 3886, hier Bl. 28 f.
50 Vgl. den Schriftwechsel Mittags mit dem MfS; BArch, MfS, ZAIG Nr. 4619.
51 Ronny Heidenreich: Einleitung 1970. In: ders. (Bearb.): Die DDR im Blick der Stasi, 1970, hg. von Daniela Münkel. Göttingen 2023, S. 43.
52 Zur Rolle Mittags während des Machtwechsels vgl. Monika Kaiser: Machtwechsel von Ulbricht zu Honecker. Funktionsmechanismen der SED-Diktatur in Konfliktsituationen 1962 bis 1972. Berlin 1997, S. 403 ff.

lang üblichen Interventionen des MfS bei Wirtschaftsproblemen im weitesten Sinn bewegte man sich im Kompetenzbereich von Mittag und lief jetzt Gefahr, ihm auf die Füße zu treten. Dass Mielke diesen Konflikt schlicht scheute, zeigt sich exemplarisch an einem Vorgang aus dem Jahr 1980. Die für Volkswirtschaft zuständige HA XVIII fertigte im Vorfeld des anstehenden Parteitages eine volkswirtschaftliche Analyse, die über die ZAIG zur externen Verteilung gelangen sollte. Die Fachleute führten die Schuld für die konstatierte ökonomische Schieflage unter anderem auch auf Entscheidungen Mittags zurück. Dessen Verhältnis zur Staatssicherheit war zu diesem Zeitpunkt offenbar so gestört, dass das MfS sich veranlasst sah, in einer hochkonspirativen Operation einen seiner Mitarbeiter im ZK über einen IM abzuschöpfen. Als Mielke den Berichtsentwurf auf den Tisch bekam, ließ er die Vorlage sofort kassieren und sorgte für die Disziplinierung der verantwortlichen Mitarbeiter.[53]

Diese Episode veranschaulicht, warum die Behandlungen von Wirtschaftsproblemen und die Unterrichtung des zuständigen ZK-Sekretärs in der Honecker-Ära dramatisch zurückging. Insgesamt sank die Zahl der an Mittag adressierten Berichte von 59 im Jahre 1964 (als das MfS den frisch gebackenen Wirtschaftssekretär in seine Verteiler aufnahm) auf ganze sechs im Jahre 1982, um sich im Verlaufe der 1980er-Jahre auf etwa zehn einzupendeln. Gleichzeitig zeichneten sich Ende der 1970er-Jahre Wirtschaftsprobleme ab, die eine klar systemgefährdende Dimension erreichten. Die Staatssicherheit, die durch ihre Kontakte vor allem zu Führungskadern aus dem Staatsapparat sehr genau über die desaströse Wirtschaftslage im Bilde war, vermied es aber, bei den zuständigen SED-Funktionären offiziell zu intervenieren oder wenigstens darauf hinzuweisen.[54]

Agendapolitik

Der Umgang des MfS und insbesondere Mielkes mit politisch heiklen Fragen, wie er hier für den ökonomischen Bereich deutlich geworden ist, führte dazu, dass die Staatssicherheit mit ihren »Parteiinformationen« keine umfassende problemorientierte Lageberichterstattung lieferte, sondern eine ideologisch beschränkte und letztlich interessengeleitet-opportunistische Informationspolitik

---

53 Hier nach: Maria Haendcke-Hoppe-Arndt: Die Hauptabteilung XVIII: Volkswirtschaft (Hg. BStU, MfS-Handbuch). Berlin 1995, S. 75 f.
54 Vgl. dazu auch die Hinweise auf zurückgezogene Wirtschaftsberichte in den Jahren 1981 und 1988. Matthias Braun, Bernd Florath: Einleitung 1981. In: dies. (Bearb.): Die DDR im Blick der Stasi, 1981, hg. von Daniela Münkel. Göttingen 2015, S. 29; Frank Joestel: Einleitung 1988. In: ders. (Bearb.): Die DDR im Blick der Stasi, 1988, hg. von Daniela Münkel. Göttingen 2010, S. 43 f.; Maria Haendtke-Hoppe-Arndt: Die Hauptabteilung XVIII. Volkswirtschaft (Hg. BStU, MfS-Handbuch). Berlin 1995, S. 74–85.

betrieb. Der instrumentelle Umgang mit den Berichten zeigt sich deutlich auch während des Machtwechsels von Ulbricht zu Honecker 1970/71. Mielkes Aufstieg zum Minister für Staatssicherheit war 1957 in der Folge einer Auseinandersetzung über die Berichterstattung des MfS an die Parteiführung erfolgt, in der er an der Seite Ulbrichts agierte und zum Sturz seines Chefs und Vorgängers maßgeblich beigetragen hatte. Insofern war sich Mielke der machtpolitischen Implikationen der MfS-Berichterstattung immer sehr bewusst. Als politische Hardliner lagen Ulbricht und Mielke in den 1950er-Jahren ohnehin weitgehend auf einer Linie.

Das änderte sich in der ersten Hälfte der 1960er-Jahre, als Ulbricht in der Justiz-, Wirtschafts- und Kulturpolitik zum Reformer mutierte und sich das MfS mit diesem Kurs durchaus schwertat. Als sich Mitte der 1960er-Jahre die konservativen Kräfte im Parteiapparat um Honecker sammelten und Ulbricht mit seinen Reformansätzen zunehmend in die Defensive geriet, verlor dieser daher sehr schnell auch Mielkes Unterstützung. Ulbrichts von sowjetischer Seite misstrauisch beäugter deutschlandpolitischer Annäherungskurs erzeugte beim MfS ohnehin automatisch die Befürchtung, hiermit werde dem Feind in der DDR Tür und Tor geöffnet. Spätestens 1970 kann man an der Inlandsberichterstattung des MfS ablesen, dass sich die Staatssicherheit auf eine Unterstützung Honeckers und seiner Gefolgsleute in der Parteiführung ausrichtete.[55] Auf wirtschaftspolitischem Gebiet betrafen die vom MfS gefertigten Berichte über Dysfunktionen und Störungen auffällig häufig jene Innovationsprojekte, die als technologische Leuchttürme von Ulbrichts Wirtschaftsprogramm gelten konnten. Und diese Meldungen gingen überwiegend an diejenigen Politbüromitglieder, die als Ulbricht-kritisch eingestuft werden können, während der 1. Sekretär in den Verteilern kaum mehr auftauchte.[56]

Zudem beschwor das MfS unermüdlich die Gefahren erleichterter innerdeutscher Kontakte und das Einsickern des Sozialdemokratismus durch die Popularität Willy Brandts. In solchen Fällen waren Stimmungsberichte das Mittel der Wahl. In ihnen ließen sich vermeintliche Einstellungen und Äußerungen kommunizieren, die direkt oder indirekt Kritik an politischen Entscheidungen enthielten oder auf potenzielle Gefahren hinwiesen und auf diese Weise die Notwendigkeit einer politischen Kurskorrektur nahelegten.[57]

Die Informationspolitik des Jahres 1970 verweist auf eine mögliche indirekte Relevanz der innenpolitischen MfS-Berichterstattung für den politischen Entscheidungsprozess innerhalb der Parteiführung, da ihr Input geeignet war, die entsprechenden Diskussionen zu beeinflussen. Wie erfolgreich die Berichte in

---

55 Vgl. Ronny Heidenreich: Einleitung 1970. In: ders. (Bearb.): Die DDR im Blick der Stasi, 1970, hg. von Daniela Münkel. Göttingen 2023, S. 40–42.
56 Vgl. ebenda, S. 28–31.
57 Ebenda, S. 15–17, 20–22.

dieser Hinsicht waren, lässt sich nur schwer ermessen. Die Entscheidungsfindung im Politbüro 1970 wurde sicherlich weniger durch das MfS als vielmehr durch Signale aus Moskau beeinflusst. Gleichwohl könnten die MfS-Informationen den politischen Prozess durchaus in die intendierte Richtung alimentiert haben.

Schluss

Es ist schwierig, die Bedeutung des MfS als innenpolitischer Nachrichtengeber für die politische Führung präzise zu bestimmen, wenn man – quellenmäßig notgedrungen – hauptsächlich die formelle schriftliche Berichterstattung betrachtet. Es gibt vielerlei Anzeichen, dass nicht zuletzt bedingt durch den kommunikationstechnischen Fortschritt (Telefon) und die generelle inhaltliche Aushöhlung des DDR-Berichtswesens informelle Kommunikationskanäle immer entscheidender wurden.[58] Das könnte auch im Hinblick auf die MfS-Kommunikation zutreffen. Auch hier scheint die Bedeutung informeller Berichtsstränge zugenommen zu haben, wobei den so bezeichneten »nicht formgebundenen« Berichten eine wichtige Rolle zugefallen sein dürfte.

Informelle Kommunikation zwischen MfS und SED-Apparat hat es allerdings zu allen Zeiten gegeben. Wie eingespielt manche informellen Informationskanäle schon in den 1950er-Jahren waren, zeigt der für den damaligen Minister Wollweber verhängnisvolle Befehl Nr. 11/57, mit dem er diesen Wildwuchs beseitigen bzw. in geordnete Bahnen lenken wollte. Immerhin hatte Wollweber hierin seinen Stellvertretern und sogar den Hauptabteilungsleitern zugestanden, in eigener Zuständigkeit Meldungen an ZK-Sekretäre und Leiter der ZK-Fachabteilungen zu geben.[59] Über die noch junge Abteilung Information lief auch damals nur ein Teil der MfS-Informationen, die nach außen gelangten. Auch nach der ab 1969 einsetzenden verstärkten Zentralisierung des Berichtswesens blieb dieses System bestehen.[60] Vor allem die Hauptabteilun-

---

58 Rüdiger Bergien: Im »Generalstab der Partei«. Organisationskultur und Herrschaftspraxis in der SED-Zentrale (1946–1989). Berlin 2016, S. 185 ff.
59 Roger Engelmann, Silke Schumann: Der Ausbau des Überwachungsstaates. Der Konflikt Ulbricht – Wollweber und die Neuausrichtung des Staatssicherheitsdienstes der DDR 1957. In: Vierteljahrshefte für Zeitgeschichte 43 (1995) 2, S. 355 f.
60 Der erwähnte Befehlsentwurf von 1974 erwähnt als einzige zulässige Abweichung von ZAIG-Informationen schriftliche Informationen, die ohne Kopf und damit nicht als MfS-Material erkennbar weitergegeben werden konnten. Der Rahmen für solche Informationen war eng gesteckt: Personalanfragen, Fälle außerhalb der Zuständigkeit des MfS oder die Übermittlung westlicher Pressemeldungen. Die zu diesem Zeitpunkt in den Hauptabteilungen XX und XVIII bestehenden besonderen Berichtssysteme finden keine Erwähnung. Es erscheint unwahrscheinlich, dass die Berichtswege dieser Hauptabteilungen der ZAIG unbekannt gewesen sein dürften. Ihre Nichterwähnung könnte ein Indiz sein, dass die ZAIG mit dem Befehlsentwurf

gen XX und XVIII kommunizierten (weiterhin) mit eigenen Berichtsformaten mit dem Partei- und Staatsapparat. So bilanzierte die Hauptabteilung XX in den Jahren 1980 und 1981 die Weitergabe von insgesamt 121 Berichten an das Zentralkomitee, von denen aber nachweislich nur 42 und damit rund ein Drittel über die ZAIG liefen.[61] Die Wirtschaftsabteilung der Staatssicherheit hatte sich spätestens 1976 mit ihren »Rotstrichinformationen« eine eigene Berichtsreihe geschaffen, die nach Aktenlage vor allem für den Staatsapparat gedacht war.[62] Diese Kommunikation war im Unterschied zur Hauptabteilung XX sogar formalisiert, da die Berichte auf besonderen Formblättern herausgegeben wurden.[63] Über Umfang und Inhalte lässt sich gegenwärtig aber nichts Genaueres sagen,[64] da die Berichte selbst bislang im Stasi-Unterlagen-Archiv kaum nachweisbar sind. Die Zuständigkeit der genannten Hauptabteilungen für Kultur, Jugend, Kirchenfragen und Opposition bzw. für Wirtschaft betraf aber zweifelsfrei Bereiche, die für die Stabilität der DDR von neuralgischer Bedeutung waren. Letztlich stellt dieser Befund die Repräsentativität der ZAIG-Berichte für die Informationspolitik der Staatssicherheit im SED-Staat ein wenig infrage. Hinsichtlich ihrer Rolle als Nachrichtengeber sind sie jedenfalls bedeutsam. Denn die Staatssicherheit verfügte damit unterhalb der Schwelle der offiziellen ZAIG-Berichte über Möglichkeiten, gleichsam in der zweiten Reihe durch Informationsweitergabe politischen Einfluss zu nehmen.

Zusammenfassend lässt sich festhalten, dass trotz der tendenziellen Allzuständigkeit der Staatssicherheit die innenpolitischen Stasi-Berichte kaum geeignet waren, der Parteiführung ein umfassendes Lagebild von den Verhältnissen im Land zu vermitteln. Dies scheint weniger ein Problem der Ressourcen und Fähigkeiten der Geheimpolizei gewesen zu sein. Vielmehr blieben Themenauswahl und Adressaten davon abhängig, welchen Spielraum die Parteiführung

---

deren Abschaffung und Eingliederung in das offizielle Berichtswesen bezweckte. Entwurf zu einem Befehl über die Informationstätigkeit, 1974; BArch, MfS, ZAIG Nr. 14479, hier Bl. 24 f.

61 Martin Stief: Einleitung 1982. In: ders. (Bearb.): Die DDR im Blick der Stasi, 1982, hg. von Daniela Münkel. Göttingen 2023, S. 38 f.

62 Eine wahrscheinlich 1987 entstandene Übersicht über den Rücklauf verteilter Rotstrichinformationen vermerkt die ältesten Tagebuchnummern, mit denen der Postausgang dokumentiert wurde, aus dem Jahr 1976. Vgl. Rückgabe Rotstrich-Informationen; BArch, MfS, HA XVIII Nr. 4110, Bl. 8. Auffällig ist der zeitliche Zusammenhang mit der Einsetzung von Günter Mittag als ZK-Wirtschaftssekretär im gleichen Jahr.

63 Ausfertigungen von Rotstrich-Informationen konnten bislang nur in einem Fall gefunden werden. Das Deckblatt zeigt die vorgedruckte Absenderangabe Ministerium für Staatssicherheit und einen quer verlaufenden roten Balken, der wahrscheinlich namensgebend wurde. Vgl. [Rotstrich]-Information Nr. 245/83; BArch, MfS, ZAIG Nr. 43827.

64 Die Rotstrich-Informationen waren wie die ZAIG-Berichte mit fortlaufenden Nummern unter Anfügung des Jahrganges gekennzeichnet. Ausweislich dieser Logik war der Umfang dieses Berichtssystems immens. 1987 wurden mindestens 452 Rotstrich-Informationen und 544 im Jahr 1988 verteilt. Vgl. das Nachweisbuch Rotstrich-Informationen; BArch, MfS, HA XVIII Nr. 4110.

ihrer Geheimpolizei bei der Berichterstattung implizit einräumte bzw. die verantwortlichen Funktionäre der Staatssicherheit glaubten, in Anspruch nehmen zu können. Das heißt, dass das MfS mit seinen überbordenden Ressourcen die SED stets nur selektiv und mit wechselnden Schwerpunkten als Nachrichtengeber bediente. Aufgrund von politisch-ideologisch bedingten Wahrnehmungsdefiziten und taktischen Rücksichten konnten die ZAIG-Berichte als Sprachrohr der Staatssicherheit ihre Funktion als Lagedienst nur bedingt erfüllen. Die ZAIG-Berichte spiegeln Vorgänge und Sachverhalte, die in den Zuständigkeitsbereich der Staatssicherheit als Überwachungsorgan fielen und politisch für so bedeutsam gehalten wurden, dass sie an die SED-Führung oder die zuständigen staatlichen Funktionäre gemeldet wurden. Dabei ist nicht durchweg ein Zusammenhang zur politischen Agenda der Parteiführung erkennbar, ihre Relevanz erschließt sich jedoch zuweilen vor dem Hintergrund laufender Entscheidungsprozesse und machtpolitischer Konstellationen in der SED.

Hiermit scheint sich die Berechtigung der eingangs angesprochenen Skepsis, die in der Forschung hinsichtlich der Bedeutung der sowjetischen Geheimpolizei als Nachrichtengeber für die Moskauer Parteiführung zu verzeichnen ist, auch für den Fall MfS zu bestätigen: In den staatssozialistischen Regimen war die Rolle der Geheimpolizeien als Berater der politischen Führung insofern prekär, als auch bei ihrer Informationstätigkeit kein Zweifel darüber aufkommen durfte, dass sich diese der führenden Rolle der Partei unterordnete. Im Falle der DDR spielten die besonderen persönlichen Verbindungen von Mielke zu Ulbricht und später zu Honecker und nicht zuletzt auch die Lehren, die der Minister für Staatssicherheit aus früheren Machtkämpfen gezogen hatte, eine entscheidende Rolle bei dieser Beschränkung der Staatssicherheitsberichterstattung.

Die Entwicklung des MfS-Berichtswesens zeigt durchaus Ansätze eines institutionellen Eigeninteresses, sich als dauerhafter und allumfassender Nachrichtengeber zu etablieren, etwa die vergleichsweise breite und hinsichtlich der Themensetzung ausdifferenzierte Berichterstattung der 1960er- und 1970er-Jahre sowie die am Anfang der Honecker-Ära initiierten Pläne zu ihrer Verwissenschaftlichung. Dieser Prozess scheiterte allerdings sehr wahrscheinlich am Desinteresse oder gar Unwillen der Parteiführung. Hinsichtlich der Rolle des MfS als Nachrichtengeber für die SED-Führung kann als gesichert gelten, dass die ZAIG-Berichte zwar ein wichtiges, aber nicht das einzige Sprachrohr und damit Einflussinstrument des MfS waren. Insofern ist eine Aussage darüber, welchen Stellenwert die Staatssicherheit als Nachrichtengeber im SED-Staat hatte, anhand dieser formellen Berichterstattung nur unvollständig zu treffen.

Jost Dülffer

Der BND – Regierungsberatung und psychopolitischer Kampf bis 1978

»Der Bundesnachrichtendienst sammelt zur Gewinnung von Erkenntnissen über das Ausland, die von außen- und sicherheitspolitischer Bedeutung für die Bundesrepublik Deutschland sind, die erforderlichen Informationen und wertet sie aus«, heißt es im ersten Paragrafen des Gesetzes über den Bundesnachrichtendienst von 1990.[1] Diese Beschränkung auf Informationsbeschaffung für die Regierung schloss zugleich andere Aufgaben und Vorgehensweisen aus, die mit dem Etikett »Geheimdienst« – und zumal einem Auslandsdienst – traditionell einhergehen. Gemeint sind damit zumeist aktive, gewaltförmige bis hin zu militärischen Aktionen, zur »licence to kill«, die in vielen Staaten traditionell mit den Aufgaben entsprechender Organisationen einhergingen und -gehen.

Nach allem, was ermittelt wurde, überschritt der frühe westdeutsche Nachrichtendienst diese Grenze nicht. Gerade die Erfahrungen des NS-Staates waren maßgeblich dafür verantwortlich, dass im Westen Deutschlands eine begrifflich scharfe Trennung den politischen Sprachgebrauch bestimmte. Dennoch ist deutlicher zu fragen, welches Selbstverständnis er hatte, welche Handlungsmöglichkeiten er beanspruchte und wovon er sich tatsächlich leiten ließ.[2]

Gründung und Aufgaben des BND

Um Wirken und Einfluss des frühen BND im und auf das Regierungssystem zu verstehen, sind sein Selbstverständnis wie seine daraus zunächst erwachsende spezifische Rolle in den Blick zu nehmen. Das Bundeskabinett beschloss am 11. Juni 1955 die Gründung des Bundesnachrichtendienstes der Bundesregie-

---

1 https://www.gesetze-im-internet.de/bndg/BJNR029790990.html (letzter Zugriff: 4.4.2024).
2 Ich danke Ronny Heidenreich und Andreas Hilger für hilfreiche Kritik am ursprünglichen Vortragsmanuskript. Der Beitrag beruht auf der 15-bändigen Reihe der »Unabhängigen Historikerkommission zur Erforschung der Geschichte des Bundesnachrichtendienstes bis 1968«. Eine komprimierte und populäre Fassung dieses Textes findet sich in meinem Beitrag Reinhard Gehlens Kampf gegen den Weltkommunismus. In: Frankfurter Allgemeine Zeitung, https://www.faz.net/aktuell/politik/geschichte/geheimdienst-geschichte-was-machte-der-bnd-in-fruehen-jahren-19115956.html [gedruckt ursprünglich unter dem Titel: Psychopolitischer Kampf] (letzter Zugriff: 2.7.2024). Einige Erkenntnisse über den Charakter des BND sind pointiert zusammengefasst in: Ereignisse und Gestalten. In: FAZ v. 21.8.2023, S. 6.

rung. Der Dienst wurde dem Kanzleramt »angegliedert«.[3] Erst ein Jahr später, am 23. Oktober 1956 wurden die obersten Bundesbehörden von seiner Existenz unterrichtet, ein Vorgang, der zunächst nicht veröffentlicht wurde. Durch die Entscheidung des Kabinetts, den BND als eine selbstständige Oberbehörde zu organisieren, war klar, dass die gesamte Bundesregierung von den Erkenntnissen des BND unterrichtet werden sollte, und nicht etwa nur das Kanzleramt.

Vorausgegangen war seit 1946 die Aufstellung eines Nachrichtendienstes unter Aufsicht und Anleitung der US Army, gut zwei Jahre später dann der CIA. Zu dieser Organisation Gehlen (Org.) unterhielten auch die Briten und Franzosen, seit 1950 auch die Bundesregierung Kontakte. Obwohl die BRD einen Alleinvertretungsanspruch für Deutschland vertrat, die DDR also Inland war, lieferte auch die Org. selbstverständlich Informationen über die SBZ/DDR sowie den sonstigen sowjetischen Herrschaftsbereich. Sie bildete aber für die CIA immer nur einen aus mehreren Gründen nützlichen Teil eines sehr viel breiteren und detaillierteren Netzwerks westdeutscher Informationsbeschaffer.

Im bundesdeutschen Kontext war die Org. von vornherein zweierlei: einerseits ein wichtiger Akteur im Aufbau der neuen Sicherheitsstruktur. Das galt sowohl für die Rolle, Aufgaben und Kompetenzen der Geheimdienste in der BRD, als auch für künftige Streitkräfte, die in der Gründung der Bundeswehr mündeten. Reinhard Gehlen kämpfte auf all diesen Feldern mit harten Bandagen und zahlreichen Intrigen. Zwar konnte er seine Idee für einen Inland und Ausland umfassenden Geheimdienst nicht durchsetzen. Doch gelang es ihm, mehrere aussichtsreiche Konkurrenten um den Posten des Auslandsgeheimdienstchefs auszuschalten. Ähnlich ambivalent war seit den frühen 1950er-Jahren der Umgang mit den Ehemaligen aus dem weitgefächerten Militär- und Polizeiapparat der NS-Zeit. Unbeschadet dessen, dass die Org. selbst eine große Anzahl hochbelasteter NS-Täter einstellte, war sie ein wichtiges innenpolitisches Instrument, um über die diversen Wehrverbände, angefangen von der Waffen-SS und der HIAG in Bonn, aber auch nach »links« aufzuklären.[4] Die Org. war hier als Berater und Informant des Kanzleramtes, aber auch als Akteur der sich ab 1950 geheim abzeichnenden Remilitarisierung im Spiel.

Eine zweite und zugleich ganz anders gelagerte Dimension nahm die innenpolitische Beratung der Regierung und hier ausschließlich des Kanzleramtes durch den BND in den 1950er-Jahren an. Es ging dabei um die Ausspähung von und Berichterstattung über die politischen Parteien. Das betraf die FDP, aber in einem ganz entscheidenden Maße die oppositionelle SPD. Beide Informationsstränge für Bonn setzten schon zu Zeiten der Org. ein, wurden aber

---

3 Thomas Wolf: Die Entstehung des BND. Aufbau, Finanzierung, Kontrolle. Berlin 2018, S. 341.
4 Agilolf Keßelring: Die Organisation Gehlen und die Neuformierung des Militärs in der Bundesrepublik. Berlin 2017.

nach Gründung des BND bis etwa 1962 ausgebaut. Gerade bei der SPD ging es, wie Klaus-Dietmar Henke herausgearbeitet hat, um umfassende Berichte über die inneren Vorgänge im Vorstand der wichtigsten Oppositionspartei. Konkret meinte dies neben personellen Fragen auch solche der politischen Strategie und Taktik. Diese Informationen wurden zumeist über Staatssekretär und Kanzleramtschef Hans Globke gespielt und erreichten Kanzler Adenauer fast immer, wie aus Bearbeitungsvermerken hervorgeht. Diese Dauerberichterstattung auf dem Feld der Innenpolitik war sicherlich ein zentraler Teil der Herrschaftssicherung des ersten Bundeskanzlers. Ihre wissenschaftliche Einordnung bedarf intensiver Diskussion, die 2024 im Gange ist. Henke brachte sie unter dem Rubrum »Adenauers Watergate« in die breite Öffentlichkeit und misst ihr hohe Bedeutung zumal für die letzten Jahre der Regierung Adenauer zu.[5] Es ließe sich im Zusammenhang mit den hier gestellten Fragen einwenden, diese Politikberatung des ersten Bundeskanzlers durch die Pullacher Institution habe nicht dem offiziellen Auftrag des Dienstes entsprochen, sei illegal gewesen und gehöre daher nicht zum Thema. Dem war jedoch nicht so: Es gab in diesen ersten Jahren keinen ganz eindeutigen Auftrag für den entstehenden Auslandsnachrichtendienst.

Allerdings bedurfte es in der Verwaltung dennoch einer auch inhaltlichen Begründung für die neue Institution. In der Phase unmittelbar vor Eingliederung der Org. in den bundesdeutschen Behördenaufbau notierte der zuständige Referent Ende 1955: »Die O.G. beschafft ausländische Staatsgeheimnisse auf militärischem, politischem und wirtschaftlichem Gebiet und wertet sie aus.«[6] Knapp ein Jahr später unterrichtete das Kanzleramt die obersten Bundesbehörden und die Ministerpräsidenten knapp: »Der Bundesnachrichtendienst ist für die nachrichtendienstliche Auslandsaufklärung auf außenpolitischem, wirtschaftlichem und militärischem Gebiet zuständig. Auf innenpolitischem Gebiet wird der Bundesnachrichtendienst nicht tätig.«[7] Es war zwar ab 1957 im Gespräch, ein Gesetz über den BND zu verabschieden, doch geschah dies nicht. Vor allem, weil es für den Bundesnachrichtendienst mit einem solchen Vorhaben um die hierarchische Einbettung und damit Unterordnung im Regierungsapparat ging.[8] So erhielt der Dienst keine klare, schriftliche Dienstanweisung – und hatte im beschriebenen Rahmen alle Möglichkeiten, selbst zu definieren, über was er berichtete. Gewiss erhielt er aus den Ministerien zahlreiche Anfra-

---

5 Klaus-Dietmar Henke: Geheime Dienste. Die politische Inlandsspionage des BND in der Ära Adenauer. Berlin 2022, v. a. S. 545–956; ausgekoppelt aus dem Band: ders.: Adenauers Watergate. Die Geheimoperation des BND gegen die SPD-Spitze. Berlin 2023, Werbetext: »dieses größte Demokratieverbrechen in der Geschichte der Bundesrepublik«.
6 Bachmann für Gehlen, 20.12.1955, zit. nach: Thomas Wolf: Die Entstehung des BND. Aufbau, Finanzierung, Kontrolle. Berlin 2018, S. 353.
7 Globke, 23.11.1956, zit. nach: ebenda, S. 361.
8 BND-Archiv (BNDA) Akte 4331.

gen, die er zu beantworten suchte.⁹ Aber er verstand sich weiter als Organisation »sui generis«. Oder anders gesagt: Der BND setzte ab 1956 im Dienst der Bundesrepublik das fort, was er unter Ägide der amerikanischen CIA weitgehend eigenmächtig bisher schon gemacht hatte. Es bedurfte erbitterter bürokratischer Kämpfe zu Beginn der 1960er-Jahre, bis Ende 1968 und nach dem Abdanken Reinhard Gehlens der amtierende Staatssekretär des Bundeskanzleramtes, Karl Carstens, eine Dienstanweisung erließ, die dem BND eine innenpolitische Tätigkeit klar verbot und von ihm im Rahmen der Richtlinienkompetenz des Kanzlers Schwerpunkte der Aufklärung forderte.¹⁰ Der Dienst erhielt erst jetzt formal die Aufgabe: »die nachrichtendienstliche Auslandsaufklärung durch Beschaffung und Auswertung von Informationen auf außenpolitischem, wirtschaftlichem und rüstungstechnischem und militärischem Gebiet« sowie Gegenspionage durchzuführen. Erst das Gesetz über den BND von 1990 brachte die im Kern benannten Aufgaben in einen seither maßgeblichen gesetzlichen Rahmen.¹¹

Selbstverständnis mit Doppelrolle

Auf dem Papier sah die Tätigkeitsbilanz des BND glänzend aus. In der Zeit unmittelbar nach Adenauer zog Gehlen für die neue Regierung Erhard, unter der seine Stellung gefährdet schien, umfassende Bilanz mit Blick nach vorn. Gehlen fügte einer großen Denkschrift vom 3. Dezember 1963 eine 18-seitige Auflistung über »gegenwärtige und künftige Aufgaben der weltumspannenden nachrichtendienstlichen Beobachtung bei«¹². Dazu gehörte ein außenpolitisches Lagebild für alle Fachministerien, vor allem über den Ostblock, aber auch für alle anderen für die BRD wichtigen Länder oder internationalen Organisationen. Dazu lieferte Pullach zusammenfassende Studien in Form von Aufsätzen, periodisch weitere Ausarbeitungen und antworte auf zahlreiche Einzelanfragen zu personellen und sachlichen Fragen. Das Resümee der Denkschrift lautete: Die Lage im Ostblock sei zunehmend komplexer geworden, nicht mehr so einheitlich in gesellschaftspolitischen und ideologischen Fragen. Die Einzelstaaten müssten künftig stärker in den Blick genommen werden. Auch die Vorgänge im Weltkommunismus seien zunehmend komplexer geworden. Die psychologische Lage vor allem in der DDR erfordere wachsende Beobachtung. Dazu komme

---

9 Und er nutzte diese Aufträge geschickt als Argument für dauernde Überlastung und dadurch entstehenden Erweiterungsbedarf seiner Finanzen und Organisation.
10 Jost Dülffer: Geheimdienst in der Krise. Der BND in den 1960er-Jahren. Berlin 2018, S. 94–97, BNDA 40143.
11 https://www.gesetze-im-internet.de/bndg/BJNR029790990.html (letzter Zugriff: 2.7.2024).
12 Jost Dülffer: Geheimdienst in der Krise. Der BND in den 1960er-Jahren. Berlin 2018, S. 186, BNDA 150263.

die Beobachtung der gerade unabhängig werdenden Entwicklungsländer, die sich in einem Balanceakt zwischen Ost und West vor allem in Afrika, dem Nahen Osten, in Asien und Amerika befänden – also praktisch überall in der Welt. Eine ganz andere, der nachrichtendienstlichen Auslandsberichterstattung völlig fremde Aufgabe fügte sich in dieser Denkschrift scheinbar sachlogisch und selbstverständlich an: Man trage zur eigenen »psychopolitischen Rüstung« bei, müsse entsprechend die Auswertung der »psychopolitischen Vorgänge im Ostblock«, zumal in der DDR, vorantreiben und dazu Material zur Verfügung stellen. Damit war eine ganz andere und weitreichende Dimension benannt, in welche Org. und früher BND ihren Ehrgeiz und erkleckliche Mittel setzten. Das war ein Maximalprogramm für einen global operierenden Dienst, der ganz im Zeichen der Perzeption der weltkommunistischen Bedrohung stand. Diese müsse nach Auffassung des BND nicht nur analysiert werden, sondern der Dienst habe auch aktiv zur entsprechenden Bekämpfung beizutragen. Unausgesprochen trat die Beobachtung auch des Westens hinzu, auch der NATO-Partner, die an dieser Stelle zwar nicht thematisiert, aber praktiziert wurde.

Bei der Westaufklärung ging der Dienst weit über die Wissensbeschaffung für die eigene Regierung hinaus. Hier gebärdete sich der BND geradezu zu einem eigenständigen Akteur der weltanschaulichen Beeinflussung oder – anders gesagt – zu einem nationalen und internationalen Aufklärungs- bzw. Propagandainstrument. Genau dies entsprach auch der praktizierten Tätigkeit des Pullacher Dienstes, wie hier nicht weiter ausgeführt werden kann. Dieser Anspruch wurde wahrgenommen und reichte weit über die Regierungsberatung hinaus. Er war konstitutiv für das Selbstverständnis des BND.

Auch wenn der BND dem Kanzleramt als eine obere Bundesbehörde angegliedert war, so legte er Wert darauf, potenziell mit allen Ressorts der Regierung direkt verkehren zu können. Das drohte, nur einmal in den Jahren um 1968 herum unterbunden zu werden. All das führte einerseits zu einer ständigen Präsenz des BND auf der politischen Ebene in Bonn, sichergestellt durch ein (bzw. zwei) Verbindungsbüro(s), mehr aber noch über die häufigen, wohl oft wöchentlichen Fahrten des BND-Präsidenten in die damalige Hauptstadt sowie von wichtigen Vertrauten Gehlens, etwa Abteilungsleiter Wolfgang Langkau. Andererseits gab es ein halbwegs geregeltes Berichtswesen.[13] Auf dieser Ebene überhäufte der BND die Bonner Behörden mit einer Flut an seriellen wie einzelnen Informationen, um vor allem durch Fleiß seine Bedeutung herauszustellen. Ab 1957 schickte der Pullacher Dienst circa 300 Meldungen monatlich allein an das Auswärtige Amt.[14] In den 1960er-Jahren gingen im BND jährlich zumeist zwischen 100 000 und 135 000 Meldungen ein, die sich auf die Sachgebiete Poli-

---

13 Thomas Wolf: Die Entstehung des BND. Aufbau, Finanzierung, Kontrolle. Berlin 2018, S. 356–384.
14 Ebenda, S. 383.

tik, Militär sowie Wirtschaft/Rüstung bezogen.¹⁵ Von diesen erhielten die »Bedarfsträger« im Kanzleramt jährlich zwischen 4 000 und 5 300 Meldungen, das Auswärtige Amt 4 000 bis 5 000, das Verteidigungsministerium zwischen 6 500 und 10 300 Meldungen, das Wirtschaftsministerium zwischen 500 und 1 200, das Gesamtdeutsche Ministerium zwischen 400 und 1 800 Informationen, andere Ressorts wurden mit 1 000 bis 5 000 Informationen bedacht. 1964 hieß es, 70 Prozent der Meldungen der letzten Jahre hätten den militärischen Bereich betroffen, 18 bis 20 Prozent politische Fragen und 10 bis 13 Prozent hätten Wirtschaft und Rüstung gegolten.¹⁶

Informationsbeschaffung

Grundsätzlich kann man in der Beratung der Politik zwei unterschiedliche Pole ausmachen. Der eine war verlässliches Wissen über Vorgänge in den jeweiligen Staaten des Auslandes, angefangen von militärischen und wirtschaftlichen Kapazitäten bis hin zu Intentionen von Regierungen oder Einzelpersonen. Den anderen Pol bildeten Meldungen über kurzfristige Handlungsabsichten bis hin zu Angaben über gegnerisches Handeln. Solche prognostischen Fähigkeiten waren dringend erwünscht, doch war genau hier, aus allgemeinen Absichten und Zielen konkrete Handlungen herzuleiten, die Gefahr von Irrtümern am größten. Ähnliches betraf bis zu einem gewissen Grad die Berichte über tagesaktuelle oder Detailinformationen zu konkreten politischen Entwicklungen. Auf der anderen Seite standen zum Teil umfängliche, auch periodisch gelieferte Studien zu allgemeineren Aspekten anderer Länder und Personen. Gerade Letzteres konnte tendenziell einem allgemeinen Trend in modernen Staaten folgen, nämlich der Verwissenschaftlichung von Politik. Diese erlebte ab den 1960er-Jahren in der Bundesrepublik einen neuen Schub.¹⁷ Grundsätzlich unterschied sich der BND darin nicht von anderen Akteuren. Erstens setzte diese Tendenz auch in den je zuständigen Fachministerien ein. Zweitens erkannte der Leiter der Politischen Aufklärung im BND, Klaus Ritter, die Herausforderungen für den BND in dieser Art der Politikberatung (ob aus allgemeinen Gründen der ND-Orga-

---

15 Jost Dülffer: Geheimdienst in der Krise. Der BND in den 1960er-Jahren. Berlin 2018, S. 190.
16 Ebenda, S. 189, zitiert: Abteilungsleiter Erich Dethleffsen 1964, Akten des Bundeskanzleramtes (BKA) 15205 (1), Bd. 2; vgl. Rolf-Dieter Müller: Reinhard Gehlen. Geheimdienstchef im Hintergrund der Bonner Republik: Die Biografie. Berlin 2017, S. 930 f.
17 Gabriele Metzler: Konzeptionen politischen Handelns von Adenauer bis Brandt. Politische Planung in der pluralistischen Gesellschaft. Paderborn 2005; Editorial von Anja Kruke, Meik Woyke. In: Archiv für Sozialgeschichte 50 (2010) (Verwissenschaftlichung von Politik nach 1945), S. 3–10.

nisation oder aus den personellen Konstellationen des BND sei dahingestellt)[18] und betrieb ab 1961 mit langem Atem die Einrichtung eines genuin wissenschaftlichen Instituts. Daraus entstand die *Stiftung Wissenschaft und Politik*, die ab 1965 in Ebenhausen existierte. Sie war nichts Anderes als eine Ausgründung aus dem BND zur Erarbeitung dort nicht möglicher Studien zur internationalen Politik auf einem auch international akzeptierten Niveau, mithin einem modernen *think tank*. Dessen Analysen reichten weit über die in Pullach bisweilen recht lose zusammengebastelten und für geheim oder vertraulich erklärten Geheimdienstberichte hinaus.[19]

Der BND sah sich in der Pflicht und nahm diese auch wahr, neben dem Kanzleramt auch andere Ressorts zu beraten bzw. zu informieren. An erster Stelle stand das Verteidigungsministerium. Dieses besaß keinen eigenen geheimen Aufklärungsdienst,[20] bediente sich vielmehr der militärischen Aufklärung des BND. Dem militärischen Ursprung des BND und seiner Spitze gemäß war in Pullach ein beträchtlicher Teil der höheren Offiziere Beamte. Mit dem Verteidigungsministerium pflegte der BND einen regen Austausch von Personal und so wurde die Militärspionage auch im Auftrag dieses Ministeriums durchgeführt.[21] Gerade zum Beginn der Bundeswehr wechselten in diesem Sinne zahlreiche Mitarbeiter der Org. ins Verteidigungsministerium (BMVtg), die dort zunächst auch die Lagebeurteilungen unter Einbeziehung des Pullacher Materials selbst erstellten.[22] Bei der Auswertung sprach das BMVtg mit, was die Bedeutung des BND wesentlich einschränkte. Das herausragende Beispiel für diese Kooperation war Gerhard Wessel. Er war bis 1952 selbst Leiter der Auswertung in der Org., baute dann für das neue Verteidigungsministerium das Nachrichtenwesen auf, machte steile Karriere bis zum Drei-Sterne-General in hohen NATO-Funktionen und wurde anschließend von 1968 bis 1978 zweiter Präsident des BND. Immer wieder wurde in Bonn die Frage einer anderen Unterstellung des BND als die unter dem Kanzleramt diskutiert. Das scheint vor allem ein Anliegen des Verteidigungsministers Helmut Schmidt (1969–1974) gewesen

---

18 Ronny Heidenreich: Die DDR-Spionage des BND: Von den Anfängen bis zum Mauerbau. Berlin 2019, S. 533–537; Thomas Wolf: Die Entstehung des BND. Aufbau, Finanzierung, Kontrolle. Berlin 2018, S. 399.
19 Albrecht Zunker, Stiftung Wissenschaft und Politik (SWP): Entwicklungsgeschichte einer Institution politikbezogener Forschung. Berlin 2007.
20 Es gab 1953 im US-Heer Tendenzen, einen eigenen militärischen Geheimdienst der BRD einzurichten. Ronny Heidenreich: Die DDR-Spionage des BND: Von den Anfängen bis zum Mauerbau. Berlin 2019, S. 267–269.
21 Ebenda, S. 292 ff.
22 Thomas Wolf: Die Entstehung des BND. Aufbau, Finanzierung, Kontrolle. Berlin 2018, S. 363.

zu sein – und wird bis in die Gegenwart etwa von dem ehemaligen BND-Präsidenten Gerhard Schindler empfohlen.[23]

Zu den wichtigsten Aufgaben gehörte von Anfang an, ein Lagebild über die sowjetischen Streitkräfte zu erstellen. Auf dem militärischen Sektor fertigten Org. und BND laufend Berichte über den gesamten Ostblock ebenso wie einzelne Berichte und umfängliche Sonderberichte zu Einzelthemen.[24] Doch waren die eigenen Fähigkeiten des BND hier im Vergleich zu den Erkenntnissen der anderen NATO-Staaten recht überschaubar. Der BND war bereits bei seiner Gründung auf die Informationen der westlichen Dienste, hier vor allem der CIA, angewiesen. Für die 1950er-Jahre kommt Ronny Heidenreich zu dem Schluss, dass dieser »weitaus weniger bedeutend [war] als Reinhard Gehlen dies zeitlebens vorgab«, sprich: die eigenen Leistungen waren recht bescheiden, was an der Qualität der Beschaffung im Großen lag: er konnte – auch für »Bonn« – nur ein »Juniorpartner der Alliierten« sein.[25] Das dürfte sich in den 1960er-Jahren nicht wesentlich geändert haben. Umgekehrt stellte das Verteidigungsministerium dem BND bisweilen weitgehende Aufklärungsaufträge, die dieser gar nicht alle erfüllen konnte, sodass Konkurrenz zwischen beiden Behörden oft gegenüber der eigentlich geforderten engen Kooperation überwog.[26] Auf der Bonner Hardthöhe wuchs in den 1960er-Jahren der Unmut über die Qualität der Zulieferungen aus Pullach.

Ein weiterer wichtiger »Bedarfsträger« war das Auswärtige Amt. Hier gestaltete sich das Beratungsverhältnis ein wenig anders: Das Auswärtige Amt legte Wert darauf, sich seine Urteile selbst zu bilden.[27] Schon 1956 wurde hier ein Referat für Kontakte zum BND eingerichtet. Naturgemäß hatte diese Behörde durch die Botschaften und Konsulate eine reiche Auslandsberichterstattung aufzuweisen, die aus Pullach bestenfalls mit zusätzlichen – eben geheimen – Informationen ergänzt werden sollte. »Die Aus- und Bewertung der aus der Ostzone, insbesondere aus deren Kulissen stammende Berichterstattung bereitet wegen ihrer Fülle einer sicheren Beurteilung Schwierigkeiten. Schon jetzt ließ sich aber sagen: ›Weniger wäre mehr‹«, hieß es zu diesen Berichten aus Pullach bereits im Jahre 1957.[28] Gewiss gab es aus dem Außenamt auch Aussagen, dass bestimmte Informationen aus dem Ostblock unentbehrlich seien. Aber hier herrschte bisweilen die Sorge, dass der BND das Kanzleramt von sich aus mit Informationen füttere,

---

23 Gerhard Schindler: Wer hat Angst vorm BND? Warum wir mehr Mut beim Kampf gegen die Bedrohungen unseres Landes brauchen. Eine Streitschrift. Berlin 2020, bes. S. 229 ff.
24 Thomas Wolf: Die Entstehung des BND. Aufbau, Finanzierung, Kontrolle. Berlin 2018, S. 362.
25 Zitate Ronny Heidenreich: Die DDR-Spionage des BND: Von den Anfängen bis zum Mauerbau. Berlin 2019, S. 300, 292.
26 Thomas Wolf: Die Entstehung des BND. Aufbau, Finanzierung, Kontrolle. Berlin 2018, S. 364.
27 Ebenda, S. 369–384.
28 Ebenda, S. 377.

die nicht durch die Bewertung des Außenamtes bestätigt seien. Insgesamt bildete sich aber auf einigen Ebenen ein wechselseitiger Informationsaustausch aus, das heißt, auch das Auswärtige Amt lieferte dem BND Auslandsberichte – in welcher Auswahl ist nicht klar. Die Kooperation war jedenfalls eng. Der Dienst ließ sich in den 1960er-Jahren regelmäßig Rückmeldungen von der Adenauerallee geben und erhielt dabei durchweg sehr gute Noten. Für 1966 etwa hieß es, 257 Meldungen seien besonders wertvoll gewesen, 2 410 wertvoll. Eine Bestätigung (vorheriger Erkenntnisse im Auswärtigen Amt) habe es in 461 Fällen gegeben, von Interesse seien 833 Meldungen gewesen und nur 57 seien »ohne Interesse«.[29]

–	1963	1964	1965	1966	1967
besonders wertvoll	97	197	257	257	117
wertvoll	1 235	2 466	2 764	2 410	1 119
Bestätigung	251	358	534	461	206
von Interesse	398	539	519	833	2 581
ohne Interesse	44	103	42	57	144

Ob das nun insgesamt gut war oder nicht, sei dahingestellt. Jedenfalls bekam 1971 der für den BND zuständige Abteilungsleiter heraus, die Bewertungen kämen

> vorwiegend von den dortigen Mitarbeitern [...], die seit Jahren den BND als Hilfsbehörde für ihre eigene Arbeit benutzen, nämlich durch den Dienst Analysen aus dem im Auswärtigen Amt anfallenden Material erstellen lassen, die sie eigentlich selbst erstellen müssten.[30]

Hier erweiterte sich also die Regierungsberatung zu einem internen Nachrichtenhandel. Die ständige Klage des BND über Überlastung durch ständig zunehmende Bonner Wünsche aller Art findet an dieser Stelle eine zumindest partielle Erklärung. So entstanden Netzwerke der wechselseitigen Bedeutung, Selbstbestätigung und Unentbehrlichkeit, die mit gezielten Aufträgen wenig oder gar nichts zu tun hatten.[31]

Es wurde bereits angedeutet, dass neben diesen beiden großen Bedarfsträgern auch andere Ministerien ständig mit Material aus Pullach versorgt wurden. Dazu gehörte an dritter Stelle das Wirtschaftsministerium und das war nicht uneigennützig. Denn dem BND lag daran, aus dieser Bonner Quelle nähere

---

29 Jost Dülffer: Geheimdienst in der Krise. Der BND in den 1960er-Jahren. Berlin 2018, S. 241, zit. BNDA 4454. (Anmerkungen im Dokument geben an, dass damals für vorangegangene Jahre keine genaueren Informationen vorlagen.)
30 Jost Dülffer: Geheimdienst in der Krise. Der BND in den 1960er-Jahren. Berlin 2018, S. 240. Inwieweit dies generell galt, bedürfte weiterer Prüfung.
31 Ein Hinweis von Ronny Heidenreich.

Angaben über die wirtschaftlichen Verhältnisse im Ostblock zu erhalten, um damit wieder anderswo – primär wohl im Verteidigungsministerium – punkten zu können.³²

Auch wenn die meisten anderen Ministerien (aber auch ausgewählte Parlamentarier) Informationen aus Pullach erhielten, so war doch das Gesamtdeutsche Ministerium in den 1950er-Jahren, bedingt auch noch in den 1960er-Jahren ein enger Kooperationspartner. Das lag nicht so sehr an der wechselseitigen Wissensübermittlung oder -produktion, sondern an dem gemeinsamen Interesse, an antiöstlicher Information und Propaganda in der BRD wie gerade auch international, auf den Begriff gebracht: um gezielte Wissensdiffusion zur Meinungslenkung.

Regierungsberatung unter Adenauer und ihre Grenzen

Der BND hatte also in den genannten Bereichen kein Alleinstellungsmerkmal in der Informationsbeschaffung für die Bundesregierung zumal für die DDR. Er kooperierte und konkurrierte aber nicht nur mit anderen Ministerien, sondern auch mit einer Fülle anderer gesellschaftlicher Organisationen. Hier gab es eine ganze Reihe von Informationsstellen,³³ zum Beispiel die Kampfgruppe gegen Unmenschlichkeit, den Untersuchungsausschuss freiheitlicher Juristen sowie die Ostbüros der drei großen Parteien, SPD, CDU und FDP, von denen vor allem erstere große Bedeutung hatte. Sie waren zumeist in dreifachem Sinne tätig: Sie sammelten Informationen aus dem anderen Teil Deutschlands, suchten diese auch angesichts der dort staatsgelenkten Medien zu verbreiten und informierten eben auch die Bundesregierung direkt. Darüber hinaus überschnitt sich nicht nur ihre Berichterstattung, sondern auch die Quellen oder Agenten berichteten ihrerseits an unterschiedliche Organisationen (und wurden auch je dafür entlohnt). Hinzu kamen noch die entsprechenden Geheimdienste der westlichen Alliierten, die in der Tat nicht nur Berlin zu einem »Geheimdienstdschungel« machten, der mit seinem Wissen oder Halbwissen in die Regierungsberatung einging.

Typologisch in ähnlicher Weise sind weitere Informanten zu nennen, die allgemein als Journalisten oder Nachrichtenbroker zu bezeichnen sind. Das betrifft zentral ein weites Feld der sich selbst bestärkenden Informationskreise. Derartige Akteure versorgten Pullach mit Gerüchten oder Fakten, die von dort als genuin geheimdienstliche Information aufgewertet ans Kanzleramt gegeben wurden. Sie betrafen letztlich die gesamte bundesdeutsche Öffentlichkeit in Zeitungen, Rundfunk und dem einsetzenden Fernsehen. Hier wurde Berichterstat-

---

32 Thomas Wolf: Die Entstehung des BND. Aufbau, Finanzierung, Kontrolle. Berlin 2018, S. 365.

33 Ronny Heidenreich: Die DDR-Spionage des BND: Von den Anfängen bis zum Mauerbau. Berlin 2019, S. 214–236.

tung über Medien betrieben, letztlich auch Medienpolitik. Darin lag ein ganz zentraler Punkt des Selbstverständnisses des BND unter Gehlen.[34] Hier seien nur zwei extreme Fälle genannt: zwei aus dem katholischen Milieu stammende Personen, Klaus Dohrn und Johannes Schauff, lieferten mit Berichten aus dem Vatikan, aber auch breit aus dem westlichen Ausland, voran den USA, für horrende Summen dem BND schöne (und nur scheinbare) Exklusivinformationen, die dieser brühwarm u. a. an das Kanzleramt weitergab. Dabei fiel in Bonn in den frühen 1960er-Jahren dann schon einmal auf, dass derselbe oder ganz ähnliche geheime Informationsberichte auch direkt von der »nachrichtendienstlichen Quelle« an das Kanzleramt unter Globke oder gar an die CDU-Parteizentrale geliefert worden und dort schon bekannt waren, bevor die scheinbar geheime und exklusive Nachricht aus Pullach in der Regierungszentrale eingegangen war.[35] Wir haben den Befund einer sich selbst bestärkenden und relativ geschlossenen Informationszirkulation vorliegen, die den Geheimdienst durch seinen Filter als hochrangiger zu adeln suchte als sie es wirklich waren. Es kam darüber hinaus vor, dass der BND seinen externen Sonderverbindungen Informationen zukommen ließ, die diese dann wieder als neue geheimdienstliche Erkenntnisse im Regierungsapparat verbreiteten.

Der BND war ein fleißiger Dienst, wie aus den zitierten hohen Zahlen seiner Berichte hervorging. Als BND-interne Bilanz notierte ein enger Mitarbeiter in Gehlens Stab, Heinzgeorg Neumann, für seinen Chef im Mai 1963 selbstkritisch, die Bonner Kontakte zum BND würden von rangniederen Personen in den Ministerien gehalten. Gelegentliche Kontakte mit dem Auswärtigen Amt oder dem Verteidigungsministerium reichten nicht aus, »um den durch strukturelle Unzulänglichkeit der beiden kleinen Verbindungsbüros bedingten Schaden abzuhelfen«. Und wichtiger noch: »Die alltägliche Übermittlung noch so gewichtiger Papierhaufen hilft in der Sache nichts. Was in solchen Berichten steht, kann richtig oder falsch [...] sein. Erst durch den laufenden Kontakt [...] gewinnt der schriftliche Bericht die Kriterien seines Wertes.«[36] Fünf Jahre später bilanzierte der Leiter der Auswertung, Erich Dethleffsen: »Ein Teil der Meldungen ist zwar richtig, aber für die Führung völlig uninteressant. Ich habe den Eindruck, dass die Quellen vielfach gar nicht wissen, worauf es der Führung überhaupt ankommt.«[37] Genau das galt auch für die Papierproduktion nach außen.

---

34 Das wird in mehreren Studien der UHK herausgearbeitet, z. B. Jost Dülffer: Geheimdienst in der Krise. Der BND in den 1960er-Jahren. Berlin 2018, S. 541–620; Ronny Heidenreich: Die DDR-Spionage des BND: Von den Anfängen bis zum Mauerbau. Berlin 2019, S. 465–532; Klaus-Dietmar Henke: Geheime Dienste. Die politische Inlandsspionage des BND in der Ära Adenauer. Berlin 2022, S. 373–543.
35 Jost Dülffer: Geheimdienst in der Krise. Der BND in den 1960er-Jahren. Berlin 2018, S. 217–220, hier 219.
36 Ebenda, S. 190, BNDA 103051.
37 Ebenda, S. 191, BNDA 1/69.

Eine andere Frage war die kleinteilige, gezielte und informelle Sympathiewerbung und damit das Streben von Einfluss an vielen Orten im Bonner Politikbetrieb. In manchen Nachlässen von Politikern – nicht nur aus dem Regierungslager – finden sich gut getippt und ohne Absender, Unterschrift oder Autor verfasste Informationen über alle möglichen Sachverhalte innenpolitischer, aber auch und vor allem außenpolitischer Natur. Dem Anschein nach handelt es sich um Antworten auf von den Empfängern gestellte Fragen.[38] Darüber hinaus gab es in Bonn, aber gelegentlich auch in Pullach dauernd mündliche Unterrichtungen. Es ist unklar, ob diese in die Meldungsstatistiken eingingen. In seiner gesamten Amtszeit fuhr Gehlen regelmäßig nach Bonn, machte sich zuvor eine To-Do-Liste mit wichtigen Besprechungspunkten vor allem im Kanzleramt, die ein breites Spektrum von Themen nicht nur außenpolitischer Relevanz erkennen lassen. Der BND-Präsident und seine wichtigsten Mitarbeiter waren vielleicht in den Ministerien nicht so wirksam, aber sonst überall präsent im politischen Bonn, inklusive der Medienszene. Mit nur geringer Überspitzung kann man Gehlen selbst als Lobbyisten bezeichnen. Das gilt nicht nur für die Auslandsaufklärung, sondern für fast alle Sektoren der Politik.

Es gibt Anzeichen, dass Gehlen nicht nur Globke berichtete, sondern dass auch Adenauer bisweilen mit Gehlen seine eigenen politischen Sorgen besprach. Ein Beispiel mag das erläutern. So erörterte der Kanzler etwa nach einem Gespräch mit dem US-Geheimdienstchef Alan Dulles am 28. Juni 1960 gegenüber dem BND-Präsidenten seine Bedenken über den Zustand der NATO. Dieser zeigte sich skeptisch über die US-Überlegenheit in der Welt für die nächsten 100 Jahre und wollte vom BND Genaueres wissen, diesmal nicht über das Militär, sondern über den Zustand und die Möglichkeiten der sowjetischen Wirtschaft. Wenige Wochen später folgte eine Ausarbeitung dazu. Adenauer fragte nach, ob die Daten auch stimmten, was der BND nach Rückfrage bestätigte. Sodann zeigte sich Adenauer besorgt über die politischen Verhältnisse in Frankreich, wo doch alles an der Person von de Gaulle hänge. Gehlen kommentierte dies mit eigenen Gedanken, die er umfänglich schriftlich zu ergänzen versprach. Dann ging es am 28. Juni 1960 erkenntlich ans Eingemachte der Innenpolitik. Adenauer fragte nach dem Werdegang des Regierenden Bürgermeisters von Berlin Willy Brandt: Sei dieser (im Krieg) nachrichtendienstlich tätig gewesen?; er erkundigte sich, wie Gehlen den Zustand des Verfassungsschutzes einschätze; er fragte, ob es stimme, dass die Leiterin eines Meinungsforschungsinstituts Kom-

---

38 Das bedürfte näherer Untersuchung. Henke hat ausführlich die entsprechenden Informationen für das Kanzleramt aus SPD und FDP ermittelt. Klaus-Dietmar Henke: Geheime Dienste. Die politische Inlandsspionage des BND in der Ära Adenauer, Bd. 1. Berlin 2022, S. 309–372, 545–826. Der Nachlass von F. J. Strauß enthält zahlreiche Aktenordner mit anonymen Informationsberichten bisher unklarer Provenienz.

munistin gewesen sei[39] und schließlich sollte Gehlen den Zustand der Bundeswehr einschätzen (Gehlen gab sich vorsichtig optimistisch).[40]
Diese eine Begegnung stellte eher ein Brainstorming zweier alter Herren dar und deutet wenn nicht auf Vertrauen des Kanzlers in Gehlen, so doch auf eine nachhaltige Neugierde auf sein Urteil hin – jenseits der Tagesordnungen. Ihr Verhältnis hatte sich bereits seit Ende der 1950er-Jahre ein wenig abgekühlt und rührte in Adenauers Erkenntnis von Gehlens Unaufrichtigkeit und Mangelleistung her. Wegen des desaströsen Verrats des eigentlich für die Aufklärung des KGB zuständigen Mitarbeiters Heinz Felfe und wegen der »Spiegel«-Affäre 1962 verlor Adenauer letztlich jedes Vertrauen in den BND. Kurz vor dem Ende seiner Kanzlerschaft im August 1963 gab er seinem Referenten im Kanzleramt recht, auch er habe von anderen Personen gehört, dass der BND häufig nur Zeitungsmeldungen wiedergäbe und vieles auch sonst unzulänglich sei.[41]
Wie in anderen Bürokratien auch, gab es innerhalb des BND die Erwartung oder gar Pflicht, dass Mitarbeiter regelmäßige Meldungen über Erkenntnisse aus ihrem Arbeitsbereich anfertigen sollten, mit denen man in Bonn Eindruck machen konnte – egal, wieviel Substanz tatsächlich zu bieten war.[42] Ein Beispiel mag das verdeutlichen: Ein in den 1960er-Jahren führender Mitarbeiter des Strategischen Dienstes, Hans Langemann, schied aus dem BND aus, trat 1972 (im Rahmen der Sicherung für die Olympischen Spiele) in bayrische Landesdienste, fiel in Ungnade und brütete jahrelang an einem fiktiven Sachbuch oder Roman zur Lebenswelt der Geheimdienste namens »Katzenschlosser«. Sein satirischer Blick gibt Einsichten in reale Verhältnisse. In »Katzenschlosser« grübelte ein Mitarbeiter an der Abfassung einer routinemäßig abzuliefernden Meldung, er hatte jedoch lange keinen Einfall dazu. Er fand beim Suchen eine Meldung über die Sozialistische Internationale, deren Mitglieder untereinander nur lose kooperierten. Sodann fiel ihm »Der Spiegel« in die Hand, wo berichtet worden sei, der österreichische Bundeskanzler Bruno Kreisky habe seinen deutschen Amtskollegen Helmut Schmidt einen »Krisenmanager von überragendem Format« genannt – eine nicht gerade neue Information. Dazu sei eine Meldung des

---

39 Gemeint war Elisabeth Noelle-Neumann. Jedoch lag eine Verwechslung Adenauers vor.
40 Notiz Gehlen 1.7.1960, BNDA 1163/1 (vorangegangen war einen Monat zuvor eine gescheiterte Gipfelkonferenz der Großen Vier in Paris); andere Beispiele bei Rolf-Dieter Müller: Reinhard Gehlen. Geheimdienstchef im Hintergrund der Bonner Republik: Die Biografie. Berlin 2017, S. 945 f. (1958), S. 961 (Berlinkrise), S. 970: Ausarbeitung über Chruschtschow für Strauß und Adenauer.
41 Jost Dülffer: Geheimdienst in der Krise. Der BND in den 1960er-Jahren. Berlin 2018, S. 193.
42 Ebenda, S. 199: zit. Langemann, Katzenschlosser, BNDA 220084. Langemann arbeitete in den 1970er-Jahren für den bayerischen Verfassungsschutz, kooperierte mit Journalisten von »konkret« und wurde des Landesverrats angeklagt. Klaus-Dietmar Henke: Geheime Dienste. Die politische Inlandsspionage des BND in der Ära Adenauer, Bd. 1. Berlin 2022, S. 1240 und öfter.

»Daily American« gekommen, wonach man im Vatikan mit Genugtuung zur Kenntnis genommen habe, dass KPI-Chef Berlinguer keinen zwingenden ideologischen Gegensatz zwischen Rot und Schwarz mehr sehe; auch sei die Kommunistische Partei Italiens nicht mehr atheistisch. Das war die Vorlage, aus der sich eine – selbstverständlich geheim deklarierte – Meldung basteln lassen konnte, wonach Kreisky in kleinem Kreise bewundernd geäußert habe, Schmidt sei es in der letzten Krise gut gelungen, Regierung und Opposition, Schwarz und Rot zusammenzubringen. Die aus dem Vatikan kolportierten Äußerungen dazu genommen, ließen vermuten, dass dies auf die Sozialistische Internationale abstrahlen werde; noch kürzlich habe der Präsident dieser Sozialistischen Alternative am Rande einer Sitzung ›dieses losen nationalen Zusammenschlusses nationaler Parteien‹ sein pressebekanntes Interview gegeben, sicherlich in der Absicht, das Wollen aller zur nunmehr beschlossenen größeren Einigkeit zu demonstrieren.

Das war fiktiv, zugespitzte Ironie und nicht tägliche Praxis, signalisierte aber doch ein Element für die Produktion von gut klingenden Meldungen aus dem Nichts – und sei es als bloßer Existenzbeweis.

Genau diese Tonnenideologie, nämlich alles in Bonn zur Regierungsberatung abzuladen, was man irgendwie in Pullach in Erfahrung bringen konnte, dauerte bis zum Ende Gehlens 1968 an. In dieser Form wurde der Dienst in der Hauptstadt einfach nicht mehr ernst genommen. Es oblag dem neuen Präsidenten Wessel, hier Remedur zu schaffen, wozu er mit dem Staatssekretär im Kanzleramt Karl Carstens von der CDU und dann mit seinem Nachfolger in der sozialliberalen Koalition ab 1972, Minister Horst Ehmke, Vorgesetzte fand, die in dieselbe Richtung gingen.

Der BND unter den Regierungen Erhard und Kiesinger

Vorerst jedoch, 1963 nach dem Ausscheiden Adenauers zugunsten seines ungeliebten Wirtschaftsministers Ludwig Erhard, fiel die Politikberatung durch den BND in ein finsteres Loch.[43] Erhard interessierte sich einfach nicht für den Geheimdienst, hatte eine Abneigung gegen die »Pinkertons«[44] und verhinderte dabei u. a., dass bei einem Erweiterungsbau des Kanzleramtes die Pullacher Vertretung in Bonn ins Kanzleramt einzog. In seinen ersten Monaten suchte der BND in üblicher Weise durch umfassende Information etwa Staatsbesuche des neuen Kanzlers in Washington bzw. Rom mit Material über den Ost-West-Handel, die

---

43 Jost Dülffer: Geheimdienst in der Krise. Der BND in den 1960er-Jahren. Berlin 2018, S. 63–78.

44 Privater US-Geheimdienst seit dem 19. Jahrhundert, in der Öffentlichkeit vielfach mit Korruptheit assoziiert.

Beziehungen Moskaus zu Kuba oder zur VR China zu unterfüttern. Auf einem Flug zum Staatsbesuch nach Rom bekam der Kanzler so circa 20 Seiten aus dem BND von seinem Stabschef in die Mappe gelegt – sie blieben ungelesen. Pullach hatte zur Kenntnis zu nehmen, dass es höchstens um eine Zusammenfassung von einer Seite gehen könne.

Bei einer anderen Gelegenheit hatte Erhard vom CIA-Chef Fotos, wohl Satellitenbilder, gezeigt bekommen und wollte wissen, ob der BND nicht auch so etwas machen könne. Natürlich gab es auch gelegentlich gezielte Anfragen nach Pullach, aber dort meinte man zu wissen, weder der Kanzler noch Außenminister Gerhard Schröder hielten viel von der Qualität der Berichte des BND. Das galt jedoch nicht für Heinrich Krone (CDU), der zum Minister für den Verteidigungsrat wurde und für sich selbst 1965/66 ein großes, umfassendes Sicherheitsministerium einzurichten suchte. Krone war gegenüber allem, was vom BND kam, aufgeschlossen, doch galt das mehr seiner eigenen Organisationsmacht im Regierungsapparat als der Wissensproduktion aus Pullach. Hier stehen nähere Untersuchungen aus.[45]

Mit dem Kanzler der Großen Koalition Kurt Georg Kiesinger (CDU) von 1966 bis 1969 setzte eine neue Wertschätzung der Informationen des BND ein, Rüdiger Bergien bezeichnete dies als Zugehörigkeit zum »Hofstaat« des Kanzlers.[46] Die regelmäßig nach Bonn übersandten »Steuerungshinweise« wurden nun wirklich von Kiesinger gelesen und sogar mit Randbemerkungen versehen. Er ließ verlauten, er interessiere sich besonders für ideologische Fragen. Nach einem Indienbesuch ließ er sich über das Konkurrenzverhältnis von BND und MfS gegenüber dem indischen Nachrichtendienst mündlich orientieren. Der BND konnte zufrieden feststellen, »der Bundeskanzler bedankte sich für die Berichterstattung (er hatte alle Berichte selbst gelesen) und bat um laufende Verbindungsaufnahme zu seiner persönlichen Unterrichtung«.[47] Ausdrücklich formulierte er den Wunsch nach einem Vertrauensverhältnis, unterstrich den Wunsch weltweite Information zu erhalten. An anderer Stelle betonte Kiesinger darüber hinaus sein Interesse an dichter DDR-Information. Seit seinem Amtsantritt im Mai 1968 nahm der neue BND-Präsident Wessel regelmäßig an den »Kanzlerlagen« in Bonn teil, ja der Kanzler nahm seinen BND-Präsidenten auch schon einmal beiseite und erörterte zum Beispiel 1969 nur mit ihm die möglichen Störungen auf den Verkehrswegen nach Berlin (bei der anstehenden Tagung der Bundesversammlung). Wessel sah sich in einer Immediatstellung. Es ist nicht ganz klar, ob dieser direkte Einfluss von BND-Präsident auf den Kanzler primär der bisher gefundenen Überlieferung aus Wessels Papieren geschuldet ist. Es spricht einiges

---

45 Jost Dülffer: Geheimdienst in der Krise. Der BND in den 1960er-Jahren. Berlin 2018, S. 63–78.
46 Rüdiger Bergien: »Kanzlerlage«. BND und Regierungszentrale unter der sozialliberalen Koalition, Manuskript September 2023, vom Vf. freundlicherweise zur Verfügung gestellt.
47 Jost Dülffer: Geheimdienst in der Krise. Der BND in den 1960er-Jahren. Berlin 2018, S. 82–89, hier 83, BNDA 22045, 24.11.1967.

dafür, dass Kiesinger hier einen vom (sozialdemokratisch geleiteten) Auswärtigen Amt unabhängigen Informationsstrang für sich zu nutzen trachtete.[48]

Nach dem Wechsel zur sozialliberalen Koalition 1969 setzte auch Horst Ehmke die regelmäßige Unterrichtung durch Wessel fort. Es bedurfte einiger Zeit, bis sich auch der vom Außenminister zum Kanzler aufgestiegene Willy Brandt aufmerksam und regelmäßig der Pullacher Erkenntnisse bediente.[49] Brandt selbst hatte zuvor als Regierender Bürgermeister von Berlin sowohl Informationen an den Dienst geliefert wie er auch von diesem in der Frontstadt beraten wurde. Er, wie dann auch sein Nachfolger im Kanzleramt Helmut Schmidt (1974–1982), zogen den BND-Chef oder seine Bonner Vertreter regelmäßig zu Lagevorträgen heran. Wessel berichtete selbst, er unterrichte täglich den Chef des Bundeskanzleramtes durch »eine Kurzfassung der wichtigsten Erkenntnisse zugleich für die Unterrichtung des Bundeskanzlers« und nehme unter der sozialliberalen Koalition zumeist an den wöchentlichen Lagevorträgen im Kanzleramt selbst oder durch seinen Bonner Vertreter teil. Wessel selbst halte regelmäßige Besprechungen mit seinen Abteilungsleitern, deren Ergebnisse er jeweils in Kurzfassung an den Chef des Kanzleramtes gelangen lasse.[50] Wie deren Wirkung genauer aussah, bleibt zu untersuchen.

Wissensvermittlung und Rezeption

Treten wir im letzten Teil noch einmal von den Erscheinungsformen der Regierungsberatung zurück. Zu unterscheiden bleibt zwischen *Wissensproduktion* im BND einerseits, der *Wissensvermittlung* in den Regierungsapparat zum zweiten und schließlich zwischen der *Rezeption,* dem konkreten Einfluss, beim Kanzler, seinen Ministern und Ministerien. Über den dritten Fragenkreis lassen sich wenig konkrete Aussagen machen – wenn es sich nicht (wie zitiert) um individuellen Dank oder direkte Rückkopplung für Beratung handelt. Hier geht es nicht nur um präzise Informationen zu tagesaktuellen Fragen, sondern auch um Einschätzungen, Interpretationszusammenhänge und Weltsicht.

Zur Wissensproduktion im BND lässt sich durchgängig sagen, dass aus dem Kanzleramt eine zentrale Aufgabe benannt wurde: möglichst viel und möglichst genau über die DDR Bescheid zu wissen. Da man ab August 1961 dort kaum noch nachrichtendienstliche Quellen hatte, vertrat man im BND die Linie, überall auf der Welt, zumal in den neuen Staaten des globalen Südens, komme man indirekt besser an Personen aus dem Ostblock zum Gewinn nachrichtendienstli-

---

48 So Bergien: »Kanzlerlage«. BND und Regierungszentrale unter der sozialliberalen Koalition, Manuskript September 2023.
49 Ebenda.
50 Ebenda, S. 186–188, BNDA N 1/138 Wessel an Gehlen 8.7.1977.

cher Erkenntnisse heran.[51] Das war jedoch auch ein Hilfsmittel für den Anspruch, den Gehlen von Beginn an formulierte, nämlich ein weltweit tätiger Nachrichtendienst zu sein. Zusammengehalten wurde dieser Anspruch von dem Gedanken an die globale Bedrohung durch den Weltkommunismus, dem man auf allen Kontinenten begegnen müsse. Dieses Ideologem war lange Zeit auch in Bonn anerkannt – und das Kanzleramt zu Zeiten Adenauers ließ sich von ähnlichen Diagnosen leiten. Gehlens BND erzielte den größten Teil seiner Wirkung dadurch, dass er in seine Grunddiagnose von der unmittelbaren politischen wie militärischen Gefährdung durch die Sowjetunion und den Weltkommunismus ausging. Bei dieser Ausrichtung fand er in der Auswertung seiner Informationen überall und damit natürlich auch in seinen geheimen Quellen Belege für diesen Befund. Die Warnung vor diesen subversiven Ansätzen machte einen wesentlichen Teil seiner Kommunikation mit Bonn aus, auch wenn sich im Laufe der 1960er-Jahre Anzeichen eines differenzierteren Umgangs mit dem Sowjetblock zeigen.

Genau das trug in der Berichterstattung an die Regierung zu der bereits benannten unguten Tonnenideologie bei, nämlich alles aus der Welt zu berichten, was man in Erfahrung gebracht zu haben glaubte – und was dann auf der Ebene der Adressaten auf geringes Interesse stieß, ja oft gar nicht wahrgenommen wurde. Das war die mangelnde Gewichtung von – wie zitiert – großen »Papierhaufen«. In einem ähnlichen Sinn äußerte sich Helmut Schmidt noch als SPD-Fraktionsvorsitzender im Jahr 1968.[52]

Die Nachteile der umfänglichen Wissensproduktion im BND hatten noch eine andere Komponente, die gerade angedeutet wurde: Denkschriften, große Rapporte etc. waren oft von einer Vagheit getragen, die eine Rezeption in der Bonner Politik schwierig machten. Ob eine Entwicklung eintreten konnte – oder auch nicht: das schmälerte ihren Wert beträchtlich. Natürlich hat das mit dem Bonmot zu tun, »Prognosen sind schwierig, besonders weil sie es mit der Zukunft zu tun haben« – (Karl Valentin oder Mark Twain); aber es hat den Anschein, dass Gehlen, je älter er wurde, in Darlegung konkreter Sachverhalte oder von Prognosen mit einem entschiedenen Entweder – Oder formulierte.

An dieser unübersichtlichen Streuung vager und zu vieler Meldungen änderte sich mit Gehlens Abgang so ziemlich alles – auch wenn dieser Wandel mehrere Jahre dauerte. Wessel notierte sich selbst programmatisch:

> Vornehmlich ist es Aufgabe des BND, die Absichten jedes potenziellen Gegners so früh so rechtzeitig zu erkennen und den zuständigen Stellen zur Kenntnis zu bringen, dass die politische Führung rechtzeitig Entschlüsse fassen kann [...] Für die Aufklä-

---

51 Jost Dülffer: Geheimdienst in der Krise. Der BND in den 1960er-Jahren. Berlin 2018, z. B. S. 184; Ronny Heidenreich: Die DDR-Spionage des BND: Von den Anfängen bis zum Mauerbau. Berlin 2019, Kap. V und Schlussbetrachtung.
52 Jost Dülffer: Geheimdienst in der Krise. Der BND in den 1960er-Jahren. Berlin 2018, S. 271.

rungs- und Informationstätigkeit sind insbesondere die Weisungen des Bundeskanzlers bzw. des Chefs des Bundeskanzler[amtes] zuständig.[53]

Eine Hierarchisierung in der Beratung hatte auf dem Papier auch schon unter Gehlen gegolten, sie war jedoch in einem Brei von Informationen untergegangen. Es war nicht nur Wessel, der sich daran machte, neue Strukturen für die Regierungsberatung zu finden. Gerade die aufeinanderfolgenden Chefs des Kanzleramtes Karl Carstens (CDU) und Horst Ehmke (SPD) zogen ihrerseits an dem gleichen Strang. Nicht nur bei Ehmke war es ein ceterum censeo: Er brauche vor allem DDR-Aufklärung.

Durch die ab 1968 unternommenen organisatorischen Reformen wurde eindeutig das Ziel in Angriff genommen, sich auf eine spezifische und je angeforderte Regierungsberatung zu konzentrieren. Wie das im Einzelnen durchgesetzt wurde, bedarf weiterer Forschungen. Hier dürften in gezielten Wünschen und gezielter Beratung insgesamt wichtige Fortschritte gemacht worden sein. Von Helmut Schmidt wird kolportiert, er habe sich nicht für den BND interessiert, also eine Beratung weitgehend abgelehnt oder die Informationslieferung aus Pullach nicht geschätzt. Daran scheint so viel richtig zu sein, als er als Verteidigungsminister eine weitgehende Konzentration des BND auf den militärischen Sektor bevorzugte. In der Tat ist in seiner Kanzlerschaft erwogen worden, den Pullacher Dienst dem Verteidigungsministerium zu unterstellen und damit klare Schwerpunkte der Regierungsberatung zu setzen. Wie weit gediehen diese Pläne konkret waren, bleibt zu untersuchen. Von Schmidt wird in diesem Zusammenhang überliefert, er wolle lieber die »Neue Zürcher Zeitung« lesen – da habe er weniger zu lesen und sei besser informiert. (Im Übrigen wird eine ähnliche Bevorzugung der »NZZ« seinem Nachfolger Helmut Kohl zugeschrieben.) Der Sache nach ist bislang festzuhalten, dass Wessels damaliger Schwiegersohn, der spätere Kulturstaatssekretär Michael Naumann berichtete, die angeblich nicht von Kanzler Schmidt gelesenen Pullacher Berichte wiesen durchweg gründliche Bearbeitungsvermerke mit seinem Grünstift auf.[54]

---

53 Ebenda, S. 188, zit. BNDA N 1/29.
54 Notiz im Nachlass Wessel; Ansätze im Manuskript Bergiens (»Kanzlerlage«. BND und Regierungszentrale unter der sozialliberalen Koalition), von dem neue Forschungsergebnisse zu erwarten sind.

Zentrum des psychopolitischen Kampfes gegen den »Weltkommunismus«

Beratung und exklusive Information der Regierung bildeten einen zentralen Punkt im Selbstverständnis des frühen Bundesnachrichtendienstes und zumal seines ersten Präsidenten Reinhard Gehlen. Er war Lobbyist im öffentlichen Dienst für seine Sache, aber auch für seine eigene Machtstellung im Regierungsapparat. Bis etwa 1961 fand er beim Kanzler Gehör, nicht zuletzt, weil er Grundannahmen Adenauers über die Weltpolitik zu verstärken vermochte. Das änderte sich in den 1960er-Jahren, als der BND weiterhin durch die bloße Quantität an Informationen Einfluss suchte und dabei ins Abseits geriet: er wurde weithin in Bonn nicht mehr ernst genommen. Unter den nachfolgenden Regierungen Kiesinger – Brandt – Scheel und wohl auch Schmidt – Genscher wandelte sich das.

Es gab aber noch einen anderen und den geheimdienstlichen Diagnosen nach gleichgewichtigen Schwerpunkt im Selbstverständnis und in den Aktivitäten von Gehlens BND. Dieser erwuchs aus der Diagnose der existenziellen Gefährdung durch den »Weltkommunismus«. Hier blieb es nicht bei der Regierungsberatung, sondern Pullach setzte alles daran, die deutsche, seit den 1960er-Jahren auch die europäische Öffentlichkeit darüber aufzuklären. Das schlug sich nicht nur in einer Durchdringung der Medienlandschaft nieder, sondern suchte mit aktiver Informations- und Medienpolitik, die bundesdeutsche Öffentlichkeit aufzuklären und antikommunistisch zu formen. Dieser »psychopolitische Kampf« bildete nicht nur ein Schlagwort, sondern eine Handlungsmaxime, die weit über die Regierungsberatung hinausging und war eine vom BND (und natürlich nicht nur von diesem) mit beträchtlichen Mitteln vorangetriebene Aktivität.[55] Darin lag nicht etwa eine extralegale Marotte Gehlens und seiner Mitstreiter, sondern man sah darin in Pullach eine konstitutive Begründung der eigenen Existenz, was im Kanzleramt ebenso geduldet, wenn nicht gefördert wurde.

Der BND wollte mit einer »Deutschen Arbeitsgruppe für Ost-West-Fragen« einem europäischen Internationalen Dokumentationszentrum, »Interdoc« genannt, und anderen Aktivitäten und mehr oder weniger geheimen Organisationen »den Kommunismus« im Sinne der Regierung selbst bekämpfen. Seit Ende der 1960er-Jahre schwand aber insgesamt in der bundesdeutschen Politik dieser antagonistische Kampf gegen den Kommunismus deutlich in der neuen Ostpolitik. Damit wurden auch die aufwendigen BND-Propagandaapparate aufgelöst. Was die CDU-Opposition in den Jahren der neuen Ostpolitik Brandts und Schmidts als Ausverkauf und Parteipolitisierung des BND wahrnahm,

---

55 Siehe Anm. 1; Jost Dülffer: Geheimdienst in der Krise. Der BND in den 1960er-Jahren. Berlin 2018, S. 461–540.

hatte kein Fundament in der Sache. Es spricht einiges dafür, dass der BND unter Gerhard Wessel zu einem gewünschten und zielgerichteten Lieferanten von Informationen wurde. Wieweit sich die Regierungsberatung von persönlichem Lobbyismus zu geregelter Beratung wandelte, steht dahin. Gerade innerhalb des BND zeigte sich ab 1968 Opposition gegen den Umbau des Dienstes. Das führte dazu, dass sich – wie Stefanie Waske gezeigt hat –[56] ein informeller privater kleiner Nachrichtendienst, Spenden finanziert, bildete, der im bisherigen Stil einen internen CDU-/CSU-Kreis mit weltpolitischen Einsichten fütterte. Die oben genannten Personen Dohrn und Schauff gehörten dazu. Die an die Unionsparteien gelieferten Einsichten blieben bescheiden, sodass er zu Beginn der Regierung Kohl 1982 aufgelöst wurde.[57] Der reale BND, den externe wie interne Kenner 1968 als »Freikorps« oder »Landsknechthaufen« bezeichneten, der sich selbst auch rechtlich gern einen Charakter »sui generis« bescheinigte, wurde zu einer Behörde. Über die Erfolge und Grenzen werden erst weitere Forschungen gesicherte Erkenntnisse geben können.

---

[56] Stefanie Waske: Nach Lektüre vernichten. Der geheime Nachrichtendienst von CDU und CSU im Kalten Krieg. München 2013.

[57] Ebenso bleibt zu prüfen, ob dieser »Stauffenberg-Dienst« mit illegalen Parteispenden an die CDU/CSU verbunden war.

Michael Hollmann

Die Bundesregierung und der 17. Juni 1953

Die Nachricht von den Unruhen in Ostberlin und der gesamten DDR am 17. Juni 1953 traf die Bundesregierung nicht nur völlig unvorbereitet, sie kam auch zu einem für die bundesdeutsche Außen- und Deutschlandpolitik durchaus heiklen Zeitpunkt. Bundeskanzler Konrad Adenauer hatte von Beginn seiner Kanzlerschaft an mit großem Nachdruck eine Politik der konsequenten Westbindung der jungen Bundesrepublik Deutschland verfolgt.[1] Der Einbindung Deutschlands in den Kontext der westlichen Demokratien räumte er sogar den Vorrang gegenüber der Wiederherstellung der deutschen Einheit ein, weil er der festen Überzeugung war, nur so den Auftrag des Grundgesetzes, »in freier Selbstbestimmung die Einheit und Freiheit Deutschlands zu vollenden«[2], erfüllen zu können. Die Unterzeichnung des Vertrags über die Beziehungen zwischen der Bundesrepublik Deutschland und den Drei Mächten[3] – umgangssprachlich zumeist als »Deutschlandvertrag« zitiert – am 26. Mai 1952 sowie des Vertrags über die Europäische Verteidigungsgemeinschaft (EVG) am 27. Mai 1952[4] stellten daher wichtige Meilensteine im Konzept des Bundeskanzlers dar.

Allerdings sollte der Weg bis hin zur Ratifizierung der Verträge durch den Deutschen Bundestag noch weit und steinig sein. Widerstand kam vonseiten der Sowjetunion und der DDR, die schon vor der Unterzeichnung der Verträge versucht hatten, den Vertragsprozess mit Angeboten hinsichtlich der möglichen Wiedervereinigung eines allerdings zu neutralisierenden Deutschlands zu stören. Auch nach dem 26. Mai 1952 setzen Moskau und Ostberlin ihre Bemühungen fort, indem sie wiederholt die Möglichkeit einer Wiedervereinigung in der Weise ins Spiel brachten, dass zunächst eine gesamtdeutsche Regierung ge-

---

1 Zu den allgemeinen außen- und innenpolitischen Hintergründen des Jahres 1953 vgl. Hans Peter Schwarz: Adenauer. Der Staatsmann. 1952–1967. Stuttgart 1991, S. 66–105 und Birgit Ramscheid: Herbert Blankenhorn (1904–1991). Adenauers außenpolitischer Berater. Düsseldorf 2006 (Forschungen und Quellen zur Zeitgeschichte, Bd. 49), S. 205–238.
2 Grundgesetz für die Bundesrepublik Deutschland. BGBl. I Nr. 1 vom 23. Mai 1949, S. 1, abgedruckt in: Entwürfe zum Grundgesetz. Bearb. von Michael Hollmann. Boppard 1995 (Der Parlamentarische Rat. Akten und Protokolle, Bd. 7), S. 612–650.
3 Siehe den Text des Deutschlandvertrags in: Bundestagsdrucksache Nr. 01/3500 vom 21. Juni 1952; abgedruckt in: Die Auswärtige Politik der Bundesrepublik Deutschland. Hg. vom Auswärtigen Amt. Köln 1972, S. 208–213. Die Protokolle und Drucksachen des Deutschen Bundestags sind online verfügbar über https://dip.bundestag.de/suche (letzter Zugriff: 2.7.2024).
4 Siehe den Text des EVG-Vertrags in: Bundestagsdrucksache Nr. 01/3501 vom 21. Juni 1952.

bildet werden sollte, die dann Wahlen für ein gesamtdeutsches Parlament in die Wege leiten sollte. Selbst in den USA, Großbritannien und vor allem Frankreich gab es Stimmen, die eine rasche Lösung der deutschen Frage anstrebten und zu Konzessionen gegenüber der Sowjetunion bereit schienen.[5]

In der Bundesrepublik warf die Opposition innerhalb wie außerhalb des Parlaments Bundeskanzler Adenauer vor, mit der apodiktischen Ablehnung dieser Gesprächsangebote und seiner Politik der Westbindung nicht nur die Chance auf eine zeitnahe Wiedervereinigung ungenutzt zu lassen, sondern auch die deutsche Teilung dadurch zu vertiefen und auf Dauer festzuschreiben.[6]

Konrad Adenauer allerdings hielt seinen Kurs bei und betrieb beharrlich die Ratifizierung der Verträge durch den Deutschen Bundestag, die am 19. März 1953 mit der Stimmenmehrheit der Regierungskoalition in dritter Lesung verabschiedet wurden.[7] Dennoch konnte er sich seiner Sache nicht sicher sein, denn nach dem Tod Josef Stalins am 9. März 1953 hofften viele in der Bundesrepublik und in den westlichen Staaten, dass die Sowjetunion nun zu Konzessionen auch in der deutschen Frage bereit sein könnte.[8]

Der Bundeskanzler musste nun seine Politik und die Westverträge in zwei Richtungen verteidigen. Auf der einen Seite war es von entscheidender Bedeutung, die Position der Bundesregierung zur Frage der Wiedervereinigung unzweideutig zu formulieren und unumkehrbar festzuschreiben. Dies erreichte Adenauer zunächst am 10. Juni 1953 durch einen Parlamentsbeschluss, mit dem die Bundesregierung aufgefordert wurde, bei den Regierungen der Westmächte »darauf zu dringen, dass diese Mächte alles tun, um die Wiedervereinigung des ganzen Deutschlands auf friedlichem Wege herbeizuführen« und zwar in der vom Deutschen Bundestag schon früher geforderten Weise: 1. »Abhaltung freier Wahlen in ganz Deutschland«, 2. »Bildung einer freien Regierung für ganz Deutschland«, 3. »Abschluss eines mit dieser Regierung frei vereinbarten Friedensvertrages«, 4. »Regelung aller noch offenen territorialen Fragen in diesem Friedensvertrag« und 5. »Sicherung der Handlungsfreiheit für ein gesamtdeutsches Parlament und eine gesamtdeutsche Regierung im Rahmen der Grundsätze und der Ziele der Vereinten Nationen«. Mit Ausnahme der KPD, deren

---

5 Siehe eine Tagebuchnotiz Blankenhorns von Anfang April 1953 in: BArch, N 1351/19a; abgedruckt in: Herbert Blankenhorn: Verständnis und Verständigung. Blätter eines politischen Tagebuchs 1949 bis 1979. Frankfurt/M., Berlin, Wien 1980, S. 143–145. In den sehr dokumentennahen »Erinnerungen« Konrad Adenauers nehmen diese Entwicklungen der Jahre 1952 und 1953 einen breiten Raum ein. Siehe Konrad Adenauer: Erinnerungen 1945–1953. Stuttgart 1965, S. 513–563 und ders.: Erinnerungen 1953–1955. Stuttgart 1966, S. 57–125, 197–238.

6 Vgl. Eckart Conze: Die Suche nach Sicherheit. Eine Geschichte der Bundesrepublik Deutschland von 1949 bis zur Gegenwart. Berlin 2009, S. 81–84.

7 Siehe das Protokoll der 255. Sitzung des Bundestags am 19. März 1953 in den Stenographischen Berichten, S. 12295–12361.

8 Dazu Adenauer selbst in Konrad Adenauer: Erinnerungen 1953–1955. Stuttgart 1966, S. 57–125, 197–213.

Abgeordnete sich der Stimme enthielten, stimmten alle Fraktionen für diesen Antrag. Auf diese Weise konnte der Bundeskanzler gegenüber dem Ausland die Festigkeit des bundesdeutschen Standpunkts eindrucksvoll demonstrieren. Den Text der Regierungserklärung ließ der Bundeskanzler, wie alle anderen wichtigen Reden und Texte, über das Bulletin des Presse- und Informationsamtes unter der Überschrift »Klares Festhalten an der Ostpolitik« öffentlich verbreiten.[9]

Über den Rahmen des Parlaments hinaus sollte auch die bundesdeutsche Öffentlichkeit auf die Haltung der Bundesregierung eingeschworen werden. Bereits am 14. Juni 1953 nutzte Konrad Adenauer die Gelegenheit einer CSU-Kundgebung in Augsburg, um diesen Standpunkt auch der deutschen Öffentlichkeit mit allem Nachdruck zur Kenntnis zu bringen.[10] Spätestens bei dieser Gelegenheit wurde auch deutlich, welches Gewicht der Bundeskanzler der Politik der Westbindung als zentralem Element seiner Wiedervereinigungsbestrebungen im Bundestagswahlkampf einräumen würde, der im Juni 1953 – die Wahlen waren für den 6. September 1953 angesetzt – in seine heiße Phase eintrat.

Das größere Problem bestand für den Bundeskanzler darin, die westlichen Siegermächte in ähnlicher Weise festzulegen. Bei nahezu jeder sich bietenden Gelegenheit wies Adenauer seine Minister, seine politischen Gesprächspartner im In- und Ausland und die Öffentlichkeit im Allgemeinen auf die Gefahren eines neuen »Potsdam« hin, einer Viermächtekonferenz ohne Beteiligung der Bundesrepublik, bei der sich die Siegermächte über den Kopf der Deutschen hinweg über die deutsche Frage einigen könnten. Dabei war er immer bemüht, die Fortgeltung des Potsdamer Abkommens in Abrede zu stellen, das nach seiner Auffassung durch die zwischenzeitlichen Entwicklungen und auch Verträge obsolet geworden sei.[11] In diesem Sinne informierte Adenauer am 15. Juni 1953 auch Bundespräsident Theodor Heuss über die laufenden außenpolitischen Aktivitäten. Das Protokoll hält dazu fest:

> Bundeskanzler berichtet dem Bundespräsidenten über seine Auffassung von den sogenannten russischen Friedensfühlern. Er halte dieses sowjetische Vorgehen für ein rein taktisches Manöver, das bezwecken solle, der Regierungskoalition und ihrer Politik im bevorstehenden Wahlkampf Schwierigkeiten zu machen und auf der anderen Seite die Uneinigkeit der Westmächte zu vergrößern. Die Haltung der SPD in die-

---

9 Siehe den Antrag der Fraktionen der CDU/CSU, FDP, DP, FU (BP–Z) vom 10. Juni 1953 (Bundestagsdrucksache Nr. 01/4448). Der Antrag, den Adenauer in einer Regierungserklärung vorbereitet hatte, wurde einstimmig bei 10 Enthaltungen der KPD-Abgeordneten angenommen. Zur Regierungserklärung und der anschließenden Debatte siehe das Protokoll der 269. Sitzung am 10. Juni 1953 in: Stenographische Berichte, S. 13247–13264; abgedruckt auch im Bulletin des Presse- und Informationsamtes der Bundesregierung, Nr. 107, S. 909–911.
10 Siehe den Text der Rede im Bulletin Nr. 110 vom 16. Juni 1953, S. 933 f.
11 Besonders deutlich brachte Adenauer seine Haltung noch einmal in der Plenarsitzung am 1. Juli 1953 zum Ausdruck (siehe unten Anm. 45).

ser Frage und ihre Erwähnung des Potsdamer Abkommens seien ihm unverständlich und könnten nur so gedeutet werden, dass diese Partei nunmehr zur Neutralitätspolitik für Gesamtdeutschland umschwenken wolle.

Die Entsendung Blankenhorns nach Washington, Paris und London habe bezweckt, die westlichen Alliierten davon abzuhalten, Beschlüsse über ihr weiteres Vorgehen gegenüber der Sowjetunion ohne vorherige Beratung und Einschaltung der Bundesrepublik zu treffen [...].[12]

Zuvor hatte Konrad Adenauer schon das Bundeskabinett am 9. und 10. Juni 1953 über die Gespräche seines vielleicht wichtigsten außenpolitischen Ratgebers und Leiters der Politischen Abteilung des Auswärtigen Amts Herbert Blankenhorn in Washington und Paris ausführlich in Kenntnis gesetzt.[13]

Diese Konzentration auf die grundsätzlichen und internationalen Aspekte der Außen- und Deutschlandpolitik bedeutete jedoch nicht, dass die Bundesregierung den Vorgängen in der DDR um die Einführung und spätere Rücknahme der Normerhöhungen keine Beachtung geschenkt hätte. Eine Tagebuchnotiz Blankenhorns belegt, dass die Bundesregierung über die Niederschlagung des »Pilsener Aufstands« Anfang Juni 1953 sehr wohl informiert war.[14] Auch in der Tschechoslowakei hatten die wirtschaftspolitischen Maßnahmen der Regierung die Arbeiterschaft an den Rand der Duldsamkeit getrieben und, ausgehend wohl von den Pilsener Skoda-Werken, am 1. Juni 1953 zu Streiks und Demonstrationen auch in Prag, Ostrau und anderen Städten geführt. Allerdings konnten die staatlichen Sicherheitskräfte die Lage innerhalb von zehn Stunden wieder unter

---

12 Siehe das Protokoll des Gesprächs am 15. Juni 1953 in: BArch, B 122/31269, abgedruckt in: Adenauer – Heuss. Unter vier Augen. Gespräche aus den Gründerjahren 1949–1959. Bearb. von Hans Peter Mensing. Berlin 1997 (Rhöndorfer Ausgabe), Zitat S. 119 f.
13 Siehe das Protokoll der 297. Kabinettssitzung am 9. Juni 1953 TOP C und Sondersitzung am 10. Juni 1953 in: Die Kabinettsprotokolle der Bundesregierung, Bd. 6: 1953. Bearb. von Ulrich Enders und Konrad Reiser. Boppard 1989, S. 333 f., 340–342. (Die Kabinettsprotokolle sind über die Website des Bundesarchivs auch online zugänglich.) Vgl. dazu auch die ausführlichen Tagebucheinträge von Otto Lenz in: Im Zentrum der Macht. Das Tagebuch von Staatssekretär Lenz 1951–1953. Bearb. von Klaus Gotto, Hans-Otto Kleinmann und Reinhard Schreiner. Düsseldorf 1989 (Forschungen und Quellen zur Zeitgeschichte, Bd. 11), S. 641–646.
14 In seiner Tagebuchnotiz vom 17. Juni 1953 deutet Blankenhorn die »erheblichen Unruhen« in Ostberlin als »eindeutiges Zeichen für die Gärung im sowjetischen Machtbereich, die ihren ersten Ausdruck bereits vor wenigen Tagen in dem Pilsener Aufstand gefunden hat. Er zeigt zugleich die ganze Schwäche des sowjetischen Systems, die Unwahrhaftigkeit der Konzessionen und wirkt deshalb einigend hinsichtlich all der Illusionen, die man im Hinblick auf eine Viererkonferenz an diese Scheingeste geknüpft hat.« (BArch, N 1351/21), in überarbeiteter Form abgedruckt in: Herbert Blankenhorn: Verständnis und Verständigung. Blätter eines politischen Tagebuchs 1949 bis 1979. Frankfurt/M., Berlin, Wien 1980, S. 156 f.

Kontrolle bringen. In den folgenden Wochen und Monaten waren Verhaftungen, Prozesse und Schikanen gegenüber den an den Streiks beteiligten Betrieben an der Tagesordnung.[15]

In dieser Situation war die Bundesregierung sowohl bemüht, den Menschen in der DDR öffentlich ihre Solidarität auszudrücken und gleichzeitig um Verständnis für die eigene politische Linie zu werben. Das macht eine Radioansprache deutlich, die der Bundesminister für gesamtdeutsche Fragen Jakob Kaiser am 14. Juni 1953 im Berliner RIAS hielt:[16]

> Alle Blicke sind in diesen Tagen auf die Sowjetzone, auf Mitteldeutschland gerichtet. Alle, die mit Euch, den Millionen hinter dem Sperrgürtel empfinden, begrüßen jede Erleichterung in Eurem Dasein. Deshalb können wir nur hoffen, dass die vorgestern angekündigten Maßnahmen wirklich durchgeführt werden.

Mit Blick auf die weltpolitische Lage mahnte Kaiser aber zu einer realistischen Einschätzung der Lage und warb um Verständnis für die deutschlandpolitische Linie der Bundesregierung. Er schloss seine Ansprache wie folgt:

> Mit dem Blick auf das gesamte Weltgeschehen dürfen wir Euch, den Deutschen jenseits des Sperrgürtels, sagen: Die Politik auch um Euer Schicksal ist in Bewegung geraten. Dabei wollen wir uns und Euch nicht verhehlen: Die Gegensätze in der Welt sind groß. Das Wesen des Bolschewismus wird immer zwiegesichtig bleiben. Deshalb bleibt nicht Optimismus, sondern Realismus geboten. Aber Ihr sollt Euch darauf verlassen, dass wir mit allen zur Verfügung stehenden Möglichkeiten für den friedlichen Weg zu unserer Wiedervereinigung eintreten.

Ungeachtet der besorgten Aufmerksamkeit für die Vorgänge in der DDR wurde die Bundesregierung von den Demonstrationen in Ostberlin und an zahlreichen anderen Orten überrascht. In einer Sondersitzung des Kabinetts am 17. Juni um die Mittagszeit gab Minister Jakob Kaiser »einen ausführlichen Bericht über den letzten Stand der Dinge in Berlin«, den Bundeskanzler Adenauer um die Mitteilung ergänzte, er habe Staatssekretär Walter Hallstein angewiesen, engen Kontakt mit der Alliierten Kommission zu halten.[17] Des Weiteren teilte er mit, dass

---

15 Vgl. zum »Pilsener Aufstand« Kevin McDermott: Popular Resistance in Communist Czechoslovakia. The Plzeň Uprising, June 1953. In: Contemporary European History 19 (2010), S. 287–307.
16 Siehe den Text der Rundfunkansprache im Bulletin Nr. 110 vom 16. Juni 1953, S. 934 f. sowie in: Jakob Kaiser. Wir haben Brücke zu sein. Reden, Äußerungen und Aufsätze zur Deutschlandpolitik. Hg. von Christian Hacke. Köln 1988, S. 589–591.
17 Das Kabinett tagte von 12.30 bis 13.00 Uhr. Siehe Die Kabinettsprotokolle der Bundesregierung, Bd. 6: 1953. Bearb. von Ulrich Enders und Konrad Reiser. Boppard 1989, S. 348. In seiner Tagebuchnotiz vom 17. Juni 1953 (wie Anm. 14) vermerkt Blankenhorn: »Bérard [Armand Bérard, seit 1949 stellv. französischer Hochkommissar, M. H.] unterrichtet Hallstein und mich eingehend über die Entwicklungen in Berlin, wo die Demonstrationen durch die Verhängung des Ausnahmezustandes durch die Russen mit Gewalt unterdrückt werden.«

er am Nachmittag eine Erklärung vor dem Deutschen Bundestag abgeben wolle, die er am Vormittag mit einigen Mitarbeitern und unter besonderer Beteiligung von Robert Tillmanns als Bundesminister für besondere Aufgaben und Berlin-Beauftragten der Bundesregierung aufgesetzt hatte.[18]

Gegen circa 14.30 Uhr trug der Bundeskanzler die Erklärung im Deutschen Bundestag vor.[19] Einleitend stellte er fest:

> Wie auch die Demonstrationen der Ostberliner Arbeiter in ihren Anfängen beurteilt werden mögen, sie sind zu einer großen Bekundung des Freiheitswillens des deutschen Volkes in der Sowjetzone und in Berlin geworden. Die Bundesregierung empfindet mit den Männern und Frauen, die heute in Berlin Befreiung von Unterdrückung und Not verlangen. Wir versichern ihnen, dass wir in innigster Verbundenheit zu ihnen stehen. Wir hoffen, dass sie sich nicht durch Provokationen zu unbedachten Handlungen hinreißen lassen, die ihr Leben und die Freiheit gefährden könnten. Eine wirkliche Änderung des Lebens der Deutschen in der Sowjetzone und in Berlin kann nur durch die Wiederherstellung der deutschen Einheit in Freiheit erreicht werden.

Anschließend wiederholte er den am 10. Juni 1953 formulierten 5-Punkte-Katalog und schloss mit der Versicherung:

> Die Bundesregierung wird nach diesen Grundsätzen handeln und sich darüber hinaus bemühen, dass bald wirksame Erleichterungen im Interzonenverkehr und in den Verbindungen zwischen Berlin und der Bundesrepublik verwirklicht werden, die der wiedererstehenden Einheit den Weg bahnen sollen. Die Bundesregierung verfolgt die Entwicklung der Ereignisse mit größter Aufmerksamkeit. Sie steht mit den Vertretern der Westmächte in ständiger enger Verbindung. In dieser bedeutsamen Stunde wollen wir alle ohne Unterschied politischer Auffassungen für das große gemeinsame Ziel zusammenstehen.

Der Bundesminister für gesamtdeutsche Fragen Jakob Kaiser flankierte diese Erklärung mit einem Aufruf an die Bevölkerung der DDR, in der er »an jeden einzelnen Ostberliner und an jeden Bewohner der Sowjetzone« die Mahnung richtete, »sich weder durch Not noch durch Provokationen zu unbedachten Handlungen hinreißen zu lassen. Niemand soll sich selbst und seine Umgebung in Gefahr bringen. [...] Wir wissen den Sinn und den Mut Eurer Demonstrationen zu würdigen; wir bitten Euch aber, in Vertrauen auf unsere Solidarität Besonnenheit zu wahren.«[20]

---

18 Siehe dazu die Tagebuchnotiz Blankenhorn vom 17. Juni 1953 (wie Anm. 14).
19 Siehe das Protokoll der 272. Sitzung am 17. Juni 1953 in: Stenographische Berichte, S. 13449, abgedruckt im Bulletin Nr. 112 vom 18. Juni 1953, S. 949.
20 Siehe den Text der Erklärung im Bulletin Nr. 112 vom 18. Juni 1953, S. 949.

Bei allem Bemühen, der Bevölkerung der DDR zumindest moralischen Beistand zu leisten, offenbaren diese Erklärungen aber auch eine gewisse Ratlosigkeit, was in der gegebenen Situation zu tun sei. Heinrich Krone, ein enger Vertrauter Adenauers und 1953 Parlamentarischer Geschäftsführer der CDU/CSU-Bundestagsfraktion, brachte es in seinem Tagebucheintrag zum 17. Juni auf den Punkt: »Der Osten steht auf. Die Arbeiter der Zone rütteln an ihren Ketten. Mit der Forderung nach mehr Lohn und besseren Arbeitsbedingungen fing es an; es schlug in den Ruf nach Freiheit über. Und wir hier im Westen, im Deutschland der Freiheit?«[21]

Aber faktisch hatten weder die Bundesregierung noch die Westmächte irgendwelche Handlungsoptionen. Mehrere Spitzenpolitiker flogen noch am 17. Juni nach Berlin, darunter Ernst Reuter, Erich Ollenhauer, Herbert Wehner, August Martin Euler, Heinrich von Brentano und Robert Tillmanns sowie – als Beauftragter des Bundeskanzlers – Jakob Kaiser.[22] Aber letztlich hatte das – angesichts der nicht gegebenen Handlungsoptionen der Bundesregierung – nur symbolischen Wert.

Konrad Adenauer selbst konnte sich zunächst nicht zu einer Berlin-Reise entschließen, obwohl mit Otto Lenz, dem Chef des Bundeskanzleramts, und Herbert Blankenhorn zwei seiner engsten Vertrauten ihm das dringend angeraten hatten.[23] Blankenhorn war der Ansicht, dass Adenauer – wenn er die Bundestagswahlen nicht verlieren wolle – »dem beim Volke weit verbreiteten Eindruck einer allzu starren Politik (es wird z. B. kritisiert, dass der Herr Bundeskanzler in diesen Tagen nicht nach Berlin, sondern nach Paris fliegt) entgegenwirken müsse. [...] vielleicht lässt sich der Besuch in Berlin anlässlich der Beisetzung der Opfer in der nächsten Woche nachholen.«[24]

Außenpolitische Bedenken – so teilte es Hans Globke seinem Kollegen Otto Lenz mit – seien dafür ausschlaggebend gewesen, der Teilnahme an einem Außenministertreffen in Paris am 22. Juni den Vorrang einzuräumen. Hier wird nochmals deutlich, in welchem Maße Adenauer um die Festigkeit der deutschlandpolitischen Positionen der Westmächte besorgt war.

Tatsächlich flog der Bundeskanzler nach der Trauerfeier für die Opfer des 17. Juni, die am 21. Juni 1953 im Bundestag stattfand und auf der Bundesprä-

---

21 Am folgenden Tag notierte er nicht weniger ratlos: »Der Aufstand bricht zusammen. Panzer der Sowjets schlagen ihn nieder. Tote, volle Zuchthäuser, Resignation. Ich bin gewiß, die in der Zone haben auf uns gewartet.« Heinrich Krone: Tagebücher, Bd. 1: 1945–1961. Bearb. von Hans-Otto Kleinmann. Düsseldorf 1995 (Forschungen und Quellen zur Zeitgeschichte, Bd. 28), S. 123.
22 Vgl. Kaiser, Ollenhauer und Reuter nach Berlin. In: FAZ v. 18.6.1953, S. 3.
23 Vgl. die Tagebuchnotiz Blankenhorns vom 17. Juni 1953 (wie Anm. 14) und den Tagebucheintrag von Lenz vom 19. Juni 1953 in: Otto Lenz: Im Zentrum der Macht. Das Tagebuch von Staatssekretär Lenz 1951–1953. Bearb. von Klaus Gotto, Hans-Otto Kleinmann und Reinhard Schreiner. Düsseldorf 1989 (Forschungen und Quellen zur Zeitgeschichte, Bd. 11), S. 652.
24 Siehe die Tagebuchnotiz Blankenhorns vom 17. Juni 1953 (wie Anm. 14).

sident Theodor Heuss gesprochen hatte,[25] am frühen Morgen des 22. Juni nach Paris. Zuvor hatte er aber noch Blankenhorn beauftragt, gleichlautende Telegramme an René Mayer, Winston Churchill und Dwight D. Eisenhower zu entwerfen, in denen – parallel zu seinem Treffen mit den Außenministern – auch die Regierungschefs der Westmächte eindringlich um Unterstützung gebeten wurden und die am 23. Juni 1953 im Bulletin veröffentlicht wurden: »Ich darf an Sie, Herr Ministerpräsident« – so lautete die Adresse an René Mayer – »den Appell richten, entsprechend der der französischen Regierung notifizierten Entschließung des Deutschen Bundestages vom 10. Juni alles zu tun, damit diese unhaltbaren Zustände, die den Frieden bedrohen, beseitigt und dem ganzen deutschen Volk die Möglichkeit wiedergegeben wird, in Freiheit und Einheit zu leben und dem Frieden Europas zu dienen.«[26]

Noch während des Fluges gelang es Herbert Blankenhorn allerdings, den Bundeskanzler doch zur Teilnahme an den Trauerfeierlichkeiten am 23. Juni in Berlin zu bewegen.[27] Von Paris aus wurde die Änderung der Pläne mithilfe von Otto Lenz in Bonn organisiert; am späten Abend des 22. Juni kehrte Adenauer nach Bonn zurück.[28]

Infolge dieser kurzfristigen Entscheidung hatte der immerhin 77-jährige Bundeskanzler am 23. Juni 1953 ein eng getaktetes Programm zu absolvieren. Am Morgen des 23. Juni stattete er dem Kabinett noch einen Kurzbesuch ab, um dieses über die Pariser Gespräche zu unterrichten. Er verließ die Sitzung bereits nach einer halben Stunde, um noch am Vormittag nach Berlin zu fliegen. Noch vor dem Mittagessen besuchte Adenauer das Elisabeth-Krankenhaus, in dem Verletzte des Ostberliner Aufstands behandelt wurden, und die Sektorengrenze am Potsdamer Platz als einem der »Hauptschauplätze des 17. Juni«.[29] Beim Mittagessen musste Adenauer sich dann – in Anwesenheit von Ernst Reuter und Otto Suhr – mit Jakob Kaiser auseinandersetzen. Kaiser beschwerte sich heftig und letztlich erfolgreich darüber, dass er wegen des kurzfristigen Sinneswandels des Bundeskanzlers von der Rednerliste bei der Trauerfeier gestrichen

---

25 Siehe dazu das Bulletin des Presse- und Informationsamtes der Bundesregierung Nr. 115 vom 23. Juni 1953, S. 977 f.
26 Siehe dazu die Konzepte Blankenhorns in seinen Tagebuchnotizen (BArch, N 1351/21, S. 68–70); abgedruckt im Bulletin Nr. 115 vom 23. Juni 1953, S. 978 f.
27 Siehe die Tagebuchnotiz Blankenhorns vom 22. Juni 1953 (BArch, N 1351/21, S. 81 f.).
28 Siehe den Tagebucheintrag von Lenz vom 22. Juni 1953 in: Otto Lenz: Im Zentrum der Macht. Das Tagebuch von Staatssekretär Lenz 1951–1953. Bearb. von Klaus Gotto, Hans-Otto Kleinmann und Reinhard Schreiner. Düsseldorf 1989 (Forschungen und Quellen zur Zeitgeschichte, Bd. 11), S. 653 f.
29 Vgl. Adenauer: Die totale Herrschaft ist vorbei. In: FAZ v. 24.6.1953, S. 1; dort auch das Zitat. Siehe auch den Tagebucheintrag von Lenz vom 23. Juni 1953 in: Otto Lenz: Im Zentrum der Macht. Das Tagebuch von Staatssekretär Lenz 1951–1953. Bearb. von Klaus Gotto, Hans-Otto Kleinmann und Reinhard Schreiner. Düsseldorf 1989 (Forschungen und Quellen zur Zeitgeschichte, Bd. 11), S. 654–656.

worden sei. So waren es schließlich Konrad Adenauer, Jakob Kaiser und Ernst Reuter, die anlässlich der feierlichen Kundgebung vor dem Schöneberger Rathaus zu mehr als 40 000 Berlinerinnen und Berlinern sprachen.[30]

Bereits um 16.15 Uhr verließ Adenauer Berlin schon wieder, um gegen 18.00 Uhr auf dem Flughafen Köln–Bonn zu landen und in Bonn am Abend an der Tagung der CDU-Landesvorsitzenden teilzunehmen.[31]

In den Tagen seit dem 17. Juni hatten die sowjetischen Truppen den Aufstand längst niedergeschlagen; die Verfolgung und Aburteilung der Protestierenden liefen bereits auf Hochtouren. Für die Bundesregierung und auch die Westmächte boten sich keine Optionen zur Intervention oder auch nur zur Beeinflussung der Vorgänge in Ostberlin und der DDR. Dafür wurden umso intensiver Berichte über die Vorgeschichte, den Verlauf und die Niederschlagung des Aufstands sowie Nachrichten über die Verfolgung der Beteiligten zusammengetragen. Diese Materialsammlung mündete in einer offiziellen Denkschrift, die das Bundesministerium für gesamtdeutsche Fragen noch im Jahr 1953 der Öffentlichkeit vorlegte.[32]

Als eine weitere Folge des Aufstands wurde bereits am 4. August 1953 das Gesetz über den Tag der deutschen Einheit vom Bundespräsidenten ausgefertigt und im Bundesgesetzblatt verkündet.[33] Bereits am 19. Juni 1953 hatte der CDU-Abgeordnete und »Zeit«-Herausgeber Gerd Bucerius dem Bundeskanzler unter Bezugnahme auf ein zuvor geführtes Gespräch vorgeschlagen, »den 17. Juni zum nationalen Gedenktag zu erklären«.[34] Er sei überzeugt, »dass die Ereignisse in der sowjetischen Zone in den nächsten Wochen in immer stärkerem Maße in der Haltung der Deutschen an Gewicht gewinnen werden. Wir haben allen Anlass, dieses Gewicht zu verstärken.« »Mit einer solchen Bewertung der Geschehnisse in der Sowjetzone« – so Bucerius weiter – »entsprechen wir der Meinung des Auslandes, dessen Presse ausführlicher noch als die deutsche (und mit großer Hochachtung) von unseren Mitbürgern in der Sowjetzone spricht. Wir sollten darauf das Siegel setzen.« Zwar sollten die Deutschen seiner Gene-

---

30 Siehe die Rede Adenauers im Bulletin Nr. 116 vom 24. Juni 1953, S. 985 sowie die Reden Kaisers und Reuters im Bulletin Nr. 117 vom 25. Juni 1953, S. 989 f. Abdrucke in: Jakob Kaiser. Wir haben Brücke zu sein. Reden, Äußerungen und Aufsätze zur Deutschlandpolitik. Hg. von Christian Hacke. Köln 1988, S. 591–593 und Ernst Reuter: Reden – Artikel – Briefe 1949 bis 1953. Bearb. von Hans J. Reichhardt. Berlin 1975 (Ernst Reuter. Schriften und Reden, Bd. 4), S. 734–739.
31 Lenz in seinem Tagebuch vermerkt, dass Adenauer immerhin noch bis 23.00 Uhr »ausgehalten« habe.
32 Vgl. Der Volksaufstand vom 17. Juni 1953. Denkschrift über den Juni-Aufstand in der sowjetischen Besatzungszone und in Ostberlin. Hg. vom Bundesministerium für gesamtdeutsche Fragen. Bonn 1953 (BArch, B 137/1418). Weitere Unterlagen in: BArch, B 137/1398–1401, B 206/934 und 3049, B 285/254 sowie B 443/2392.
33 Gesetz über den Tag der deutschen Einheit vom 4. Aug. 1953. In: BGBl. I, S. 778.
34 Siehe Schreiben vom 19. Juni 1953 in: BArch, B 136/4932, fol. 3 f.

ration auf einen nationalen Feiertag verzichten, mit einem nationalen Gedenktag könne man jedoch »das Positive der Bewegung in der Sowjetzone zum Ausdruck bringen«. »Unsere Mitbürger in der Sowjetzone werden stolz sein auf das, was sie getan haben. Wir können es auch sein.« Auch andere Parlamentarier, wie zum Beispiel Heinrich Krone, fragten sich:

> Was ist uns der 17. Juni? Als ich im Ältestenrat für die Union den Vorschlag machte, diesen Tag zum nationalen Gedenktag zu erklären, fand ich keine Gegenliebe. Wir wissen mit unserer Geschichte nichts anzufangen. Was sagt uns der Aufstand in der Zone? Es ist traurig und beschämend. Deutsche sterben für die Freiheit![35]

Der Bundeskanzler blieb Bucerius ganz offensichtlich eine Antwort schuldig[36] und konnte dies wohl auch, da aus der Mitte des Deutschen Bundestags mehrere Initiativen in die von Bucerius gewiesene Richtung und unter Diskussion der von ihm angeführten Argumente unternommen wurden. Am 29. Juni 1953 legte die SPD-Fraktion den Entwurf eines »Gesetzes über den Nationalfeiertag des deutschen Volkes« vor.[37] Danach sollte der 17. Juni der »deutsche Nationalfeiertag« und arbeitsfreier Feiertag sein. Am Folgetag, dem 30. Juni 1953, beantragten die Fraktionen von CDU/CSU, FDP und DP, den 17. Juni zum »nationalen Gedenktag« zu erklären.[38]

Beide Anträge wurden in der Plenarsitzung am 1. Juli 1953 federführend an den Ausschuss für Angelegenheiten der inneren Verwaltung überwiesen.[39] Dieser tagte bereits am 2. Juli 1953 und legte einen Kompromissvorschlag vor, nach dem der 17. Juni als »Tag der deutschen Einheit« zum gesetzlichen Feiertag erklärt werden sollte.[40] Und nur einen weiteren Tag später wurde dieser Entwurf in der Plenarsitzung am 3. Juli 1953 von dem SPD-Abgeordneten Friedrich Maier aus Freiburg als Berichterstatter begründet und ohne weitere Aussprache in erster, zweiter und dritter Lesung gegen die Stimmen der KPD-Abgeordneten verabschiedet.[41] Noch am gleichen Tag leitete der Bundestagspräsident Hermann

---

35 Heinrich Krone: Tagebücher, Bd. 1: 1945–1961. Bearb. von Hans-Otto Kleinmann. Düsseldorf 1995 (Forschungen und Quellen zur Zeitgeschichte, Bd. 28), S. 124.
36 Das Schreiben ging am 21. Juni im Bundeskanzleramt ein und wurde dem Bundeskanzler auf dem Dienstweg am 24. Juni 1953 vorgelegt. Adenauer verfügte das Schreiben mit dem Vermerk »Sofort« zur Kenntnisnahme durch Staatssekretär Globke. Dieser verfügte das Schreiben allerdings noch am 24. Juni 1953 »zu den Akten«.
37 Siehe Bundestagsdrucksache Nr. 01/4624.
38 Siehe Bundestagsdrucksache Nr. 01/4625 (»Entwurf eines Gesetzes über den nationalen Gedenktag«).
39 Siehe das Protokoll der 278. Sitzung am 1. Juli 1953 in den Stenographischen Berichten, S. 13835–13926, hier 13909.
40 Siehe den »Mündlichen Bericht« des Ausschusses für Angelegenheiten der inneren Verwaltung vom 2. Juli 1953 (Bundestagsdrucksache Nr. 01/4642).
41 Siehe das Protokoll der 280. Sitzung am 1. Juli 1953 in den Stenographischen Berichten, S. 14057–15252, hier 14070.

Ehlers den Gesetzentwurf an den Bundesrat weiter und informierte die Bundesregierung.[42] Nach der Zustimmung durch den Bundesrat am 17. Juli 1953[43] und der Gegenzeichnung durch den Bundeskanzler am 31. Juli 1953 wurde das Gesetz unter dem Datum vom 4. August 1953 ausgefertigt.[44]

So groß die überfraktionelle Kompromissbereitschaft in Sachen des Feiertags war, schon in der Plenarsitzung am 1. Juli 1953, in der Bundeskanzler Adenauer eine Regierungserklärung zu den zurückliegenden Ereignissen und zur künftigen Deutschlandpolitik abgab,[45] prallten die Auffassungen zwischen der Regierungskoalition und der SPD-Opposition wieder aufeinander. Allerdings konnte die SPD angesichts des Einsatzes sowjetischer Panzer gegen die Demonstranten nur noch schwerlich mit möglichen Konzessionen vonseiten der Sowjetunion und der DDR argumentieren. Adenauer dagegen lehnte offizielle Verhandlungen mit der DDR-Regierung auch weiterhin grundsätzlich ab. Wenn fortan die Möglichkeit von Verhandlungen mit der Sowjetunion über die Bildung eines gesamtdeutschen Parlaments durch den Zusammenschluss von Bundestag und Volkskammer sowie einer gemeinsamen Regierung ins Spiel gebracht wurde, konnte Adenauer nun auch die Erfahrung des 17. Juni 1953 als Argument mit ins Feld führen. So erklärte der Bundeskanzler am 17. August 1953 den zum Teegespräch geladenen Journalisten, dass es einer offiziellen Anerkennung gleichkäme, wenn Bundestag und Bundesregierung das Parlament und die Regierung der »Sowjetzone« als Gesprächspartner akzeptieren würden. »[...] es würde uns von den Deutschen in der Ostzone geradezu als ein Verrat an ihnen empfunden werden, wenn wir uns mit den Leuten, die verantwortlich sind für die Not und das Elend und die Justizfrevel, die jetzt in der Sowjetzone passieren, zusammen beraten, um mit ihnen dann eine Regierung zu bilden«.[46]

Im Wahlkampf, der im Juli und August 1953 in seine heiße Phase trat, war das ein entscheidender Nachteil für die Opposition und für Konrad Adenauer und die von ihm geführte Union ein ebenso wichtiger Vorteil. Bei den Bundestagswahlen am 6. September 1953 erreichte die Union bei einer Wahlbeteiligung von 86,0 Prozent mit 45,2 Prozent der Zweitstimmen einen Zuwachs gegenüber 1946 von 14,2 Prozent, eine Zuwachsrate, die seitdem keine Partei auch nur ansatzweise wieder erreichen konnte.

---

42 Siehe das Schreiben vom 3. Juli 1953 in: BArch, B 136/4932, fol. 5 f.
43 Siehe das Schreiben des Präsidenten des Bundesrats vom 17. Juli 1953 an den Bundeskanzler; ebenda, fol. 7.
44 Unterlagen in: BArch, B 136/4932 und B 106/77150 und 77153. Hans Hattenhauer: Deutsche Nationalsymbole. Geschichte und Bedeutung. München 2006, S. 184–191.
45 Siehe die Erklärung in den Stenographischen Berichten, S. 13870–13873, abgedruckt im Bulletin Nr. 122, S. 1033 f.
46 Siehe Adenauer. Teegespräche 1950–1954. Bearb. von Hanns Jürgen Küsters. Berlin 1984 (Rhöndorfer Ausgabe), S. 475–487, hier 478.

Abb. 1/2: CDU-Plakate zur Bundestagswahl am 6.9.1953

Die Wahlplakate der CDU bzw. der CSU zeigen eine Doppelstrategie,[47] die auf der einen Seite Konrad Adenauer als tatkräftigen und erfolgreichen Bundeskanzler heraushob und auf der anderen Seite massiv an die Ängste der Wählerinnen und Wähler vor einem kommunistisch regierten Deutschland appellierte: Das Plakat »Denkt an uns« zeigt ein ganz offensichtlich Not leidendes älteres Paar aus der – auf dem Plakat rot hervorgehobenen – DDR, das an die Betrachter den Appell richtet »Wählt für uns CDU«.[48] Das Plakat »Alle Wege des Marxismus führen nach Moskau!« ist geradezu zur Ikone geworden.[49] Es zeigt einen über den Horizont halb herausschauenden Rotarmisten, auf dessen Stirn rote und schwarze Streifen wie auf einen Fluchtpunkt zulaufen. Am unteren Ende des Plakats wird gleichsam folgerichtig festgestellt: »Darum CDU«.[50]

---

47 Vgl. zum Wahlkampf 1953 Frank Bösch: Die Adenauer-CDU. Gründung, Aufstieg und Krise einer Erfolgspartei 1945–1969. Stuttgart, München 2001, S. 151–155.
48 Siehe die Plakatsammlung des ACDP, CDU-Plakate, 10-031: 50203.
49 Vgl. dazu Gerhard Paul: »Alle Wege des Marxismus führen nach Moskau«. Schlagbilder antikommunistischer Bildrhetorik. In: ders. (Hg.): Das Jahrhundert der Bilder, Bd. II: 1949 bis heute. Bonn 2008, S. 88–97.
50 Siehe die Plakatsammlung des ACDP, CDU-Plakate, 10-031: 411.

Abb. 3/4: CDU-Plakate zur Bundestagswahl am 6.9.1953

Vor dem Hintergrund des in der bundesdeutschen Bevölkerung weit verbreiteten und tiefsitzenden Antikommunismus[51] taten die vor aller Welt sichtbaren Ereignisse des 17. Juni 1953 erkennbar ihre Wirkung. Als Bundeskanzler hatte Konrad Adenauer im Juni 1953 nicht mehr tun können, als deutschland- und ostpolitische Standfestigkeit zu zeigen, und ansonsten den Ereignissen in Ostberlin und der DDR ohne Aktivoption zuzuschauen. Seinem Nimbus, der richtige Regierungschef zur richtigen Zeit zu sein, hat das im In- und Ausland nicht geschadet, sondern eher sogar genutzt; daher sind die »Erdrutschwahlen«[52] von 1953 auch ein Ergebnis des Volksaufstandes vom 17. Juni 1953.

---

51 Vgl. zum Antikommunismus als politischer Konstante Frank Biess: Republik der Angst. Eine andere Geschichte der Bundesrepublik. Reinbek bei Hamburg 2019, S. 122–133.
52 Den Begriff prägte Hans Peter Schwarz: Adenauer. Der Staatsmann. 1952–1967. Stuttgart 1991, S. 66–105.

Andreas Etges

Deaf, Dumb, and Blind? Die CIA und die Erste Berlin-Krise

2010 fällte Benjamin B. Fischer ein vernichtendes Urteil über die Arbeit der Central Intelligence Agency in der DDR. Der amerikanische Geheimdienst habe weder den Bau der Mauer im August 1961 kommen sehen noch deren Öffnung im November 1989, »learning about the first event from radio broadcasts and the second from CNN reports«. Insgesamt, so das Fazit des früheren Chefhistorikers der CIA, sei es dem ostdeutschen Ministerium für Staatssicherheit und seiner Hauptverwaltung Aufklärung gelungen, die CIA etwa durch die Rekrutierung von Doppelagenten »deaf, dumb, and blind« zu machen.[1]

Wie war es vier Jahrzehnte zuvor, während der Ersten Berlin-Krise? Agierte die CIA in Berlin mit mehr Erfolg oder war sie auch damals »deaf, dumb, and blind«? Der historische Vergleich ist nicht unbedingt fair, denn der ostdeutsche Staat existierte damals ebenso wenig wie die Stasi. Und die CIA baute zwar auf früheren Organisationen auf, war aber erst ein Jahr zuvor, im Juli 1947, gegründet worden. Auch deshalb stellte die Berlin-Blockade 1948/49 eine wichtige Bewährungsprobe für den US-Geheimdienst dar.

Zur Beantwortung der Fragen wurden vor allem US-amerikanische Dokumente analysiert, die in den letzten Jahrzehnten freigegeben wurden. Sie zeigen, wie tief der amerikanische Geheimdienst über das Denken und Planen aber auch über die wachsenden Probleme auf der Gegenseite informiert war, wie dieses Wissen für amerikanische Entscheidungsträger vor Ort und in Washington aufbereitet und kommuniziert wurde, und dass die Geheimdienstinformationen amerikanisches Handeln beeinflussten.[2]

Im Folgenden werden zunächst kurz die Gründungsgeschichte und die Aufgaben des US-Geheimdienstes beschrieben, gefolgt von einem kurzen Abriss der Deutschland- und Berlinpolitik der Vereinigten Staaten. Auf eine knappe Schilderung der Blockade und Luftbrücke folgt dann eine ausführlichere Analyse der Arbeit der CIA während der Ersten Berlin-Krise.

---

1 Benjamin B. Fischer: »Deaf, Dumb, and Blind: The CIA and East Germany«. In: Kristie Macrakis, Thomas Wegener Friis und Helmut Müller-Enbergs (Hg.): East German Foreign Intelligence. Myth, Reality and Controversy. London 2010, S. 48–69, hier 48.
2 Scans fast aller der hier ausgewerteten Dokumente können im Freedom of Information Act Electronic Reading Room der CIA gelesen und heruntergeladen werden. https://www.cia.gov/readingroom/ (letzter Zugriff: 10.7.2024).

CIA und der National Security Act

Nach der Besetzung Berlins durch die Rote Armee im April 1945 hatte die Sowjetunion für zehn Wochen die alleinige Hoheit in der Stadt. Seit Anfang Juli 1945 war das amerikanische Office of Strategic Services (OSS), der 1942 gegründete Nachrichtendienst des U.S. Department of War, mit der Berlin Operations Base (BOB) im Westteil der Stadt präsent. Im Oktober 1945 wurde OSS in die Strategic Services Unit (SSU) überführt, die dann im Folgejahr wiederum der Central Intelligence Group (CIG) zugeordnet wurde.[3] Der National Security Act vom 26. Juli 1947 brachte durch die Gründung der Central Intelligence Agency weitere, diesmal dauerhaftere Änderungen für den US-Geheimdienst. Er ging aber weit darüber hinaus. Ziel des Gesetzes war es, »to provide a comprehensive program for the future security of the United States; to provide for the establishment of integrated policies and procedures for the departments, agencies, and functions of the Government relating to the national security«. Als neue Schlüsselorganisation wurde ein Nationaler Sicherheitsrat geschaffen. Der National Security Council (NSC) unterstand dem Präsidenten und hatte die Aufgabe, sowohl ihn als auch zahlreiche Ministerien und Behörden in Fragen der nationalen Sicherheit zu beraten.[4]

All dies war Ausdruck eines massiven Wandels in der amerikanischen Außen- und Sicherheitspolitik und der künftigen internationalen Rolle der Vereinigten Staaten, bewirkt durch den Zweiten Weltkrieg und den bald darauf beginnenden Kalten Krieg. Die Landesverteidigung begann fortan nicht erst an den eigenen Landesgrenzen, sondern die nationale Sicherheit der USA musste im Prinzip weltweit verteidigt werden. Das war verbunden mit der von einem breiten Konsens auch im Kongress getragenen Entscheidung, anders als nach dem Ersten Weltkrieg eine Führungsrolle in internationalen Organisationen wie den Vereinten Nationen einzunehmen und künftig als eine internationale Ordnungsmacht zu agieren. Als eine der zentralen Lehren aus dem Zweiten Weltkrieg galt dabei, dass die Appeasement-Politik der 1930er-Jahre gescheitert und mit für die folgende Katastrophe verantwortlich war. Nachdem der Sowjetunion schon bald nach Kriegsende ein mit den Nationalsozialisten vergleichbares Streben nach Weltherrschaft unterstellt wurde, setzten die Vereinigten Staaten auf eine Eindämmungspolitik gegenüber dem von Josef Stalin geführten Land und dessen Satelliten.[5] Am 12. März 1947 verkündete Harry S. Truman die grundsätzliche

---

3 Siehe dazu David E. Murphy, Sergei A. Kondrashev und George Bailea: Battleground Berlin. CIA vs. KGB in the Cold War. New Haven 1997, S. 3–23.
4 National Security Act of 1947, https://global.oup.com/us/companion.websites/9780195385168/resources/chapter10/nsa/nsa.pdf (letzter Zugriff: 2.7.2024).
5 Les K. Adler and Thomas G. Paterson: Red Fascism: The Merger of Nazi Germany and Soviet Russia in the American Image of Totalitarianism, 1930's–1950's. In: American Historical Review 75 (April 1970) 3, S. 1046–1064. Die Bedeutung von »München« betont George

Bereitschaft seines Landes, »to support free peoples who are resisting attempted subjugation by armed minorities or by outside pressures«.[6] Dem US-Präsidenten ging es zunächst vor allem um Militärhilfe für Griechenland und die Türkei. Doch die sogenannte Truman-Doktrin hatte weder eine geografische noch eine zeitliche Begrenzung. Und sie bezog sich auch auf Deutschland und Berlin, die von Beginn an zentrale »Schauplätze« des Kalten Kriegs waren.

US-amerikanische Deutschland- und Berlinpolitik und die Blockade

Mit der Vier-Mächte-Erklärung und weiteren Dokumenten im Juni 1945 beschlossen die Siegermächte die Leitlinien ihrer Besatzungspolitik und die Einrichtung der Besatzungszonen in Deutschland und in Berlin.[7] Zunächst waren die Richtlinien sehr restriktiv. So wurde beispielsweise der Oberkommandierende der US-Besatzungstruppen im April 1945 angewiesen, keine Schritte zu unternehmen, die deutsche Wirtschaftskraft zu fördern oder wiederherzustellen.[8] Im folgenden Jahr begann bereits ein Umdenken in der amerikanischen Besatzungspolitik. So kündigte James F. Byrnes in seiner berühmten Stuttgarter Rede am 6. September 1946 Schritte hin zu größerer Selbstbestimmung der Deutschen an. Zudem betonte der amerikanische Außenminister die zentrale Bedeutung der Westzonen für den Wiederaufbau und die Wiederbelebung der westeuropäischen Staaten. Die ökonomischen Motive hingen dabei eng mit sicherheitspolitischen Erwägungen zusammen. Und wachsende Spannungen mit der Sowjetunion gaben beidem wachsende Dringlichkeit. Das galt beson-

---

C. Herring: From Colony to Superpower: U.S. Foreign Relations since 1776. New York 2009, S. 491. Einen kritischen Blick auf die inneramerikanische Debatte über Containment wirft Fredrik Logevall: A Critique of Containment. In: Diplomatic History 28 (2004) 4, S. 473–499.

6 Truman Doctrine, 12. März 1947, https://www.archives.gov/milestone-documents/truman-doctrine (letzter Zugriff: 18.7.2024). Der mit Blick auf den ersten erfolgreichen sowjetischen Nukleartest im August 1949 und den Sieg der Kommunisten in China im Oktober 1949 geschriebene »National Security Council Report 68« (NSC 68) vom 14. April 1950 mit dem Titel »United States Objectives and Programs for National Security« schilderte die Herausforderung in drastischen Worten: Der Kalte Krieg müsse gewonnen werden, denn er sei »in fact a real war in which the survival of the free world is at stake«. Ein Scan des Dokuments findet sich hier: https://digitalarchive.wilsoncenter.org/document/116191 (letzter Zugriff: 18.7.2024). Zitate S. 36, 65.

7 Einen guten Überblick bieten zahlreiche Beiträge in Detlef Junker (Hg.): Die USA und Deutschland im Zeitalter des Kalten Krieges, 1945–1990, Bd. 1: 1945–1968. Stuttgart 2001. Hier besonders Edmund Spevack: Die deutsche Frage auf den Außenministerkonferenzen der Siegermächte 1945–1947, S. 82–90; Gunther Mai: Vom Dualismus zur vorübergehenden Teilung: Die USA im Alliierten Kontrollrat, S. 91–99; Hermann-Josef Rupieper: Die USA und die Gründung der Bundesrepublik 1948/49, S. 143–149.

8 Directive to the Commander in Chief of the U.S. Occupation Forces (JCS 1067), April 1945, https://ghdi.ghi-dc.org/pdf/eng/Allied Policies 5 ENG.pdf (letzter Zugriff: 10.7.2024).

ders für das geteilte Berlin.⁹ Hier eskalierte die Lage, nachdem Marschall Wassili Danilowitsch Sokolowski, der Vertreter der Sowjetunion, am 20. März 1948 den Alliierten Kontrollrat verlassen hatte. Bald folgten erste Erschwernisse für den Handel und Transport zwischen den Westzonen Deutschlands und Berlin. Sowjetische Restriktionen wirkten sich auch auf die Arbeit der CIA in Berlin aus, etwa in Bezug auf Propagandaaktivitäten, Aufklärung und Spionage, Bewegungsfreiheit in der Stadt und den Zugang zum US-Sektor für Flüchtlinge. Das sei für die USA noch gravierender als die Behinderung von Transporten und Nachschub, so ein CIA-Bericht. Damit sei der Wert Berlins »as a base from which the US can support anticommunism in the Soviet Zone« vermindert worden.¹⁰

Mit der am 24. Juni 1948 beginnenden Blockade Westberlins reagierte Stalin unmittelbar auf die Währungsreform in den Westsektoren. Ein größeres Ziel war aber, die Westmächte aus Berlin zu verdrängen, sie zu Verhandlungen über den Status Deutschlands zu zwingen und die Gründung eines westdeutschen Staates zu verhindern. Aus der Sicht von Präsident Truman war dies ein Test der Eindämmungspolitik, den er in seinen Memoiren mit den Herausforderungen zuvor in Griechenland und der Türkei verglich. Die »New York Times« schrieb bereits am ersten Tag von »the final stages of the battle for Berlin«. Doch wie dieser aussehen würde und mit welchen »Waffen« er ausgefochten werden sollte, war noch nicht klar. Im US-Außenministerium wurde jedoch schnell erkannt, dass es bei allen durch die Blockade entstehenden Problemen für die Westalliierten auch »propaganda advantages of our position« gebe.¹¹

---

9 James F. Byrnes, Restatement of Policy on Germany, Stuttgart, 6. September 1946, https://usa.usembassy.de/etexts/ga4-460906.htm (letzter Zugriff: 2.7.2024).
10 CIA: Effect of Soviet Restrictions on the US Position in Berlin, 14. Juni 1948, S. 3, CIA-RDP78-01617A003200170001-7. Eine umfassende Analyse auch der Vorgeschichte von Blockade und Luftbrücke auf breiter, vor allem westlicher Quellengrundlage bietet Daniel F. Harrington: Berlin on the Brink. The Blockade, the Airlift, and the Early Cold War. Lexington, KY 2012. Siehe auch Andrei Cherny: The Candy Bombers. The Untold Story of the Berlin Airlift and America's Finest Hour. New York 2008. Zur amerikanischen Politik gegenüber der sowjetischen Zone und dann der DDR siehe Christian Ostermann: Between Containment and Rollback. The United States and the Cold War in Germany. Stanford 2021. Zur Vorgeschichte aus ostdeutscher Sicht siehe Charles F. Pennacchio: The East German Communists and the Origins of the Berlin Blockade Crisis. In: East European Quarterly 29 (1995) 3, S. 293–314.
11 Raymond H. Geselbracht: The Memoirs of Harry S. Truman. A Reader's Edition. Columbia, MO 2019, S. 439 f.; Drew Middleton: Russian Bar Food to Western Berlin in Currency Fight. In: New York Times v. 24.6.1948. State Department: Summary of Telegrams, 28. Juni 1948, https://www.trumanlibrary.gov/library/research-files/state-department-summary-telegrams (letzter Zugriff: 15.7.2024). Vgl. Christian Ostermann: Between Containment and Rollback. The United States and the Cold War in Germany. Stanford 2021, S. 88. Zu Stalins Deutschlandpolitik zu dieser Zeit siehe den kurzen Überblick bei Geoffrey Roberts: Stalin's Wars: From World War to Cold War, 1939–1953. New Haven, CT 2008, S. 350–359.

Dass die Luftbrücke von Beginn an als ein Instrument gedacht war, die Blockade zu bekämpfen, stellt Daniel F. Harrington jedoch mit guten Argumenten infrage. Für ihn steht fest: »The airlift did not begin in response to the blockade; it actually started three days before the blockade began, and its initial purpose was to supply the Western garrisons.« Es habe etwa ein halbes Jahr gedauert, bis sie zu einem umfänglichen und unbefristet angelegten Versorgungsprogramm für die Westberliner Bevölkerung wurde. Zudem sei die Stadt im Sommer 1948 noch nicht das »symbol of Western resolve« gewesen, sondern sei dazu erst im Laufe der Blockade geworden.[12] Das ist einerseits richtig. Die erfolgreiche »Verteidigung« der Freiheit der Westberliner Bevölkerung verknüpfte das Schicksal des Westteils der Stadt untrennbar mit amerikanischen nationalen Sicherheitsinteressen, schuf die Idee von »America's Berlin« (Ernest May).[13] Andererseits beruhten die entschlossene Gegenreaktion und die Organisation der Luftbrücke auf der zentralen strategischen Bedeutung, die Deutschland und Berlin für die USA schon sehr früh im Kalten Krieg einnahmen. Ein Nachgeben des Westens in Berlin angesichts des Drucks der Sowjetunion würde katastrophale Konsequenzen in Westdeutschland und für ganz Westeuropa haben. Es wäre »a political defeat of the first magnitude«, so die Einschätzung der CIA in der Review of the World Situation as it Relates to the Security of the United States im April 1948, also vor der Blockade.[14] In Westberlin, so auch ein Memorandum des State Department von Januar 1949, stehe die amerikanische Glaubwürdigkeit grundsätzlich auf dem Spiel:

> The abandonment of Berlin would be interpreted throughout Germany and Europe as evidence of our lack of determination both to defend our rights and to support democratic peoples in their effort to resist totalitarian threats and pressures. Psychologically and politically such a step would have profound consequences, leading to a hasty effort on the part of many European people to reinsure themselves with the Communists, to whom it would be felt that central Europe had been abandoned.[15]

---

12 Daniel F. Harrington: Berlin on the Brink. The Blockade, the Airlift, and the Early Cold War. Lexington, KY 2012, S. 47, 296. Die offizielle Geschichte der U.S. Air Force zur Blockade verweist ebenfalls auf fehlende Vorkehrungen: Roger G. Miller: To Save a City. The Berlin Airlift, 1948–1949. Washington 1998.
13 Ernest May: America's Berlin: Heart of the Cold War. In: Foreign Affairs 77.4 (1998), S. 148–160.
14 CIA: Review of the World Situation as it Relates to the Security of the United States, 8. April 1948, S. 4, CIA-RDP67-00059A000500070010-8.
15 Department of State, Office of Public Affairs: Berlin Background, Information Memo #28 Jan 7, 1949, S. 5, https://www.trumanlibrary.gov/library/research-files/berlin-background-information-memo-28-department-state (letzter Zugriff: 2.7.2024). Vgl. CIA: Consequences of a Breakdown in Four-Power Negotiations on Germany, 28. September 1948, https://www.trumanlibrary.gov/library/research-files/consequences-breakdown-four-power-negotiations-germany (letzter Zugriff: 10.7.2024).

Zu Beginn der Luftbrücke wurde US-Militärgouverneur General Lucius D. Clay in der New York Times mit den Worten zitiert: »They can't drive us out by any action short of war as far as we are concerned.«[16] Aber wie wahrscheinlich war eine militärische Auseinandersetzung um Berlin? Und wie würden sich die USA und ihre Verbündeten dann verhalten? Nicht nur in dieser Frage waren die Berichte der CIA aus Berlin von großer Wichtigkeit für die politischen und militärischen Entscheidungsträger auf amerikanischer Seite.

Die CIA und die Erste Berlin-Krise

Die Anstrengungen der Sowjetunion, die westlichen Besatzungsmächte aus Berlin zu vertreiben, waren auch schon 1947 Grund zur Sorge. Dass dies tatsächlich mit militärischen Mitteln geschehen würde, hielt nicht allein die CIA für äußerst unwahrscheinlich. Auch die entsprechenden Dienste des Außenministeriums sowie die militärischen Aufklärungsabteilungen teilten diese Analyse, so CIA-Direktor Roscoe Hillenkoetter in einem Memorandum für Präsident Truman. Spätere Einschätzungen im Laufe der Blockade beschrieben zwar größere Spannungen zwischen den Großmächten, doch aus Sicht der CIA bedeutete das keine signifikant erhöhte Kriegsgefahr. Zwar könne Krieg auch ungewollt ausgelöst werden, aber solange die Sowjetunion sich nicht unmittelbar selbst bedroht sähe, würde sie keine militärische Auseinandersetzung beginnen.[17] Eine überarbeitete Lageeinschätzung der CIA von Anfang Mai 1949 gab weiterhin Entwarnung: »A deliberate Soviet resort to direct military action against the West during 1949 is improbable.« Zudem wurde betont, dass man in Moskau darauf bedacht sei, nicht unbeabsichtigt einen Krieg herbeizuführen.[18] Allerdings war auf US-Seite klar, dass eigene militärische Bemühungen, die Blockade zu bre-

---

16 Zit. nach: Jack Raymond: Clay declares U.S. Won't Quit Berlin short of Warfare. In: New York Times v. 25.6.1948.
17 Roscoe Hillenkoetter: Memorandum for the President, 16. März 1948. In: Donald P. Steury (Hg.): On the Front Lines of the Cold War: Documents on the Intelligence War in Berlin, 1946 to 1961. Washington, D.C. 1999, S. 142. CIA: Possible Program of Future Soviet Moves in Germany, 28. April 1948, CIA-RDP78-01617A003200060001-9; CIA: Strained Relations between SED and SMA, 30. April 1948, CIA-RDP82-00457R001400540002-9. Auch die Tatsache, dass die Presse in der Sowjetunion die Situation in Berlin nicht hochspielte, wurde als wichtiges Indiz dafür gelesen, dass keine größere Eskalation drohte. CIA: Ohne Titel, 1. Juli 1948, CIA-RDP78-01617A006000040079-2. Vgl. David E. Murphy, Sergei A. Kondrashev und George Bailea: Battleground Berlin. CIA vs. KGB in the Cold War. New Haven 1997, S. 55, 61; David E. Murphy: Spies in Berlin. A Hidden Key to the Cold War. In: Foreign Affairs 77 (July–Aug. 1998) 4, S. 171–178, hier 176.
18 CIA: The Possibility of Direct Soviet Military Action During 1949, 3. Mai 1949. In: Donald P. Steury (Hg.): On the Front Lines of the Cold War: Documents on the Intelligence War in Berlin, 1946 to 1961. Washington, D.C. 1999, S. 161–165.

chen, zu einem größeren Krieg führen könnten.[19] Dass man der Sowjetunion in Mitteleuropa bei konventionellen Waffen und Truppenstärke deutlich unterlegen war, führte zu Überlegungen eines möglichen Einsatzes von Atomwaffen.[20]

Dass die Kriegsgefahr gering sei, blieb die durchgehende Einschätzung der CIA vor, während und nach der Blockade. Und sie war enorm wichtig, weil die darauf vertrauenden Entscheidungsträger in den USA Gegenmaßnahmen wie die Luftbrücke planen konnten in der weitgehenden Gewissheit, dass es keine militärische Reaktion der Sowjetunion geben werde. Als Lucius Clay am 22. Juli 1948 Truman im Weißen Haus Bericht erstattete, fragte ihn der Präsident konkret nach der Kriegsgefahr. Clays Antwort spiegelte wider, was die CIA berichtet hatte. Und dieser Einschätzung schloss sich auch Truman an: Eine militärische Eskalation sei zwar nicht komplett auszuschließen, »but a more immediate danger was the risk that a trigger-happy Russian pilot or hotheaded communist tank commander might create an incident that could ignite the power keg«.[21]

Die Frage nach der Wahrscheinlichkeit einer militärischen Auseinandersetzung mit der Sowjetunion war sicherlich die wichtigste. Und die CIA beantwortete sie korrekt, wie die später freigegebenen sowjetischen Akten zeigen. »Stalin never planned to start a war over Berlin«, so Vladislav Zubok und Constantine Pleshakov, die 1996 eine der ersten neuen Studien zur Außenpolitik der Sowjetunion vorlegten.[22]

Aber auch andere umfassende Berichte und Einschätzungen der CIA und ihrer Berlin Operations Base waren für die amerikanischen Entscheidungsträger in den Jahren 1948/49 von großer Bedeutung für die eigene Politik, wie die drei folgenden Beispiele zeigen.

1. Die Sowjetunion und die mit ihr verbündete SED hatten den Willen der Westmächte unterschätzt, mit allen Mitteln für die Versorgung der Westberliner Bevölkerung in Form einer Luftbrücke zu sorgen. Man setzte darauf, dass etwa die Bevölkerung Großbritanniens angesichts der eigenen Versorgungsengpässe nicht für längere Zeit bereit war, dem ehemaligen Feind zu helfen. Spätestens im Winter, so das Kalkül, würde die Lage in Westberlin unerträglich. Die Luftbrücke sei nicht so lange und in dem notwendigen Umfang beizubehalten. Um so größer war nicht nur in Ostberlin die Überra-

---

19 CIA: Intelligence Memorandum No. 118. Probable Soviet Reaction to a US Attempt to Force the Berlin Blockade, 11. Januar 1949, CIA-RDP78-01617A000300190001-4.
20 Vgl. Klaus Schwabe: Weltmacht und Weltordnung. Amerikanische Außenpolitik von 1898 bis zur Gegenwart. Paderborn 2006, S. 184 f.
21 Raymond H. Geselbracht: The Memoirs of Harry S. Truman. A Reader's Edition. Columbia, MO 2019, S. 434, Zitat S. 432 f.
22 Vladislav Zubok und Constantine Pleshakov: Inside the Kremlin's Cold War. From Stalin to Khrushchev. Cambridge, Mass. 1996, S. 50.

schung über die Entschlossenheit des Westens zur Ausweitung und Aufrechterhaltung der Luftbrücke und über die Tatsache, dass trotz aller Widrigkeiten kein Einknicken im Westen zu beobachten war.[23]

2. Auch weil man nicht mit einer lange andauernden Bereitschaft der Westmächte zur Versorgung der Westberliner Bevölkerung gerechnet hatte und zudem wohl nicht mit massiven wirtschaftlichen Gegenmaßnahmen, waren in der sowjetischen Zone keine entsprechenden Vorbereitungen getroffen worden. Die ökonomischen Auswirkungen der Blockade und vor allem auch der amerikanischen Sanktionen auf die ostdeutsche Industrie waren jedoch enorm. Schon am 28. Juni 1948 mussten Vertreter der von den Sowjets mit zentralen Verwaltungsaufgaben betrauten Deutschen Wirtschaftskommission (DWK) gegenüber der Sowjetischen Militäradministration in Deutschland (SMAD) dramatische Versorgungsengpässe und Probleme bei der Stahlproduktion sowie bei der Beschaffung von Ersatzteilen und Rohstoffen einräumen. So drohe wegen der fehlenden Lieferung von im Westen bestellten Stahlröhren der Produktionsstopp bei Zuckerraffinerien. Auch die Konservenproduktion müsse eingestellt werden, weil alle Rohstoffe dafür aus dem Westen kämen. Die Fischereiflotte stehe ebenfalls vor größeren Problemen wegen fehlender Ersatzteile. Letztlich sei die ganze Lebensmittelproduktion von Lieferungen aus dem Westen abhängig, so das Eingeständnis. Der entsprechende CIA-Bericht vermerkte, dass die sowjetischen Vertreter von den schlechten Nachrichten »greatly shocked« gewesen seien. Massive wirtschaftliche Probleme in ihrer Besatzungszone hätten auch Auswirkungen auf die Versorgung der Bevölkerung in der Sowjetunion, für die man Importe aus der Sowjetzone eingeplant habe. Der für Handel und Versorgung zuständige sowjetische General wurde mit den Worten zitiert: »If we had know this we would not have gone so far.« Das kam schon fast einem Eingeständnis gleich, dass die Blockade bereits nach wenigen Wochen zum Scheitern verurteilt war und zudem mit schwerwiegenden eigenen ökonomischen Folgen verbunden war, die bald darauf auch den Eisenbahnsektor massiv beeinträchtigten.[24] Der entsprechende CIA-Bericht war zwei Tage nach dem Treffen in Berlin-Karlshorst entstanden. Noch am selben Tag schickte CIA-Chef Hillenkoetter

---

23 CIA: Soviet Attitude towards Present Berlin Crisis, 13. Juli 1948, CIA-RDP82-00457R001700090007-1; CIA: Soviet Reaction to the Berlin Airlift, 6. August 1948, CIA-RDP82-00457R001700780002-0. Siehe auch David E. Murphy: Spies in Berlin. A Hidden Key to the Cold War. In: Foreign Affairs 77 (July–Aug. 1998) 4, S. 176; ders., Sergei A. Kondrashev und George Bailea: Battleground Berlin. CIA vs. KGB in the Cold War. New Haven 1997, S. 67.

24 CIA: Russian Concern over the Economic Effects of the East-West Blockade, 30. Juni 1948, CIA-RDP82-00457R001600670009-6; CIA: Effect of Western Blockade on Railroad Operation in Russian Zone, 20. August 1948, CIA-RDP82-00457R001800510006-4. Zur Bedeutung der amerikanischen Handelsbeschränkungen siehe auch Manfred Wilke: Der Weg zur Mauer. Stationen der Teilungsgeschichte. Berlin 2011, S. 170.

eine Zusammenfassung an Verteidigungsminister James Forrestal.²⁵ Zwei Monate später berichtete die CIA, dass man aufseiten der Sowjetischen Militäradministration in Deutschland nicht mehr davon ausging, die Westmächte zum Rückzug aus Berlin bewegen zu können.²⁶

3. Aufgrund der vor allem durch die Gegenmaßnahmen der USA hervorgerufenen massiven wirtschaftlichen Probleme in der Sowjetzone kam es zu Diskussionen und Konflikten im Osten, auch über die Schuldfrage. Das geschah innerhalb der SMAD unter deren Chef Marschall Sokolowski, der zugleich Oberkommandierender der Gruppe der Sowjetischen Streitkräfte in Deutschland war, innerhalb der wirtschaftlichen und politischen Führungen in Ostberlin sowie auch zwischen ihnen und der SMAD.²⁷

In der bereits besprochenen Sitzung über die Versorgungsprobleme in der sowjetischen Zone Ende Juni 1948 hatte Sokolowski sogar das Denkspiel einer kompletten Aufgabe von ganz Berlin durch die Sowjetunion angesprochen. Das würde zwar noch größere Anstrengungen des Westens notwendig machen, aber der würde es schaffen, weshalb es keine Alternative sei.²⁸ Dass ein Ende der Blockade einen Gesichtsverlust für die sowjetische Führung bedeuten würde, betonte auch die CIA. Das war ein wichtiger Grund, weshalb man eigene militärische Drohungen für gefährlich hielt. Denn ein Nachgeben wäre für die Gegenseite mit einem »disastrous loss in terms of prestige and initiative« verbunden und würde in dem von der Sowjetunion dominierten Teil der Welt zu mehr Widerstand führen. Die Antwort auf entsprechenden Druck des Westens wären dann wohl kriegerische Handlungen, so die Analyse Mitte Januar 1949.²⁹

Die Einschätzungen vor allem auch der CIA bescheinigten der amerikanischen Politik einen gewissen Erfolg und beschrieben zugleich die Probleme und Schuldzuweisungen auf der Gegenseite. All das bestärkte die insgesamt gut unterrichteten amerikanischen Entscheidungsträger darin, ihren Kurs fortzusetzen. Doch wurde Moskau ebenso gut und genau über die problematischen Entwicklungen und die westliche Entschlossenheit informiert? Entsprechende Analysen der sowjetischen Quellen stellen den sowjetischen Geheimdiensten ein

---

25 Roscoe Hillenkoetter: Memorandum for the Secretary of Defense, 30. Juni 1948. In: Donald P. Steury (Hg.): On the Front Lines of the Cold War: Documents on the Intelligence War in Berlin, 1946 to 1961. Washington, D.C. 1999, S. 184 f.
26 CIA: Soviet Speculation on Allied Measures in Berlin Crisis, 10. August 1948, CIA-RDP82-00457R001700850008-6.
27 CIA: Policy Disagreement in Karlshorst, 10. Februar 1949, CIA-RDP82-00457R002300750003-5.
28 CIA: Russian Concern over the Economic Effects of the East-West Blockade. Zudem schloss Sokolowski auch aufgrund der vorausgesagten geringen Ernte einen Krieg aus.
29 CIA: Intelligence Memorandum No. 118. Auch zuvor hatte die CIA das sowjetische Dilemma beschrieben und dass die Führung nach einer »face-saving formular within Germany« suche. CIA: Weekly Summary, 2. Juli 1948, S. 1, CIA-RDP78-01617A002000070001-1.

schlechtes Zeugnis aus. Für Daniel P. Steury steht fest: »The Berlin blockade illustrated just how poorly Stalin was being served by his intelligence services.« Diese hätten die Schwierigkeiten für die eigene Seite nicht vorhergesehen und den Westen unterschätzt, so der Historiker bei der CIA. Zudem sieht er Hinweise darauf, dass aus Angst vor Stalins Zorn Berichte geschönt wurden. Eine Folge der wahrscheinlich zum Teil geschönten Informationspolitik war wohl, dass die Blockade aufrechterhalten wurde, als ihr Scheitern den Beobachtern vor Ort schon längst klar war. Auch David E. Murphy, von 1959 bis 1961 chief of the CIA operations base in Berlin, gibt den sowjetischen Geheimdiensten eine Mitschuld. Schon vor der Blockade hätten diese sich nicht getraut, offen über die Unpopularität der sowjetischen Besatzer zu berichten. Andererseits hätten Stalin und andere Sowjetführer ihnen unliebsame Informationen häufig nicht wahrhaben wollen, ignoriert oder fehlinterpretiert.[30]

Schluss

Die Blockade war ein Fehlschlag für Stalin. Für Rolf Steininger war sie »einer der schwersten Fehler der sowjetischen Politik nach 1945«. John L. Gaddis hat sie als »one of the most humiliating of all setbacks for Soviet foreign policy« bezeichnet. Und Vladislav Zubok bewertet sie als »propaganda fiasco and a strategic failure«.[31] Nicht nur wurden die damit verbundenen Ziele nicht erreicht, sogar das Gegenteil war der Fall. Die öffentliche Meinung sah Stalin mehrheitlich als Aggressor, das Ansehen der Sowjetunion hatte gelitten und der sowjetische Einfluss in Westdeutschland und Westberlin verringerte sich. Stalin sah sich gezwungen, die Besatzungsrechte der Westmächte in Berlin anzuerkennen und auch die Zweiteilung der Stadt. Mit der Gründung der Bundesrepublik am 23. Mai 1949, knapp zwei Wochen nach dem Ende der Blockade, waren seine Deutschlandpläne endgültig gescheitert. Und die Staatsgründung der Deutschen Demokratischen Republik am 7. Oktober 1949 zementierte dann die politische Spaltung Deutschlands. Aber auch die Spaltung Europas wurde weiter vorangetrieben. Die Westeuropäer wandten sich politisch und wirtschaftlich noch mehr den USA zu. Mit der Gründung der NATO im April 1949 – also während der Blockade – kam eine größere militärische Komponente hinzu. Zudem hatten die sowjetische Herausforderung und die klare Antwort der Vereinigten

---

30 David E. Murphy: Spies in Berlin. A Hidden Key to the Cold War. In: Foreign Affairs 77 (July–Aug. 1998) 4, S. 177 f. Vgl. David E. Murphy, Sergei A. Kondrashev und George Bailea: Battleground Berlin. CIA vs. KGB in the Cold War. New Haven 1997, S. 52, 62 f.

31 Rolf Steininger: Der Kalte Krieg. Frankfurt/M. 2003, S. 22. John Lewis Gaddis: We Now Know. Rethinking Cold War History. New York 1997, S. 48. Vladislav M. Zubok: A Failed Empire. The Soviet Union in the Cold War from Stalin to Gorbachev. Chapel Hill 2007, S. 76.

Staaten dem in einem schwierigen Wahlkampf stehenden US-Präsidenten den Rücken gestärkt. Am 2. November 1948 gewann Harry S. Truman für viele politische Beobachter überraschend die Präsidentschaftswahlen in den USA.[32]

Die von den USA gemeinsam mit Großbritannien durchgeführte Luftbrücke zur Versorgung der Westberliner Bevölkerung während der mehr als 300 Tage andauernden Blockade 1948/49 galt als wichtiger Erfolg der Eindämmungspolitik und schien den Diplomaten und Sowjetexperten George F. Kennan zu bestätigen, der im sogenannten »Long Telegram« vom 22. Februar 1946 argumentiert hatte, dass die Sowjetführer keine unnötigen Risiken eingingen und in der Regel den Rückzug anträten, wenn sie auf entsprechend entschlossenen Widerstand stießen.[33] Allerdings bewirkte die Blockade zusammen mit dem im Folgejahr beginnenden Koreakrieg eine zunehmende Bedeutung der militärischen Dimension des Kalten Krieges. Das galt besonders für Westberlin. Die Luftbrücke war – um es mit einem der berühmtesten Zitate aus dem Film Casablanca (1942) zu sagen – »der Beginn einer wunderbaren Freundschaft«. Doch gleichzeitig wuchs die strategische Bedeutung der Stadt für die Vereinigten Staaten in einem nicht beabsichtigten Ausmaß, worauf auch die CIA schon während der Luftbrücke hingewiesen hatte. Während der Bericht zur Weltlage noch Mitte September kaum Neues zur Lage in Berlin vermeldete, sah dies am 20. Oktober 1948 schon ganz anders aus. Die Position der Alliierten in Berlin sei bislang zwar gehalten worden, aber man befinde sich in einer Art Patt (»deadlock«). Mit Nachdruck wurde darauf hingewiesen, dass durch die Luftbrücke die Bedeutung der Stadt und auch Westeuropas für amerikanische Sicherheitsinteressen in den letzten Monaten gestiegen sei: »it has worked to increase the US political commitment, making Berlin a major test of US-Soviet strength in the eyes of Germany and of Western and Eastern Europe, and reaffirming a direct US responsibility for the welfare and safety of the German population of the western sectors of the city.« Das stelle ein »Dilemma« für die Vereinigten Staaten dar, denn wenn die Sowjetunion das amerikanische politische Commitment künftig wieder infrage stelle, könne es letztlich nur militärisch aufrechterhalten werden.[34] Die Verteidigung der Freiheit Westberlins wurde somit zu einem Kern

---

32 Geoffrey Roberts: Stalin's Wars: From World War to Cold War, 1939–1953. New Haven, CT 2008, S. 356; Vladislav Zubok und Constantine Pleshakov: Inside the Kremlin's Cold War. From Stalin to Khrushchev. Cambridge, Mass. 1996, S. 50; Vladislav M. Zubok: A Failed Empire. The Soviet Union in the Cold War from Stalin to Gorbachev. Chapel Hill 2007, S. 76 f.; John Lewis Gaddis: We Now Know. Rethinking Cold War History. New York 1997, S. 48.
33 George F. Kennan: The Long Telegram, 22. Februar 1946, https://nsarchive2.gwu.edu/coldwar/documents/episode-1/kennan.htm (letzter Zugriff: 2.7.2024).
34 CIA: Review of the World Situation as it Relates to the Security of the United States, 16. September 1948, CIA-RDP67-00059A000500070005-4, S. 2; CIA: Review of the World Situation as it Relates to the Security of the United States, 20. Oktober 1948, CIA-RDP67-00059A000500070004-5, S. 3 f. Vor der Blockade hatten einige im Osten Deutschlands ein »politisches Stalingrad« für die USA vorausgesagt. Zit. nach: Christian Ostermann: Between

der globalen amerikanischen Credibility im Kalten Krieg, die ja immer in einem doppelten Sinne zu verstehen war: in der glaubwürdigen Abschreckung der Gegenseite, aber auch in dem festen Vertrauen der eigenen Verbündeten, dass die Vereinigten Staaten im Kriegsfall ihre volle militärische Macht zu deren Verteidigung einsetzen würden. Beides sollte 1961 in der Zweiten Berlin-Krise auf die Probe gestellt werden.[35]

Und während die Beziehungen zwischen den USA und der Bundesrepublik und Westberlin enger wurden, geriet die neu gegründete DDR ins Visier der USA. Sie wurde ebenso wie andere Satellitenstaaten der Sowjetunion selbst Ziel von Aktionen im Rahmen des »Rollback«. In einem für das Außenministerium und die High Commission geschriebenen Bericht über Psychological Warfare in Germany von Anfang Dezember 1950 wurden politische und ökonomische Maßnahmen vorgeschlagen, darunter Handelsbeschränkungen, Aufbau und Unterstützung von Widerstandsgruppen, Propagandaaktivitäten, Infiltrierung von Polizei und anderen staatlichen Institutionen, aber auch Sabotage, Entführungen oder »direct actions against highly placed officials«. Ziel war es, »to destroy the Soviet power in Germany«.[36] Nicht alles wurde umgesetzt, aber die Westberliner Kampfgruppe gegen Unmenschlichkeit erhielt seit 1949 umfangreiche Unterstützung für ihre Propagandaarbeit, Desinformationskampagnen und Aufklärungsaktivitäten im Osten der Stadt. Der Radiosender RIAS, der bereits seit Februar 1948 im Rahmen der »Operation Talkback« neu ausgerichtet worden war, gewann ebenfalls an Bedeutung.[37]

Die Entscheidung für eine Luftbrücke wurde letztendlich in Washington und London getroffen, und es war nicht die Central Intelligence Agency, die sie durchführte. Und es waren auch nicht allein die Aufklärungsarbeit und die Einschätzungen der CIA, die in die Lagebeurteilung der politisch Verantwortlichen einflossen.[38] Aber ihre Berichte waren von großer Bedeutung: Sie bewerteten die Kriegsgefahr als gering. Sie zeigten, dass die Entschlossenheit der Westmächte in Moskau und Ostberlin unterschätzt worden war. Sie beschrieben die durch westliche Sanktionen ausgelösten großen ökonomischen Probleme der anderen

Containment and Rollback. The United States and the Cold War in Germany. Stanford 2021, S. 88.

35 Zur Bedeutung von Glaubwürdigkeit für die amerikanische Außenpolitik im Kalten Krieg siehe Robert J. McMahon: Credibility and World Power. Exploring the Psychological Dimension in Postwar American Diplomacy. In: Diplomatic History 15 (1991) 4, S. 455–472.

36 Zit. nach: Christian Ostermann. »Little Room for Maneuver«: Relations between the United States and the GDR. In: Detlef Junker (Hg.): The United States and Germany in the Era of the Cold War, 1945–1990. A Handbook, Bd. 1: 1945–1968, S. 172–179, hier 172.

37 Christian Ostermann: Between Containment and Rollback. The United States and the Cold War in Germany. Stanford 2021, S. 88–93.

38 Ausführlich zu den Debatten und dem Entscheidungsprozess in Washington Avi Shlaim: The United States and the Berlin Blockade, 1948–1949. A Study in Crisis Decision-Making. Berkeley 1989.

Seite und schilderten deren interne Konflikte. All dies bestärkte die westliche Entschlossenheit, die Luftbrücke aufrechtzuerhalten, und ihre »Siegesgewissheit«, außerdem minderte dies die Sorgen um einen Krieg in Berlin.[39] Während man der Gegenseite ein weitgehendes Versagen attestieren kann, hatte der amerikanische Geheimdienst eine seiner ersten Bewährungsproben erfolgreich bestanden und seine Nützlichkeit in der Auslandsaufklärung unter Beweis gestellt. Die CIA war 1948/49 also definitiv nicht »deaf, dumb, and blind«.

---

39 Donald P. Steury (Hg.): On the Front Lines of the Cold War: Documents on the Intelligence War in Berlin, 1946 to 1961. Washington, D.C. 1999, S. 18–24. Vgl. David E. Murphy, Sergei A. Kondrashev und George Bailea: Battleground Berlin. CIA vs. KGB in the Cold War. New Haven 1997, S. 62, 78.

Matthias Uhl

Zauderer oder Kriegstreiber? Der militärische Nachrichtendienst der Sowjetunion zwischen Berlin- und Kuba-Krise

Der vorliegende Beitrag untersucht, welche Rolle der militärische Geheimdienst der Sowjetunion während der Berlin- und Kuba-Krise spielte. Im Mittelpunkt steht dabei die Frage, ob es mit seinen Informationen gelang, Einfluss auf Entscheidungen der sowjetischen Partei- und Staatsführung zu nehmen. Schwierig bei der Rekonstruktion entsprechender Übermittlungen nachrichtendienstlicher Erkenntnisse ist der bis heute fehlende Zugang zu den Archiven der sowjetischen Militäraufklärung. Gleichwohl musste selbst eine verschwiegene Behörde wie die Hauptverwaltung Aufklärung des Generalstabes der Sowjetarmee (GRU) mit zahlreichen Partei- und Regierungsstellen interagieren. Sie hat deshalb ungewollt in nicht wenigen nun zugänglichen russischen Archiven ihre Spuren hinterlassen. Zu diesen Unterlagen gehören beispielsweise Berichte und Analysen zu beschafften Geheimdokumenten, die an die zuständigen Abteilungen des Zentralkomitees der Kommunistischen Partei gingen und heute beispielsweise im Russischen Staatsarchiv für Zeitgeschichte zu finden sind. Für den Artikel erwies es sich zudem als ausgesprochener Glücksfall, dass der russische Geheimdiensthistoriker Michail E. Boltunow einige freigegebene Dokumente aus dem Archiv der GRU zur Tätigkeit des Agenten »Murat« während der Hochphase des Kalten Krieges zur Verfügung stellte.

Die GRU und die Berlin-Krise

Bereits Mitte November 1958 hatte die GRU den sowjetischen Parteichef Nikita S. Chruščev vor dem Versuch gewarnt, den Status Westberlins einseitig zu verändern und leichtfertig einen Konflikt mit dem Westen zu riskieren. Zwar würden England und Frankreich bei »entschlossenen Handlungen der Regierungen der UdSSR und DDR in einen Abzug ihrer Streitkräfte aus Westberlin einwilligen, die USA aber würden hiergegen Widerstand leisten«[1]. Offenbar löste dieses Dossier beim sowjetischen Parteichef erhebliche Verstimmung aus, sodass sich der Militärgeheimdienst gezwungen sah, seine Lageeinschätzung zu ändern. Zwei Tage bevor Chruščev mit seinem Ultimatum vom 27. November 1958 die

1 Zit. nach: Aleksandr Semenovič Orlov: Tajnaja bitva sverchdažav. Moskva 2000, S. 415.

Berlin-Krise auslöste, versicherte ihm der militärische Geheimdienst nunmehr, dass nach seinen Erkenntnissen »das State Department angeblich zu verstehen [gibt], dass die westlichen Staaten mit der neuen Situation leben könnten, unter der Bedingung, dass die Übertragung der Rechte der Sowjetunion auf die Regierung der DDR auf flexible Art und Weise vonstatten gehen würde, ohne Prestigeverlust für die USA«[2]. Auch die Berliner Bevölkerung – so die GRU in einem weiteren Geheimdienstbericht – würde Chruščevs Plan für die Umwandlung der Stadt in eine neutrale Einheit nun »im Großen und Ganzen« befürworten. Diese Dossiers dürften beim sowjetischen Parteichef zu Beginn des Konfliktes um die geteilte Stadt die Illusion gestärkt haben, dass es ohne größere Probleme gelingen könnte, die Westmächte zu einer Veränderung des Status quo in Berlin zu bewegen[3].

Bereits kurz nach diesen Berichten ließ der sowjetische Staats- und Parteichef die bisherige Führung des Militärgeheimdienstes auswechseln und bestimmte den bisherigen KGB-Chef Armeegeneral Ivan A. Serov zum neuen Leiter der GRU, seinen Vorgänger Generaloberst Michail A. Šalin schob Chruščev in die Gruppe der Generalinspekteure des Verteidigungsministeriums ab.[4] Die Gründe für diese »Degradierung« des bisherigen Chefs der Geheimpolizei, der formal zur »Stärkung der Führung« zum Militärgeheimdienst versetzt worden war, sind vielfältig. Zum einen sind sie darin begründet, dass es Serov nicht verstand, seine Position als Geheimdienstchef im Intrigenspiel des Sekretariats des ZK zu behaupten. Zudem hatte er mit ZK-Sekretär Nikolaj G. Ignatov einfach auf den falschen Verbündeten gesetzt. Zum anderen wurde dem bisherigen KGB-Chef unterstellt, nicht vollkommen loyal zur Partei zu stehen. Ferner war Chruščev bemüht, das KGB zu reformieren, sein Personal zu verringern und ein anderes Image für die Geheimpolizei aufzubauen. Da kam es ihm gerade recht, einen Mann in die zweite Reihe zurückzunehmen, der an zahlreichen stalinistischen Verbrechen beteiligt gewesen war. Nicht unerwähnt sollte allerdings bleiben, dass Serov entgegen der Anweisung des ZK in seinem Safe immer noch Ermittlungsakten gegen hochrangige Parteimitglieder lagerte. An seine Stelle als KGB-Chef trat Aleksandr N. Šelepin, ein Mann von dem man später sagte, dass er mehr Zeit bei Chruščev als in der Lubjanka verbrachte. Zugleich bemühte

---

2 Zit. nach: Vladislav Zubok: Der sowjetische Geheimdienst in Deutschland und die Berlinkrise 1958–1961. In: Wolfgang Krieger, Jürgen Weber (Hg): Spionage für den Frieden? Nachrichtendienste in Deutschland während des Kalten Krieges. München 1997, S. 121–143, hier 128.
3 Vgl. ebenda.
4 Vgl. Protokoll Nr. 194 des Präsidiums des ZK der KPdSU, 3.12.1958, abgedruckt in: Prezidium CK KPSS 1954–1964. Černovye protokol'nye zapisi zasedanij. Stenogrammy. Postanovlenija, Tom 2: Postanovlenija 1954–1958. Moskva 2006, S. 896, 1040 f.

sich Šelepin eifrig, am Stuhl seines Vorgängers zu sägen, da er ihn immer noch als Konkurrenten fürchtete.[5]

Serov, der seiner KGB-Karriere offenbar nur wenig nachtrauerte, ging rasch daran, den Militärgeheimdienst nach seinen Vorstellungen zu verändern und zu einer professionelleren Arbeitsweise zu zwingen. Jedenfalls äußerten Geheimdienstmitarbeiter auf internen Parteiversammlungen, »dass wir uns jetzt wirklich richtig mit unserer Arbeit beschäftigen und nicht aus ausländischen Zeitungen Boulevardnachrichten abtippen«[6]. So verstärkte die GRU die Agententätigkeit und versuchte gleichzeitig, ihre konspirative Arbeit zu verbessern. Der Grund hierfür lag vor allem im Verratsfall Petr S. Popov. Der bei der Gruppe der sowjetischen Streitkräfte (GSSD) in Deutschland tätige GRU-Oberstleutnant hatte zwischen 1953 und 1959 mehr als 650 Mitarbeiter des Militärgeheimdienstes für die CIA identifiziert und Hunderte Hinweise auf weitere Quellen des Geheimdienstes gegeben. Der Doppelagent riss damit große Lücken in das Agentennetz des Militärgeheimdienstes. Offenbar blieben die Bemühungen Serovs nicht ohne Erfolg, denn Anfang des Jahres 1960 konnte er der Parteispitze berichten, dass es gelungen sei, »Dokumente und Material zu beschaffen, die einen hohen Wert für die Verteidigung des Landes besaßen und worüber dem ZK der KPdSU Bericht erstattet wurde«[7].

Für die Gewinnung von Geheiminformationen verfügte die GRU auch in der Bundesrepublik über hochrangige Quellen. Eine von ihnen war bis zu seinem Tod im Frühjahr 1960 Edgar Feuchtinger. Den ehemaligen Wehrmachtsgeneral hatten Angehörige des sowjetischen Militärgeheimdienstes 1953 in Krefeld angeworben. Seine Mitarbeit erfolgte jedoch nicht freiwillig. Feuchtinger wurde von der Militäraufklärung der Sowjetarmee ein kompromittierendes Papier aus den letzten Kriegstagen präsentiert, das seine verheimlichte Degradierung zum Soldaten wegen Fahnenflucht belegte. Der Ex-General beschaffte für die GRU vor allem Akten aus dem Bundesministerium der Verteidigung, zu denen er über ehemalige Generalskollegen Zugang erhielt, aber auch geheime NATO-Unterlagen. Im Januar 1960 erlitt er während eines Treffens mit seinem Führungsoffizier in Berlin einen Schlaganfall und verstarb kurz darauf. Bis zu diesem Zeitpunkt hatte Feuchtinger mehr als tausend Seiten streng geheime Dokumente nach Moskau geliefert[8].

---

5 Vgl. Nikita V. Petrov: Prevyj predsedatel' KGB. Moskva 2005, S. 179–190; BND-Meldung Nr. 930915: »Reorganisationspläne Schelepins für den sowjetischen Sicherheitsdienst«, 30.1.1959; BArch, B-206/3346.
6 Vgl. Bittschreiben von Serov an das Präsidium des ZK der KPdSU, 19.11.1964; RGANI, 5/30/454, Bl. 59.
7 Vgl. Schreiben von Serov an das Präsidium des ZK der KPdSU, 10.3.1960; RGANI, 5/30/318, Bl. 25 f.; Aleksandr I. Kolpakidi, Dmitrij P. Prochorov, Imperija GRU: Očerki istorii rossijskoj voennoj razvedki, Bd. 2. Moskva 2001, S. 18–38.
8 Vgl. Ènciklopedija voennoj razvedki Rossii. Moskva 2004, S. 246 f.; Janusz Piekalkiewicz: Weltgeschichte der Spionage. München 1988, S. 444–448.

Der geheimdienstliche Alltag war allerdings weniger durch Topspione als vielmehr von unspektakulären geheimdienstlichen Routinegeschäften geprägt, zu denen vor allem Order-of-Battle-Aufklärung, also die Nachrichtengewinnung über Umfang, Dislokation, Gliederung und Bewegungen der NATO-Streitkräfte in Europa, gehörte. Hierfür benötigten die sowjetischen Geheimdienste und ihre Verbündeten eine Vielzahl von Agenten, weil ihnen technische Mittel wie Satelliten und Luftaufklärung nur unzureichend zur Verfügung standen. Die Agenten lieferten durch die Beobachtung ihres denkbar kleinen Spionageausschnitts im NATO-Militärbetrieb, zu dem beispielsweise die Überwachung der Belegungsstärke von Kasernen und von Infrastruktur sowie die Kontrolle von Aktivitäten auf Truppenübungsplätzen zählten, kaum Informationen, die für sich allein genommen spektakulär waren. Erst durch die Arbeit der Auswertungsstellen wurden die so gewonnenen Mosaiksteine geordnet und wie ein Puzzle zusammengesetzt, sodass sich im Allgemeinen ein zutreffendes Lagebild ergab, mit dem die sowjetische Seite zu jeder Zeit auf sich verändernde militärische Situationen in Westeuropa reagieren konnte[9].

Welchen Umfang die Spionageaktivitäten hatten, wird durch wenige Zahlen deutlich. Allein 1959 wurden in der Bundesrepublik 2 802 »feindliche Agenten« verhaftet, von denen etwa 30 Prozent auf militärische Ziele angesetzt waren. In den ersten zehn Monaten des Jahres 1960 nahm die US-Militärabwehr insgesamt 348 Personen fest, die Einrichtungen der amerikanischen Streitkräfte in Europa, vor allem aber in der Bundesrepublik, ausspionierten. 266 der inhaftierten Agenten arbeiteten für das Ministerium für Staatssicherheit der DDR, immerhin 66 für sowjetische Dienste. Weitere 58 lieferten den anderen Geheimdiensten des Warschauer Paktes Informationen. Knapp 60 Prozent der Spionageangriffe galten der Order-of-Battle-Aufklärung, wobei Einheiten und deren Bewaffnung von 31 Prozent der Agenten ausgeforscht wurden. Kasernen und militärische Anlagen überwachten 14 Prozent, weitere 13 Prozent der Spione kundschafteten mit Nuklearwaffen und Raketen bewaffnete Truppen und deren Standorte aus. Knapp 20 Prozent der weiteren Aufklärungsaktivitäten richteten sich gegen die US-Spionageabwehr, weitere 10 Prozent versuchten, gezielt Personal der US-Army auszuforschen, Manöver und Alarme verfolgten 5 Prozent der festgenommenen Agenten. Dass Westberlin damals wichtigster Brennpunkt der östlichen Geheimdienstaktivitäten war, wird durch das Faktum belegt, dass knapp ein Drittel der Spione in den Westsektoren der geteilten Stadt verhaftet wurden. Aber auch Baden-Württemberg, Bayern, Hessen und Rheinland-Pfalz lagen entsprechend der Dislokation der US-Truppen im Visier der sowjetischen

---

9 Vgl. USAREUR-Periodic Intelligence Report 1–59 (U), 1.4.1959, S. 106–110, https://www.php.isn.ethz.ch/kms2.isn.ethz.ch/serviceengine/Files/PHP/18456/ipublicationdocument_singledocument/9e6cc03f-81bd-4434-b325-ee8dc2a2f1b4/en/590401_Periodic_3.pdf (letzter Zugriff: 21.3.2024).

Geheimdienste. Hingegen waren US-Anlagen in Frankreich und Italien nur von untergeordnetem Interesse. Gegen sie richteten sich lediglich 7 bzw. 3 Prozent der östlichen Spionageangriffe. Vor diesem Hintergrund kann es kaum verwundern, dass die US-Truppen in Europa im Verlauf der Berlin-Krise die sowjetischen Spionageangriffe »als wichtigste momentane Gefahr« einschätzten[10].

Geführt wurden diese sowjetischen Quellen zumeist aus der DDR, wo die GRU über zahlreiche Residenturen verfügte. Westliche Geheimdienste gingen davon aus, dass der sowjetische Militärgeheimdienst in Ostdeutschland auf über 400 bis 600 Offiziere zurückgreifen konnte. Rund 250 von ihnen waren im Stab der GSSD in Wünsdorf stationiert, weitere Stützpunkte existierten in Erfurt, Schwerin, Leipzig und Magdeburg. Auch die Geheimdiensteinheiten der einzelnen GSSD-Armeen bekamen im Rahmen der sowjetischen Order-of-Battle-Aufklärung entsprechende Spionageziele zugewiesen. So »bearbeitete« die Aufklärungsabteilung der bei Berlin stationierten 20. Gardearmee beispielsweise alliierte Einrichtungen in Westberlin und beobachtete darüber hinaus die dortige Polizei. Zudem konnte die Militäraufklärung die sowjetischen Verbindungsmissionen in Frankfurt/Main, Bünde/Westfalen und Baden-Baden für ihre Spionageaktivitäten nutzen.[11]

Gleichwohl gibt es aufgrund der immer noch existierenden Geheimhaltung der Dokumente des sowjetischen Militärgeheimdienstes aus den Jahren 1959 und 1960 bislang kaum zugängliche GRU-Berichte. Mit dem Datum 1961 nimmt allerdings die Zahl der jetzt in russischen Archiven einsehbaren Informationen des militärischen Geheimdienstes an die sowjetische Führung spürbar zu. Offenbar ging nun mehr Material an die zuständigen Stellen im Zentralkomitee (ZK) der KPdSU, die die Unterlagen dann entsprechend archivierten.

Am 22. und 23. Juni 1961 übermittelte die GRU beispielsweise dem ZK der KPdSU zwei umfangreiche Schreiben in alarmierendem Ton, die zum einen über den weiteren Ausbau des Arsenals an taktischen und operativ-taktischen Atomraketen der US Army und zum anderen über Kennedys Pläne zur

---

10 Vgl. USAREUR Intelligence Estimate1961 (U), 1.1.1961, S. 271–280, https://www.php.isn.ethz.ch/kms2.isn.ethz.ch/serviceengine/Files/PHP/18703/ipublicationdocument_singledocument/f7c4ed09-3213-4e04-90dc-8f1ec73ab794/en/6101_USAREUR_6.pdf (letzter Zugriff: 21.3.2024). Auch die westliche Seite und hier vor allem der BND bedienten sich in großem Umfang des Mittels der Standortüberwachung. Hierzu Armin Wagner, Matthias Uhl: BND contra Sowjetarmee. Westdeutsche Militärspionage in der DDR. Berlin 2008.

11 Vgl. USAREUR Intelligence Estimate1961 (U), 1.1.1961, S. 287–291; USAREUR Intelligence Estimate1965 (U), 15.2.1965, S. 354 f., https://www.php.isn.ethz.ch/kms2.isn.ethz.ch/serviceengine/Files/PHP/18595/ipublicationdocument_singledocument/fcb88f9a-5e6f-4a7b-a4cf-945d9a70a5a7/en/650215_USAREUR_9.pdf (letzter Zugriff: 21.3.2024); CIA-Summery: The Soviet Establishment in Karlshorst, 7.5.1959. In: Donald P. Steury (Ed.): On the Front Lines of the Cold War: Documents on the Intelligence War in Berlin, 1946 to 1961. Washington, D.C. 1999, S. 255–258; Pavel A. Golicyn: Zapiski načal'nika voennoj razvedki. Moskva 2002, S. 118–125.

weiteren Verstärkung der US-Streitkräfte informierten. Der erste Bericht gab der sowjetischen Führungsriege einen detaillierten Überblick über die Ausstattung der US-Landstreitkräfte mit taktischen Nuklearraketen. Zugleich wurde vom militärischen Geheimdienst auf zukünftige Entwicklungen der US Army in diesem Bereich aufmerksam gemacht.[12] Doch auch bereits zum jetzigen Zeitpunkt seien die US-Streitkräfte durch ihre Ausstattung mit den unterschiedlichsten Typen von taktischen Nuklearwaffen in der Lage, die notwendigen atomaren Feueraufgaben ihrer in Europa stationierten Truppen auf der gesamten Breite und Tiefe von Frontoperationen zu gewährleisten. Damit erwiesen sich die Atomraketen als wichtigste Schlagkraft der Landstreitkräfte und wurden zum entscheidenden Faktor bei der Organisation und Führung des Gefechtes. Gleichzeitig machte der GRU-Bericht der Kremlführung deutlich, wie sehr sich binnen kurzer Zeit das atomare Kräfteverhältnis in Europa geändert hatte. Die NATO-Streitkräfte zeigten sich nunmehr in der Lage, die Panzerarmadas der Sowjetarmee in strahlende Schrottwracks zu verwandeln. Die bisherige konventionelle Überlegenheit der Landstreitkräfte der UdSSR konnte so wirkungsvoll gebrochen werden. Oder wie es der Befehlshaber der Northern Army Group, General Sir James Cassels, auf einer Besprechung mit dem Oberbefehlshaber der NATO-Truppen in Europa (SACEUR), General Lauris Norstad, Ende 1961 ausdrückte: »Wenn Sie mir den Auftrag geben, unter Ausnutzung der WESER [-Linie] mit nuklearen Waffen zu verteidigen, dann bin ich zuversichtlich, diesen Auftrag erfüllen zu können.«[13] In Zukunft, so die GRU, würden sich die Gefechtsmöglichkeiten des Westens noch weiter erhöhen, da die Amerikaner mit hohem Tempo und Aufwand an der Modernisierung und Weiterentwicklung von atomaren Kurz- und Mittelstreckenraketen arbeiteten.[14]

Es scheint auf der Hand zu liegen, dass die GRU die Kremlführung auf die möglichen Konsequenzen eines damals für wahrscheinlich gehaltenen bewaffneten Konflikts um Berlin aufmerksam machen wollte. Das geheime Papier sollte den Entscheidungsträgern im Moskauer Politbüro wohl verdeutlichen, dass die immer wieder propagierte Überlegenheit der sowjetischen Streitkräfte in der Realität nicht existierte und eine militärische Konfrontation um die geteilte Stadt mit den Westmächten und der sie unterstützenden NATO für die UdSSR mit erheblichen Risiken verbunden war. Die Sowjetunion würde auf einen gerüsteten und gut vorbereiteten Gegner treffen.

Dies zeigte auch das zweite GRU-Schreiben, das einen Tag später an das Zentralkomitee ging. Mit seinem Titel »Analyse der Planungsänderungen des Auf-

---

12 Schreiben Nr. 100428 von Generalstabschef Matvej V. Zacharov und GRU-Chef Ivan A. Serov an das ZK der KPdSU, 22.6.1961; RGANI, 5/30/372, Bl. 124 f.
13 Notiz von Oberst i. G. Hans Hinrichs an den Oberbefehlshaber über eine SACEUR-Konferenz der Befehlshaber der Landstreitkräfte, 4.12.1961; BArch, BW 2/2440, o. Bl.
14 Vgl. Schreiben Nr. 100428 von Generalstabschef Matvej V. Zacharov und GRU-Chef Ivan A. Serov an das ZK der KPdSU, 22.6.1961; RGANI, 5/30/372, Bl. 127 f.

baus der amerikanischen Streitkräfte und des Verteidigungsbudgets der USA für 1961/62« untersuchte es die Vorschläge von US-Präsident Kennedy zum weiteren Ausbau der US-Streitkräfte, die dieser dem Kongress am 28. März bzw. am 25. Mai 1961 unterbreitet hatte. Für besonders wichtig erachteten die Analysten des Militärgeheimdienstes dessen Ankündigung, die Verteidigungsausgaben der Vereinigten Staaten um 3,771 Milliarden Dollar zu erhöhen. Zugleich informierten sie die politischen Entscheidungsträger darüber, dass Kennedy befohlen habe, die US-Streitkräfte um 25 000 Mann zu vergrößern, sodass bis zum 30. Juni 1962 ihre Mannschaftsstärke bei 2,518 Millionen Mann liegen sollte. Besonders alarmiert zeigte sich die GRU allerdings von der Nachricht, dass Kennedy auf den weiteren raschen Ausbau der strategischen Streitkräfte der USA drängte. So sollten bis Ende 1964 jeweils zwölf Geschwader aufgestellt werden, die mit Interkontinentalraketen der Typen *Atlas* und *Titan* ausgerüstet waren. Zugleich schlug der US-Präsident vor, das *Minuteman*-Projekt erheblich zu beschleunigen und bis Anfang 1965 ebenfalls zwölf mit diesem Flugkörper ausgerüstete Geschwader aufzustellen. Vor eine noch schwierigere strategische Herausforderung stellte die Sowjetarmee der rasche Ausbau der Flotte von Atomraketen-U-Booten der US Navy. Bis Ende 1964 wollte Kennedy insgesamt 29 Atom-U-Boote der mit jeweils 16 Polaris-Raketen ausgestatteten *George-Washington*-Klasse in Dienst stellen, die der USA erstmals eine wirkliche Zweitschlagskapazität verliehen und gegen die die sowjetischen Streitkräfte damals keine wirksamen Abwehrmittel besaßen.[15]

Auf Grundlage dieser und weiterer Papiere seiner Geheimdienste reifte beim sowjetischen Parteichef die Erkenntnis, dass sein bisheriges strategisches Konzept für eine militärpolitische Auseinandersetzung mit den Vereinigten Staaten gescheitert war. Ursprünglich zeigte sich Chruščev davon überzeugt, die USA Mitte der 1960er-Jahre mit 150 bis 200 Interkontinentalraketen in Schach halten zu können.[16] Doch diese Annahme wurde rasch von der Wirklichkeit überholt. Zunächst sorgten die amerikanischen Spionageflüge der U-2 und der ab August 1960 erfolgte Einsatz von Aufklärungssatelliten für die Lokalisierung der streng geheimen sowjetischen Abschussbasen, die damit für Überraschungsangriffe der Amerikaner äußerst verwundbar wurden. Entsprechende Pläne für Präventivschläge diskutierte die US-Administration im Sommer 1961 durchaus. Mit ihrem *Minuteman*-Programm zeigten sich die USA erstmals dank der hohen Treffsicherheit der Raketen in der Lage, die relativ wenigen und zudem größtenteils ungeschützten sowjetischen Abschussrampen für Atomraketen so-

---

15 Vgl. Schreiben Nr. 100396 von Generalstabschef Matvej V. Zacharov und GRU-Chef Ivan A. Serov an das ZK der KPdSU, 23.6.1961; RGANI, 5/30/372, Bl. 99–122.
16 Vgl. Protokoll Nr. 30 der Sitzung des Präsidiums des ZK der KPdSU, 11.5.1962. In: Prezidium CK KPSS 1954–1964. Černovye protokol'nye zapisi zasedanij. Stenogrammy. Postanovlenija, Bd. 1: Černovye protokol'nye zapisi zasedanij. Stenogrammy. Moskva 2003, S. 555; Raketnyj ščit otečestva. Moskva 1999, S. 68.

wie die Langstreckenbomberbasen der Sowjetarmee mit einem massiven Erstschlag auszuschalten. Die UdSSR sah sich nunmehr einer eigenen »Raketenlücke« gegenüber.[17]

Für Chruščev wurde auf der Grundlage der Berichte seines militärischen Geheimdienstes zunehmend deutlich, dass sich das strategische Gleichgewicht rasch zuungunsten der Sowjetunion entwickelte. Für eine Lösung der schwelenden Krise um Berlin in seinem Sinne blieb immer weniger Zeit, sodass er sich im Juli 1961 dazu entschloss, sein politisches und militärisches Dilemma durch eine Abriegelung des Westteils der Stadt zu regeln.[18]

Begünstigend für die Durchführung des Mauerbaus am 13. August 1961 war dabei die genaue Kenntnis der Planungen der Westalliierten für den Fall eines bewaffneten Konfliktes um Berlin sowie der vorgesehenen politischen und wirtschaftlichen Maßnahmen des Westens für den Krisenfall. Eine wichtige Rolle spielte hierbei erneut die GRU. Dem Dienst gelang es im Laufe des ersten Halbjahres 1961, verschiedene Schlüsseldokumente des streng geheimen westalliierten Planungsstabes für Berlin, *Live Oak* – der verschiedene Szenarien für die Sicherung des Zugangs der Westalliierten zu ihren Sektoren in der geteilten Stadt ausarbeitete – zu beschaffen und auf den Tisch der politischen Führung in Moskau zu legen. Dies betraf vor allem alliierte Planungen zur Durchführung einer »Luftbrücke« für den Fall, dass der Landweg nach Berlin durch die Sowjetunion und die DDR unterbrochen würde.[19] Die genaue Kenntnis des alliierten Vorgehens für diesen Fall, das unter anderem bewaffneten Begleitschutz für die Lufttransporte und die Zerstörung von Flugabwehrstellungen auf dem Gebiet der DDR einschloss, bewog Chruščev dazu, von seinen ursprünglichen Plänen einer Luftblockade Berlins – für deren Umsetzung bereits entsprechende Spezialtruppen aufgestellt wurden – Abstand zu nehmen, da hierdurch eine unbe-

---

17 Vgl. Philip Taubman: Secret Empire: Eisenhower, the CIA, and the Hidden Story of America's Space Espionage. New York u. a. 2003, S. 169–324; Dwayne A. Day, John M. Logsdon, Brian Latelli (Eds.): Eye in the Sky: The Story of the Corona Spy Satellites. Washington, D.C. 1998, S. 215–228; Bruno Thoß: NATO-Strategie und nationale Verteidigungsplanung. Planung und Aufbau der Bundeswehr unter den Bedingungen einer massiven atomaren Vergeltungsstrategie 1952 bis 1960. München 2006, S. 32–326; Fred Kaplan: JFK's First-Strike Plan. In: The Atlantic Monthly, vol. 288, 2001, Nr. 3, S. 81–86.

18 Vgl. Aleksandr A. Fursenko: Kak byla postroena berlinskaja stena. In: Istoričeskie zapiski, Nr. 4, 2001, S. 73–90, hier 73; William Taubman: Khrushchev: The Man and His Era. New York, London 2003, S. 504 f.; Matthias Uhl: Krieg um Berlin? Die sowjetische Militär- und Sicherheitspolitik in der Berlin-Krise 1958 bis 1962. München 2008, S. 225.

19 Vgl. Aleksandr I. Kolpakidi, Dmitrij P. Prochorov: Vnešnjaja razvedka Rossii. Moskva 2001, S. 66 f.; Ènciklopedija sekretnych služb Rossii. Moskva 2004, S. 293 f. Zu Live Oak siehe u. a. Sean M. Maloney: Notfallplanung für Berlin. Vorläufer der Flexible Response 1958–1963. In: Militärgeschichte (1997) 1, S. 3–15.

absichtigte militärische Eskalation des Konfliktes bis hin zu einem Kernwaffenkrieg nicht ausgeschlossen werden konnte.[20]

Auch nach dem Mauerbau hielt der Strom von geheimen Unterlagen aus dem Westen nach Moskau weiter ungehindert an. Am 25. August 1961 informierte Verteidigungsminister Rodion J. Malinovskij auf der Grundlage von GRU-Erkenntnissen Chruščev über die wichtigsten Ergebnisse der Konferenz der westalliierten Außenminister, die vom 5. bis 7. August 1961 in Paris stattgefunden hatte. Die Angaben über das Treffen erwiesen sich als höchst interessant, gaben sie der sowjetischen Führung doch Einblick in streng vertrauliche Abstimmungsmechanismen zwischen den Westalliierten und der Bundesrepublik Deutschland. Deutlich wurden für die sowjetische Führung zudem abermals die umfangreichen militärischen Vorbereitungen des Westens, die im Zuge der Zuspitzung des Konflikts um Berlin durchgeführt wurden. Dazu gehörten neben der Einberufung von Reservisten auch die geplante Unterstellung der Atomraketen-U-Boote der *Washington-Klasse* unter den SACEUR. Ziel dieser Maßnahmen sollte nach Ansicht der Analysten der GRU sein,»nachdrücklich die militärische Bereitschaft des Westens zu Kampfhandlungen zu unterstreichen«.[21] Dies sei zudem eine unabdingbare Voraussetzung für Verhandlungen mit der UdSSR, der klar gemacht werden müsse, dass im Fall des Scheiterns der Gespräche ihre Drohungen auf militärischen Widerstand treffen würden.

Chruščev war aufgrund dieser Informationen bewusst, dass jede zusätzliche Verschärfung der Krise in Berlin die unkalkulierbare Gefahr des Ausbrechens eines militärischen Konfliktes mit den Westmächten barg. Deshalb wies er nach Schließung der Grenzen in Berlin seine Militärs an, die Lage zunächst nicht durch weitere Schritte zu verschärfen. Der sowjetische Generalstab war darum bemüht, die brisante Situation nach der Grenzschließung nicht durch zusätzliche Provokationen in der Stadt aufzuschaukeln.[22]

---

20 Noch Ende Mai 1961 hatte Chruščev auf einer Sitzung des ZK erwogen, westalliierte Flugzeuge während einer Luftblockade Westberlins abzuschießen:»Unsere Position ist sehr stark, aber wir müssen natürlich hier auch tatsächlich zur Einschüchterung greifen. Wenn da zum Beispiel Flüge durchgeführt werden, werden wir die Flugzeuge abschießen müssen. Können sie zu der Provokation übergehen? Sie können. Wenn wir das Flugzeug nicht abschießen, heißt das, wir kapitulieren.« Aussagen Chruščevs auf der Sitzung des Präsidiums des ZK der KPdSU zur Frage des Meinungsaustausches mit Kennedy in Wien, 26.5.1961. In: Gerhard Wettig (Hg.): Chruschtschows Westpolitik 1955 bis 1964, Bd. 3: Die Kulmination der Berlin-Krise. München 2011, S. 158. Zur geplanten Sperrung des Luftraumes siehe A. I. Bernštejn: S čego načinalas' »berlinskaja stena«. In: Voenno-istoričeskij archiv (2003) 12, S. 39–43.
21 Schreiben Nr. 101212 des stellv. GRU-Chefs, Generalleutnant Aleksandr S. Rogow an Verteidigungsminister Malinowskij, 24.8.1961; RGANI, 5/30/365, Bl. 148.
22 Vgl. Bericht des Verteidigungsministeriums der UdSSR an das ZK der KPdSU über die Situation in Berlin, der DDR und Westeuropa, 26.8.1961; RGANI, 5/30/367, Bl. 25–28; Bruce W. Menning: The Berlin Crisis from the Perspective of the Soviet General Staff. In: International Cold War Military Records and History. Proceedings of the International Conference on

Der GRU-Agent »Murat« im Hauptquartier der NATO

Bestärkt wurden die Zurückhaltung Chruščevs und seines Militärs durch weitere Geheimdienstinformationen der GRU, die aus dem NATO-Hauptquartier bei Paris stammten. Hier führte der sowjetische Militärgeheimdienst eine Quelle mit dem Decknamen »Murat«[23]. Hinter diesem Alias-Namen verbarg sich der französische Luftwaffen-Oberst Charles de Jurquet de La Salle d'Anfreville.

Der französische Offizier stammte aus Soulac-sur-Mer im Departement Gironde, wo er 1914 in eine Adelsfamilie hineingeboren wurde. Er besuchte die Militärschule Saint-Cyr, die er 1938 abschloss. Danach zunächst als Unterleutnant in einem Infanterieregiment eingesetzt, wechselte der junge Offizier 1939 zur Luftwaffe, wo er eine Ausbildung zum Jagdflieger absolvierte, die er im Herbst 1940 beendete. 1942 nach der vollständigen Besetzung Frankreichs durch deutsche Truppen demobilisiert, schloss er sich im Mai 1943 in der Region Toulouse dem französischen Widerstand gegen die deutschen Besatzer an. Für diesen beschaffte de La Salle vor allem Informationen über Flugplätze und Einheiten der deutschen Luftwaffe, wobei er alsbald in das Visier der Besatzungsbehörden geriet. Im Herbst 1943 verließ er deshalb Frankreich, um sich dem Jagdfliegerregiment »Normandie-Neman« anzuschließen, in dem seit Ende 1942 französische Piloten aufseiten der Roten Armee kämpften. Über Spanien und Casablanca erreichte er im Frühjahr 1944 die Sowjetunion und nahm Anfang Mai in Tula seinen Dienst in der 2. Staffel des Truppenteils auf. Bei insgesamt 110 Kampfeinsätzen errang er zwei Einzelluftsiege, zwei Gruppenluftsiege sowie einen wahrscheinlichen Abschuss. Hierfür zeichnete ihn die Sowjetunion mit dem Orden des Vaterländischen Krieges I. Klasse und der Medaille des Sieges über Deutschland aus.[24] Im Sommer 1945 kehrte de La Salle nach Frankreich zurück, zwischen 1947 und 1949 nahm er dann am Indochina-Krieg teil. Nach einem kurzen Einsatz in Ägypten übernahm er im Herbst 1955 die Führung der in Tunesien beheimateten Luftwaffenbasis 157. Wenig später ernannte man den inzwischen zum Oberstleutnant beförderten Piloten zum Chef der Territorialluftverteidigung des Raums Versailles. Nach einem Zwischen-

---

Cold War Military Records and History held in Washington, D.C., 21–26 March 1994, edited by William W. Epley. Washington, D.C. 1996, S. 49–62.

23 Vgl. Archiv GRU, Beurteilung von Korvettenkapitän Viktor A. Ljubimov durch den Chef des 1. Referats (Frankreich und Benelux) der 3. Verwaltung (Westeuropa) der GRU, Oberst Nikita I. Samokiš, 3.12.1962. Ich danke Herrn Michail Boltunov für die Überlassung des Dokuments.

24 Vgl. Akt des Kommandeurs der Luftstreitkräfte der Roten Armee zur Auszeichnung von Piloten des Fliegerregiments Normandie-Neman, 5.6.1945; CAMO, 33/44677/607, Bl. 254 f.; Personalangaben zu Charles de La Salle; CAMO, 21890/660659/2; Angaben zu Charles de La Salle, auf: http://www.cieldegloire.fr/004_de_la_salle.php (letzter Zugriff: 2.7.2024).

spiel bei einer NATO-Behörde in Metz, erhielt de La Salle schließlich 1957 ein Kommando als Verbindungsoffizier beim Stab der 4. Taktischen Luftflotte der NATO auf dem Luftwaffenstützpunkt in Ramstein.[25]

In dieser Dienststellung wurde er Anfang 1958 vom sowjetischen Militärgeheimdienst angeworben. Der Pariser GRU-Resident erkannte rasch die Möglichkeiten, die sich durch den Kontakt mit dem französischen Fliegeroffizier ergaben, zumal sich de La Salle als Patriot darstellte, der vor allem den Amerikanern wenig Respekt entgegenbrachte und deren Politik genüber der Sowjetunion als aggressiv charakterisierte. Nach sechs Monaten vorsichtigen Annäherns übergab der französische Offizier schließlich im Herbst 1958 eine Kopie des streng geheimen Befehls für die NATO-Übung »Full Play«. Hier hatten Stabsoffiziere des westlichen Militärbündnisses geübt, den sogenannten Atomic-Strike-Plan des SACEUR zur Ausführung zur bringen. Der Atomic-Strike-Plan regelte die Zielplanung und die Durchführung des Einsatzes von Kernwaffen der NATO gegen einen Angriff des Warschauer Paktes.[26] Die GRU-Führung zeigte sich von dem Dokument elektrisiert, die Geheimdienstoffiziere in der Moskauer Zentrale sahen jedoch vorerst nur geringe Chancen, den Franzosen tatsächlich als Agenten anzuwerben.[27]

Dann legte de La Salle binnen kurzer Zeit drei weitere streng geheime NATO-Dokumente auf den Schreibtisch des GRU-Residenten in Paris. Darunter auch der Joint-Atomic-Plan 81/58 des NATO-Oberbefehlshabers in Europa, der eine umfassende Aufstellung von Nuklearwaffenzielen in der Sowjetunion enthielt.[28] Damit stand einer endgültigen Anwerbung nichts mehr im Wege. Der Agent gab dabei vor, mit der Übergabe der Unterlagen einen Krieg zwischen dem Westen und der Sowjetunion verhindern zu wollen. Im Herbst 1958 beschrieb der GRU-Resident in Paris, Generalmajor Aleksej I. Lebedev, dessen Motive für eine Zusammenarbeit wie folgt:

> Mit seinem jetzigen Dienst ist er nicht zufrieden. Im Team fällt er durch seine unabhängige Meinung, sein direktes und scharfes Urteil auf, was der Führung nicht ge-

---

25 Vgl. Claude R. Guiraud: Mémoire à la gloire de Normandie-Niémen. Essai. Paris 2022, S. 343 f.; Un Héros de chez nous, 29.8.2017, auf: https://www.lepetitjournal.net/09-ariege/2017/08/29/un-heros-de-chez-nous/#gsc.tab=0 (letzter Zugriff: 2.7.2024).
26 Vgl. Matthias Uhl: The professionalization of Soviet military intelligence and its influence on the Berlin Crisis under Khrushchev. In: Thomas Wegener Friis, Kristie Macrakis, Helmut Müller-Enbergs (Eds.): East German Foreign Intelligence. Myth, reality and controversy. London, New York 2010, S. 204–218, hier 213; SHAPE-History-1958, August 1967, S. 94, auf: https://www.nato.int/nato_static/assets/pdf/pdf_archives/20121126_SHAPE_HISTORY_-_1958.pdf (letzter Zugriff: 2.7.2024).
27 Archiv GRU, Operationsakte »Murat«, Einschätzung der 3. Direktion der 3. Verwaltung der GRU zum Agenten »Murat«, 1958, abgedruckt in: Michail E. Boltunov: Kroty GRU v NATO. Moskva 2013, S. 170 f.
28 Vgl. Vladimir I. Lota: Ključi ot ada: Atomnaja epopeja tajnogo protivoborstva razvedok velikich deržav. Moskva 2009, S. 410.

fällt. Er hat sich bewusst für eine Zusammenarbeit mit uns entschieden, da er glaubt, dass die NATO potenziell aggressiv sei und die Welt in einen neuen Krieg stürzen könnte. Zu dieser Überzeugung gelangte er bei der Lektüre von Führungsdokumenten der NATO, obgleich seine reaktionäre Verwandtschaft großen Einfluss auf ihn hat. Er hat Zugang zu Informationen der Geheimhaltungsstufen: *Cosmic. Top secret* und *NATO. Secret*. Von kommunistischen Ideen ist er weit entfernt, glaubt aber aufrichtig an die friedlichen Ziele unserer Politik. Vom Charakter her aufbrausend, direkt, prägnant in der Sprache und geistreich. Mutig und entschlossen. Krankhaftes Selbstwertgefühl. Vom Aussehen her, männlich sympathisch, schlank, hat bei Frauen Erfolg.[29]

Der Militärattaché hatte also bei seinen Anwerbungsgesprächen mit de La Salle gezielt dessen Ressentiments gegen die Amerikaner verstärkt, auf die gemeinsame »Kampfzeit« gegen Deutschland verwiesen und dessen Faible für die russische Kultur gefördert. Er machte dem französischen Offizier glauben, dass dieser durch den Geheimnisverrat dem »Weltfrieden« diene und als Patriot damit den Interessen Frankreichs nütze.

Im Juni 1960 landete »Murat« dann seinen ersten wirklich großen Coup. Er übergab der GRU eine Kopie des Atomic-Strike-Plans des SACEUR Nr. 110/59 vom 16. November 1959. Der bestand aus drei sogenannten Programmen. Das Programm Scheduled richtete sich »gegen die feindlichen atomaren Trägermittel im Verantwortungsbereich von SACEUR«. Das Anti-Radar-Programm bestand »aus automatischen Angriffen gegen bestimmte Radar- und Kontrollzentren«. Das Interdiction-Programm wiederum umfasste »Ziele, deren Zerstörung wahrscheinlich einen großen Einfluss auf die Bewegungen der feindlichen Streitkräfte haben würde«. Hierfür standen dem NATO-Oberbefehlshaber in Europa 1959 insgesamt 2 550 Kernwaffen zur Verfügung. Der überwiegende Teil der Ziele befand sich auf sowjetischem Territorium. Zu den Zielen in der Sowjetunion gehörten beispielsweise ein Kommandopunkt der Luftverteidigung, rund 100 Kilometer südwestlich von Kiew. Ein wichtiger sowjetischer Bunker bei Lwiw sollte sogar durch den Einsatz einer Atombombe mit einer Sprengkraft von 1,1 Megatonnen ausgeschaltet werden.[30]

---

29 Archiv GRU, Operationsakte »Murat«, Einschätzung des Agenten durch den GRU-Residenten in Paris, Generalmajor Lebedev, Herbst 1958, abgedruckt in: Michail E. Boltunov: »Superstar« sovetskoj razvedki. Moskau 2010 (unveröffentlichtes Manuskript), S. 134 f.

30 Vgl. SACEUR's Emergency Defence Plan – 1958. Report by the Joint Planning Staff, 8.11.1957, auf: https://www.php.isn.ethz.ch/kms2.isn.ethz.ch/serviceengine/Files/PHP/18472/ipublicationdocument_singledocument/bde9cddd-7c02-43af-817d-2c4add1b24e4/en/571108_SACEUR.pdf (letzter Zugriff: 21.3.2024); Sean M. Maloney: Emergency War Plan: The American Doomsday Machine, 1945–1960. Lincoln, NE 2021, S. 295–300; Dieter Krüger: Schlachtfeld Bundesrepublik? Europa, die deutsche Luftwaffe und der Strategiewechsel der NATO 1958 bis 1968. In: Vierteljahrshefte für Zeitgeschichte (2008) 2, S. 171–225, hier 186 f.

Dem sowjetischen Militärgeheimdienst war die Wichtigkeit des Dokuments sofort bewusst. Auch die russischen Geheimdienstexperten Michail E. Boltunov und Aleksandr I. Kolpakidi bewerten die von »Murat« im Sommer 1960 übergebenen Unterlagen als außerordentlich. Die GRU hätte 1941 selbst Stalin keine Originaldokumente über die deutschen Planungen für einen Angriff auf die Sowjetunion vorlegen können. Jetzt lagen auf dem Schreibtisch von Kremlchef Chruščev Listen mit Tausenden Zielen in der Sowjetunion, bei denen aufgeführt war, mit welchen Kernwaffen und mit welcher Sprengkraft diese vernichtet werden sollten. Beim Atomic-Strike-Plans des SACEUR Nr. 110/59 handelte es sich, aus sowjetischer Sicht, um eine Variante des »Barbarossa-Plans« aus dem Atomzeitalter, der Chruščev zeigte, wie verwundbar die Sowjetunion damals war. Die genaue Kenntnis der amerikanischen Planungen ließ ihn im weiteren Verlauf der Berlin- und Kuba-Krise deutlich weniger aggressiv werden. In den entscheidenden Momenten beider Krisen lenkte der sowjetische Parteichef immer wieder ein, um eine bewaffnete Auseinandersetzung mit den USA und deren westlichen Verbündeten zu vermeiden.[31]

Im Februar 1962 übergab der Spion der GRU dann eine umfassende Aufstellung der Kernwaffen bei den NATO-Armeegruppen Nord (NORTHAG) und Mitte (CENTAG). Das Schriftstück enthielt jedoch nicht nur Angaben zur Zahl der einsatzbereiten Nuklearsprengköpfe, sondern führte auch auf, in welcher Tiefe die Atomschläge beider Heeresgruppen entlang der Linie Murmansk – Leningrad – Minsk – Orscha – Kiew geführt werden sollten. Ferner hatte de La Salle die konkreten Ziele angegeben, die im Rahmen von vier Prioritätslisten zu vernichten waren. Seine Notizen gaben auch Auskunft darüber, mit welcher Art von Kernwaffen und mit wie vielen Sprengköpfen diese im Ernstfall zerstört werden sollten.[32]

Mitte März 1962 überreichte de La Salle seinem Agentenführer dann den Atomic-Strike-Plan Nr. 200/61 des Obersten Hauptquartiers der Alliierten Streitkräfte in Europa (SHAPE).[33]

Damit erhielt die GRU erneut Zugriff auf eines der streng geheimsten Planungsdokumente der NATO, von deren Inhalt selbst die engsten Verbündeten der USA »nur über sehr vage Kenntnisse« verfügten, denn über das, was in

---

31 Siehe Interviews von Michail E. Boltunov und Aleksandr I. Kolpakidi in der TV-Dokumentation: GRU. Tajny voennoj razvedki, Teil 9: V šage ot apokalipsisa. GRU i tret'ja mirovaja. Moskva 2011.
32 Vgl. Michail E. Boltunov: Agenturoj GRU ustanovleno ... Moskva 2003, S. 170.
33 Vgl. Archiv GRU, Schreiben Nr. 150857 des Chefs der 3. (westeuropäischen) Verwaltung der GRU, Generalleutnant Konovalov, an den Chef der Informationsverwaltung der GRU, Generalleutnant Korenewskij, 15.3.1962. Ich danke Michail E. Boltunov für die Überlassung des Dokuments.

dem Schriftstück stand, wurden lediglich die NATO-Befehlshaber informiert.[34] Wie der SACEUR Ende 1959 gegenüber dem Bundesminister der Verteidigung Franz-Josef Strauß betont hatte, trage er allein für die Atomplanung die militärische Verantwortung, »daher könne er den Atomplan (ASP) nicht an die nationalen Ministerien zur Kenntnis geben«.[35] An dieser Stelle dürfte es deshalb kaum verwundern, dass die nunmehr über 60 Jahre alten Atompläne des NATO-Oberbefehlshabers bis heute streng geheim sind.

Für Norstad hatte bei seinen nuklearen Planungen folgende Prämisse höchste Priorität: »Der Feind muss so rasch reduziert werden, dass er Europa nicht überrennen kann.« Folglich waren die Luftstreitkräfte der Sowjetarmee, ihre nuklearen Abschussbasen und Truppenansammlungen zu vernichten.[36] Diese Zielsetzung deckte sich mit den übrigen strategischen Nuklearplanungen der USA, in die auch der Atomic-Strike-Plan von SHAPE zum Teil integriert war. Der damals gültige sogenannte Single-Integrated-Operational-Plan (SIOP-62) gegen die Sowjetunion sah vor, innerhalb von 72 Stunden durch den Einsatz von 3 400 strategischen Kernwaffen 54 Prozent der Bevölkerung des größten Landes der Erde zu töten und 82 Prozent des dortigen Wohnraums zu vernichten. Ein solcher massiver Atomschlag hätte in der UdSSR mindestens 108 Millionen Menschenleben ausgelöscht.[37] Doch auch in Mitteleuropa wären die nuklearen Verwüstungen gewaltig gewesen.[38]

Der entsprechende sowjetische Gegenschlag hätte in der Bundesrepublik zu verheerenden Verlusten und Zerstörungen geführt. Die Bundeswehr schätzte 1961, dass der Warschauer Pakt bei einem ersten strategischen Kernwaffenschlag innerhalb von 30 Minuten insgesamt 1 200 ortsfeste NATO-Ziele angreifen würde. Von diesen befanden sich 422 in der Bundesrepublik, hinzu kämen ungefähr 400 Kernwaffenangriffe auf bewegliche Objekte wie Truppenverbände und Atomwaffen. Das strukturelle Gefüge Westdeutschlands – so das Papier – löse sich in dieser Situation völlig auf. Lediglich in inselförmigen Teilgebieten würden Mindestfunktionen einer öffentlichen Ordnung erhalten bleiben. Der gewaltige Anfall von Toten, Verletzten und Strahlungskranken stelle das Sanitätswesen vor unlösbare Aufgaben. Die NATO-Streitkräfte selbst würden durch

---

34 Vgl. Sprechzettel für Unterredung von Verteidigungsminister Strauß mit dem Alliierten Oberkommandierenden in Europa, General Lauris Norstad, o. D.; BArch, BW 2/1799, Bl. 8; Dieter Krüger: Schlachtfeld Bundesrepublik? Europa, die deutsche Luftwaffe und der Strategiewechsel der NATO 1958 bis 1968. In: Vierteljahrshefte für Zeitgeschichte (2008) 2, S. 186.
35 Entwurf für ein Gedächtnis-Protokoll der Besprechung des Herrn Ministers mit General Nordstad bei SHAPE, 23.11.1959; BArch, BW 2/1799, Bl. 24 f.
36 Vgl. Konzeption der NATO-Politik, 25.5.1961; BArch, BW 2/2526, o. Bl.
37 Vgl. Memo von General Maxwell D. Taylor für General Lyman L. Lemnitzer, 6.9.1961, https://nsarchive2.gwu.edu/NSAEBB/NSAEBB56/BerlinC1.pdf (letzter Zugriff: 2.7.2024).
38 Vgl. Dieter Krüger: Schlachtfeld Bundesrepublik? Europa, die deutsche Luftwaffe und der Strategiewechsel der NATO 1958 bis 1968. In: Vierteljahrshefte für Zeitgeschichte (2008) 2, S. 176 f.

den ersten Atomschlag schwerste Verluste erleiden, die NATO-Divisionen wären danach nicht mehr zu einer aktiven Kampfführung fähig.³⁹

Wie genau die Einsätze des Atomic-Strike-Plans ablaufen sollten, zeigte der GRU ein 96-seitiger Operationsplan der 17. US-Luftflotte, den »Murat« nur wenig später übergab.⁴⁰ Kurze Zeit später übermittelte de La Salle an den sowjetischen Militärgeheimdienst noch vier Varianten von weiteren Einsatzplänen der 17. Luftflotte gegen den Warschauer Pakt. Für die Lieferung dieser wichtigen Planungs- und Einsatz-Dokumente der NATO wurde »Murat« im Sommer 1962 in Paris während eines konspirativen Treffens mit dem Lenin-Orden ausgezeichnet.⁴¹

Im Frühjahr 1962 charakterisierte sein neuer Führungsoffizier, der Korvettenkapitän Viktor A. Ljubimov, seinen Top-Agenten – der ihm gerade einen 414-seitigen NATO-Plan von Zielen für Nuklearschläge auf dem Zentraleuropäischen Kriegsschauplatz übergeben hatte – wie folgt:

> *Murat* macht den Eindruck eines klugen, leicht sarkastischen Menschen, der sich sehr gut in der militärpolitischen Situation auskennt. Uns gegenüber ist er sehr freundschaftlich eingestellt. Er verbindet Mut mit Vorsicht, verbale Prahlerei mit Wachsamkeit. In seinen Entscheidungen ist er kategorisch, stimmt aber gut begründeten Argumenten zu. *Murat* ist eine Person, die umsorgt werden will und Aufmerksamkeit benötigt. Er ist sehr verletzlich, wenn es um seinen Dienst geht. Fragen, die seine Offiziersehre berühren, beunruhigen ihn sichtlich. Ihm sind die Wichtigkeit und der Wert seiner Tätigkeit für unsere Interessen bewusst, weshalb er streng auf dem Prinzip besteht, dass die moralische wie auch materielle Bewertung seiner Arbeit durch das Kommando der Streitkräfte der UdSSR erfolgen muss (und nicht vergessen werden darf).⁴²

Die von *Murat* beschaffte Liste enthielt Angaben zu mehr als 696 Zielen, die die NATO im Fall eines Konfliktes mit der Sowjetunion durch den Einsatz von Atomwaffen auslöschen wollte.⁴³ Allerdings zeigte sich die GRU-Zentrale von der Masse der streng geheimen NATO-Dokumente, die bei ihr mittlerweile im Wochenrhythmus eingingen, zunehmend verwöhnt. Beispielsweise forderte die Führung des Militärgeheimdienstes nun von ihrem Agenten, er solle, bevor eine Kopie der Unterlagen erfolge, zunächst eine Übersicht über die Geheimdoku-

---

39 Vgl. Studie des Führungsstabes der Bundeswehr III 6: Kriegsbild – Fall A, 15.12.1961; ebenda; BArch, BW 2/2228, Bl. 4–15.
40 Vgl. Archiv GRU, Schreiben des Chefs der 3. (westeuropäischen) Verwaltung der GRU, Generalleutnant Konovalov, an den Chef der Informationsverwaltung der GRU, Generalleutnant Korenevskij, 19.3.1962. In: Michail E. Boltunov: Kroty GRU v NATO. Moskva 2013, S. 198.
41 Vgl. Ènciklopedija voennoj razvedki Rossii. Moskva 2004, S. 460.
42 Archiv GRU, Operationsakte »Murat«, Bericht von Führungsoffizier Ljubimow über sein erstes Treffen mit »Murat«, Frühjahr 1962, abgedruckt in: Michail E. Boltunov: Kroty GRU v NATO. Moskva 2013, S. 154 f.
43 Viktor Ljubimov: Voennaja razvedka i Karibskij krizis. In: Voennyj parad, 1998, Nr. 2, S. 118–121, hier 118.

mente mit kurzer Inhaltsangabe liefern, damit die Moskauer Zentrale dann entscheiden könne, was wirklich benötigt werde. Ljubimov verstand allerdings, dass dieses Ansinnen vollkommen weltfremd war und leitete es daher erst gar nicht an de La Salle weiter.[44]

Bis zu seiner im August 1965 erfolgten Entlassung aus den französischen Streitkräften lieferte der Oberst zahlreiche weitere streng geheime NATO-Dokumente an die GRU. Schließlich von seinem bisherigen Zugang zu Geheimakten getrennt und damit faktisch »nutzlos« geworden, beendete der sowjetische Militärgeheimdienst alsbald seine Beziehung zu »Murat«. Der stand nun vor dem Scherbenhaufen seiner Agententätigkeit für die GRU. Doch der Oberst hatte sich offenbar zu sehr an das Leben eines Agenten gewöhnt, sodass er aus der Falle der Spionage nicht mehr herauskam. De La Salle bot nun der rumänischen Securitate seine Dienste an und ließ sich von dieser dafür entlohnen. Durch seine zahlreichen Reisen nach Rumänien und möglicherweise auch durch das Überlaufen seines Führungsoffiziers nach Großbritannien geriet er ins Visier des französischen Inlandsgeheimdienstes DST, der ihn am 6. August 1969 verhaftete. Zwei Tage später stürzte sich der pensionierte Offizier bei einer in dessen Anwesenheit erfolgten Hausdurchsuchung aus dem Fenster seiner Pariser Wohnung.[45] Für die GRU selbst schien dieser Tod ihres einstigen Agenten durchaus eine Peinlichkeit zu sein. In offiziösen und halboffiziösen Darstellungen des Militärgeheimdienstes zum Agenten »Murat« wird jeder Zusammenhang mit Oberst de La Salle bislang verneint und vielmehr die Geschichte erzählt, der geheimnisvolle Spion sei im Sommer 1968 bei einem Autounfall auf tragische Art und Weise ums Leben gekommen.

GRU-Oberst Georgij N. Bol'šakov und die Beilegung der Kuba-Krise

Auch über die angespannte Situation rund um Kuba informierten die sowjetische Führung zahlreiche Quellen der GRU. Schließlich hatte es der sowjetische Militärgeheimdienst zu dieser Zeit vermocht, einen geheimen Kanal zwischen den politischen Führungen der Sowjetunion und der USA aufzubauen. Im Mittelpunkt dieser Verbindung stand GRU-Oberst Georgij N. Bol'šakov, der in Washington offiziell als stellvertretender Chefredakteur der Zeitschrift »Soviet Life« akkreditiert worden war. Der damals 40-jährige Geheimdienstoffizier, 1922 in Moskau geboren, hatte nach dem Schulabschluss ein Studium an der Militärfakultät des Moskauer Instituts für Fremdsprachen aufgenom-

---

44 Michail E. Boltunov: Kroty GRU v NATO. Moskva 2013, S. 193.
45 Vgl. Philippe Broussard, Jean-Marie Pontaut: Espionnage – Les grandes affaires: de 1945 à nos jours. Paris 2014, S. 112–115; Jean-François Clair, Michel Guérin, Raymond Nart: La DST sur le front de la guerre froide. Paris 2022, S. 82–84.

men. Nach dem Beginn des deutschen Angriffs auf die UdSSR im Sommer 1941 wurde er zunächst in Karelien als Übersetzer im Stab eines Regimentes eingesetzt, dann folgte eine Verwendung als Gehilfe des Aufklärungschefs einer Schützendivision an der Nordwestfront. 1943 delegierte die Militärführung den aussichtsreichen jungen Offizier zur weiteren Ausbildung an die Höhere Aufklärungsschule beim Generalstab der Roten Armee, zwischen 1946 und 1950 folgte dann ein Studium an der neugegründeten Militärdiplomatischen Akademie, die nunmehr die Anwärter für eine Laufbahn als Geheimdienstoffizier bei der GRU ausbildete. Dem schloss sich 1951 ein erster Einsatz in New York an, wo er, als Mitarbeiter der sowjetischen Nachrichtenagentur TASS getarnt, für den Militärgeheimdienst spionierte. Bereits damals lernte er den für die »New York Daily News« arbeitenden US-Journalisten Frank Holeman kennen. 1955 kehrte Bol'šakov nach Moskau zurück, wo ihn Verteidigungsminister Georgij K. Žukov als seinen Offizier für Sonderaufgaben einsetzte. In dieser Funktion kam er schließlich auch mit dem Schwiegersohn von Parteichef Chruščev Aleksej I. Adšubej in Kontakt, der damals zugleich Chefredakteur der Zeitung »Komsomolskaja Prawda« war. Nach der Entmachtung Žukovs 1957 wurde der Offizier erneut zum militärischen Geheimdienst abkommandiert, wo er allerdings keinen leichten Stand hatte. Viele seiner »Kollegen« sahen in ihm einen gefährlichen Konkurrenten um höhere Dienstposten, andere neideten ihm seine engen Beziehungen zur Führung des Verteidigungsministeriums und darüber hinaus. 1958 ergab sich endlich erneut die Gelegenheit, in den USA zu arbeiten, diesmal unter der Tarnung eines Mitarbeiters des »Sovinformbüros«, das ab 1961 dann als Nachrichtenagentur »Novosti« firmierte.[46]

Holeman, inzwischen zum Chef des renommierten »National Press Clubs« aufgestiegen, unterhielt erneut enge Beziehungen zu Bol'šakov. Im Frühjahr 1961 stellte er den GRU-Agenten mit dem Decknamen »Mark« dem Pressesekretär von Robert F. Kennedy, Justizminister und jüngerer Bruder des US-Präsidenten John F. Kennedy, vor. Am 9. Mai 1961 traf sich dann trotz eines Verbotes seiner GRU-Vorgesetzten der sowjetische Geheimdienstoffizier mit dem Bruder des US-Präsidenten vor dem Washingtoner Büro des Justizministers. Der schlug ihm bei einem anschließenden gemeinsamen Spaziergang die Einrichtung eines geheimen diplomatischen Kanals zwischen Moskau und der US-Regierung vor und regte einen künftigen Interessenausgleich der beiden Supermächte an.[47] Zwar erhielt die GRU am 16. Mai 1961 vom Zentralkomitee die Genehmigung, die Treffen von Bol'šakov und Robert Kennedy vorerst fortzusetzen, doch verstanden sich Chruščev und der US-Präsident beim wenig spä-

---

46 Vgl. Fedor I. Ladygin, Vladimir I. Lota: GRU i Karibskij krizis. Sekretnaja chronika opasnoj konfrontacii. Moskva 2012, S. 14–18.
47 Vgl. Aleksandr A. Fursenko, Timothy Naftali: »One Hell of a Gamble«. Khrushchev, Castro, and Kennedy, 1958–1964. New York u. a. 1997, S. 112–114.

ter erfolgten Gipfeltreffen in Wien nicht sonderlich, sodass die Führungsspitzen beider Supermächte zunächst weiter aneinander vorbeiredeten. Auf dem Höhepunkt der Berlin-Krise im Oktober 1961 bewährte sich der geheime Kanal allerdings erstmals. Als die Panzerkonfrontation am Checkpoint Charlie zu eskalieren drohte, übermittelte der GRU-Agent einen Vorschlag Chruščevs an die Kennedy-Brüder, der schließlich zum Rückzug beider Seiten führte.[48]

Auch im Verlauf des Jahres 1962 setzten sich die Kontakte zwischen Bol'šakov und Robert Kennedy weiter fort, beide trafen sich zwischen Frühjahr 1961 und Herbst 1962 insgesamt rund 50-mal. Während der Kuba-Krise im Herbst 1962 versiegte jedoch der geheime Kanal zwischen Moskau und Washington. Im Sommer hatte Chruščev den GRU-Obersten, der sich gerade auf Urlaub in der Sowjetunion befand, nach Pizunda an der abchasischen Schwarzmeerküste kommen lassen, wo der Parteichef seine Sommerfrische verbrachte. Er ließ sich von dem Geheimdienstoffizier über dessen Treffen mit Robert Kennedy unterrichten und wies ihn danach an, dem US-Justizminister mitzuteilen, dass die Sowjetunion auf Kuba keine Offensivwaffen stationieren würde. Der Militär hatte keinen Grund, seinem Oberbefehlshaber nicht zu glauben und zeigte sich entsprechend überrascht, als ihm Robert Kennedy am 23. Oktober 1962 Luftaufnahmen der sowjetischen Mittelstreckenwaffen auf der karibischen Insel präsentierte. Gut zwei Wochen zuvor hatte der Geheimdienstoffizier dem US-Justizminister noch versichert, dass Chruščev vor der »Haustür« der USA keine Atomraketen aufstellen würde, doch der sowjetische Parteichef benutzte Bol'šakov offenbar dafür, die amerikanische Führung über seine tatsächlichen Absichten zu täuschen. Damit schien das Ende des heißen Drahtes der GRU zwischen Moskau und Washington besiegelt.[49]

Am 24. Oktober trafen sich jedoch Bol'šakov und der US-Journalist Charles Bartlett. Letzterer überbrachte einen Lösungsvorschlag des US-Präsidenten für die angespannte Situation. Die Vereinigten Staaten würden ihre »Jupiter«-Mittelstreckenraketen aus der Türkei abziehen, die dort seit 1961 stationiert waren, wenn die Sowjetunion wiederum ihre Fernlenkwaffen auf Kuba in die Sowjetunion abtransportiere. Damit war der Weg für die Beilegung der Raketenkrise vorgezeichnet. Am späten Nachmittag des 27. Oktober 1962 stimmte Chruščev dem amerikanischen Vorschlag zu, musste jedoch garantieren, ihn vertraulich zu behandeln. Da die sowjetischen Raketen nun scheinbar ohne amerikanische Gegenleistung Kuba verließen, erschien er den Zeitgenossen als Verlierer in der gefährlichsten nuklearen Konfrontation der Geschichte. Dass die USA jedoch nun garantierten, dass die In-

---

48 Vgl. Stefan Brauburger: Die Nervenprobe. Schauplatz Kuba: Als die Welt am Abgrund stand. Frankfurt/M., New York 2002, S. 85 f.; Aleksandr A. Fursenko: Rossija i meždunarodnye krizisy: seredeina XX veka. Moskva 2006, S. 243–245.
49 Vgl. Wladislaw Subok, Konstantin Pleschakow: Der Kreml im Kalten Krieg. Von 1945 bis zur Kubakrise. Hildesheim 1997, S. 370 f.; Fedor I. Ladygin, Vladimir I. Lota: GRU i Karibskij krizis. Sekretnaja chronika opasnoj konfrontacii. Moskva 2012, S. 42–63.

sel sowjetisches Einflussgebiet blieb und die Amerikaner ihre Atomraketen aus der Türkei abzogen, erfuhr die Öffentlichkeit erst nach dem Ende des Kalten Krieges.[50]

Für den Kreml-Chef zeichnete sich auch aus anderen GRU-Meldungen deutlich ab, dass sich die UdSSR und die USA auf eine äußerst gefährliche Konfrontation zubewegten. So unterrichtete der Militärgeheimdienst in den frühen Morgenstunden des 26. Oktober 1962 die Führung der Sowjetarmee über Telefongespräche zwischen dem Pentagon und dem US-Luftverteidigungskommando NORAD, bei denen über das Vorhandensein von nuklearen Gefechtsköpfen auf der Insel für die sowjetischen Raketen spekuliert wurde.[51] Am Morgen des 27. Oktober 1962 meldete der Chef-Resident der GRU in den USA und sowjetische Militärattaché in Washington, Generalleutnant Vladimir A. Dubovik, schließlich nach Moskau, dass in Kürze mit einer Landung von US-Truppen zu rechnen sei. Diese und andere Informationen dürften dafür gesorgt haben, dass sich Chruščev für eine Verständigung mit Kennedy entschloss und diese Entscheidung sogar – um keine Zeit zu verlieren – über den sowjetischen Rundfunk verkünden ließ.[52]

Abschließend kann festgehalten werden, dass auf der Grundlage der Informationen der GRU die politischen und militärischen Maßnahmen des Westens während der Berlin- und Kuba-Krise für die sowjetische Führung in einem hohen Maße transparent waren. Die Meldungen seines militärischen Geheimdienstes, aber auch die des KGB, gewährten Chruščev Einblick in fast alle wichtigen Entscheidungen der Westmächte bis hinauf zu den höchsten Regierungsebenen. Dem sowjetischen Staats- und Parteichef war dadurch klar, wie weit er mit seinem Bluff beim Poker um Berlin und Kuba gehen konnte. Die »pragmatische, klardenkende Orientierung [...] der GRU« ließ den »leidenschaftlichen und etwas waghalsigen« Chruščev bei Höhepunkten der Krise vor abenteuerlichen Entscheidungen zurückschrecken und die Lage realistisch bewerten.[53] Dies führte während der Berlin-Krise zum Rückzug der Panzer vom Checkpoint *Charlie* wie auch später in der Kuba-Krise zum Abzug der sowjetischen Rake-

---

50 Vgl. Vladimir I. Lota: Armaggedon otmenjaetsja. Karibskij krizis: ljudi, sobytija, dokumenty. Moskva 2014, S. 251 f.; Bernd Greiner: Die Kuba-Krise. Die Welt an der Schwelle zum Atomkrieg. München 2010, S. 92–101.
51 Vgl. Chiffretelegramm Nr. 26416 der funktechnischen Aufklärung der GRU an Serov u. a., 26.10.1962, abgedruckt in: Fedor I. Ladygin, Vladimir I. Lota: GRU i Karibskij krizis. Sekretnaja chronika opasnoj konfrontacii. Moskva 2012, S. 64 b; Bericht des Kommandeurs der 51. Raketendivision über die Operation »Anadyr«, 18.12.1962, abgedruckt in: Dimitrij N. Filippovych, Matthias Uhl (Hg.): Vor dem Abgrund: Die Streitkräfte der USA und der UdSSR sowie ihrer deutschen Bündnispartner in der Kubakrise. München 2005, S. 171.
52 Vgl. Chiffretelegramm Nr. 26464 der GRU-Residentur in Washington an Serov u. a., 27.10.1962, auf: https://function.mil.ru/news_page/country/more.htm?id=11415875@cmsArticle (letzter Zugriff: 18.7.2024).
53 Vladislav Zubok: Der sowjetische Geheimdienst in Deutschland und die Berlinkrise 1958–1961. In: Wolfgang Krieger, Jürgen Weber (Hg): Spionage für den Frieden? Nachrichtendienste in Deutschland während des Kalten Krieges. München 1997, S. 143.

ten von der Insel.⁵⁴ Dass Chruščev trotz der umfassenden Geheimdienstinformationen in seiner Politik Fehlern und Fehleinschätzungen unterlag, ist freilich unbestritten, zu sehr bestimmten ideologische Leitmotive dessen politisches Handeln. Nicht immer konnten sich deshalb seine militärischen Geheimdienstoffiziere mit ihren analytischen Situationsberichten gegen die Selbstannahmen des Kremlchefs durchsetzen.

---

54 Vgl. Aleksandr A. Fursenko, Timothy Naftali: Der Umgang mit KGB-Dokumenten: Der Scali-Feklisov-Kanal in der Kuba-Krise. In: Die Kubakrise 1962: Zwischen Mäusen und Moskitos, Katastrophen und Tricks, Mongoose und Anadyr, hg. von Heiner Timmermann. Hamburg, London 2003, S. 76–85; Služba vnešnej razvedki Rossijskoj Federacii 100 let. Dokumenty i svidetel'skva. Moskva 2021, S. 280–291.

Jens Schöne

Wissen, Kommunikation und Handeln.
Das Ministerium für Staatssicherheit als Informationsgeber in Krisensituationen

Die Geschichte des Ministeriums für Staatssicherheit (MfS) ist in den letzten Jahrzehnten ausgiebig erforscht worden, mit unverkennbaren Schwerpunktsetzungen und daraus folgenden Erkenntnissen wie Fehlstellen. Eine Konzentration auf urbane Zentren ist in der Forschung nicht zu übersehen, ebenso wenig der Umstand, dass über das Wirken der Geheimpolizei jenseits dieser Zentren, in kleinstädtischen oder gar dörflichen Milieus, nach wie vor wenig bekannt ist. Zwar gibt es Ausnahmen,[1] doch wird insgesamt zumeist nicht differenziert, sondern leichthin subsumiert: Was etwa für Berlin, Leipzig und Jena richtig sein mag, kann für Anklam, Milow oder Merxleben nicht falsch sein, so die Annahme. Dieses Vorgehen erinnert in seiner Grundannahme fatal an die marxistisch-leninistische Ideologie, die dereinst mit Blick auf das städtische Proletariat entwickelt und in vielen Punkten ungebrochen auf die Bevölkerung ländlicher Gebiete übertragen wurde.[2] Beides führte zu weitreichenden Fehlschlüssen.

Was aber wusste das MfS gerade in Krisensituationen über die Vorgänge, Zusammenhänge und Notwendigkeiten innerhalb ländlich geprägter Lebenswelten der DDR, was kommunizierte es und welches politische Handeln erwuchs daraus? Zur Beantwortung dieser Fragen soll hier zunächst der DDR-Volksaufstand vom Juni 1953 in den Blick genommen werden. Erkennbar früher als in den Städten, spätestens ab dem 13. Juni 1953, formierte sich in den Dörfern Protest, wurden Vertreter und Symbole des Systems direkt attackiert und staatliche Entscheidungen revidiert. Während in den späteren Zentren des Aufstands noch weitgehend Ruhe herrschte, musste sich das Regime in ländlichen Gemeinden bereits mit vielfältigen Widerstandshandlungen auseinandersetzen. Ein markantes Beispiel dafür war der kleine Thüringische Ort Körner. Die Staatssicherheit informierte umfassend über den Fall – allerdings erst im Nachgang, denn

---

1 So z. B. Michael Heinz: »Der Kampf um die Hirne und Herzen der Menschen tobt.« Friedliche Revolution und demokratischer Übergang in den Kreisen Bad Doberan und Rostock-Land. Bad Doberan 2009; Regina Teske: Staatssicherheit auf dem Dorfe. Zur Überwachung der ländlichen Gesellschaft vor der Vollkollektivierung 1952 bis 1958 (BF informiert, Nr. 27). Berlin 2006.
2 Vgl. Jens Schöne: Frühling auf dem Lande. Die Kollektivierung der DDR-Landwirtschaft. Berlin 2010, S. 50–54.

weder sah sie die Ereignisse kommen, noch vermochte sie unmittelbar einzugreifen. Wie überall im Land, so hatte sie es auch dort bisher nicht vermocht, sich effektiv im ländlichen Raum zu verankern.

Regulär fand in Körner am 13. Juni 1953 eine Einwohnerversammlung statt; die Vorbereitung der Ernte und die Erfüllung der Pläne standen auf der Tagesordnung. Dann aber wurde es höchst turbulent. Kaum hatte der Bürgermeister seine Ansprache begonnen, wurde er unterbrochen: »Raus mit dem Verbrecher, der ist an allem schuld«, schleuderte ihm ein Anwesender entgegen. Dafür erhielt er »rasenden Beifall« von der Dorfgemeinschaft und alsbald schrien alle: »Raus mit dem Bürgermeister.« Schließlich erhob sich ein Mechaniker und demonstrierte, wie verhasst der lokale Vertreter der Macht tatsächlich war: »Ich habe nur einen Kopf zu verlieren, und diesen Kopf riskiere ich jetzt und schlage den Bürgermeister tot.« Nur ein zufällig anwesender Ordnungshüter verhinderte, dass dem Ansinnen Taten folgten. Als schließlich – kaum zufällig – das Licht im Saal fast vollständig ausging, war das Chaos perfekt. Erst die anrückende Polizei machte den Auseinandersetzungen ein Ende und nahm fünf »Rädelsführer« fest. Trotzdem beschlossen die Gemeindevertreter noch am selben Tag, ein Verfahren zur Absetzung des Bürgermeisters einzuleiten. Allein die Fraktion der SED widersetzte sich diesem Ansinnen, alle anderen stimmten zu.[3] Das war eine hoch politische Entscheidung, die sich frontal gegen das herrschende Regime richtete.

Körner war kein Einzelfall, ganz im Gegenteil. An jenem 13. Juni 1953 rumorte es bereits in vielen anderen kleinen Orten der DDR, während die Bauarbeiter der Berliner Stalinallee noch dabei waren, ihren Streikbeschluss zu fassen. In der Bilanz waren mehr als 40 Prozent aller am Volksaufstand beteiligten Gemeinden Dörfer mit weniger als 2 000 Einwohnern. Fahnen wurden öffentlich verbrannt, Bürgermeister verprügelt und neue Gemeindevertretungen gewählt. Besonders verhasste Funktionäre mussten in Jauchegruben springen oder unter dem Hohngelächter der Dorfbevölkerung Stalinbilder die Straßen entlangtragen. Die bäuerlichen Proteste blieben dabei keineswegs auf die jeweiligen Heimatdörfer beschränkt. So kam es beispielsweise in Mühlhausen – ausgerechnet in jener Stadt, die die SED als Hort der Bauernbefreiung durch Thomas Müntzer feierte – zu einem Sternmarsch aus den umliegenden Dörfern, der den örtlichen Funktionären die pure Panik in die Knochen trieb. Selbst in Berlin befanden sich am 17. Juni Bauern unter den Demonstranten, die aktiv ins Geschehen eingriffen. Überall in den Dörfern fanden Siegesfeiern statt. Dabei wurde im ganzen Land auf drei bevorstehende Ereignisse getrunken: das Ende des SED-

---

3 Telefonische Durchsage vom 13. Juni 1953. In: Jürgen Gruhle (Hg.): Ohne Gott und Sonnenschein. Eine Dokumentation, Bd. 3. Nauendorf 2002, S. 39 f., Zitate ebenda.

Regimes, die bevorstehende Wiedervereinigung der beiden deutschen Staaten und eine gesamtdeutsche Regierung unter Konrad Adenauer.[4]

Als sich annähernd 30 Jahre später die Situation in der DDR wieder einmal krisenhaft zuspitzte, war die Ausgangslage eine völlig andere. Das MfS hatte es bis dahin durchaus vermocht, in den Dörfern Informationsstrukturen aufzubauen, auch wenn diese oftmals nur lückenhaft ausgeprägt waren. Spätestens ab dem ökonomischen Katastrophenjahr 1982 erkannte die Staatssicherheit, dass es dringend Veränderungen am Gesamtsystem brauchte, damit selbiges nicht nachhaltigen Schaden erleiden würde. Schon im Januar 1982 warnte beispielsweise die Bezirksverwaltung Potsdam intern eindringlich vor Fehlentwicklungen und der allgemeinen »Kompliziertheit der Lage«: »Vorliegenden Hinweisen zufolge zeigen sich bei einigen Funktionären der Land-, Forst- und Nahrungsgüterwirtschaft Erscheinungen von Resignation vor den komplizierten Aufgaben, Lamentiererei und Panikmacherei.« Schlimmer noch: Teile der sozialistischen Funktionselite, sowohl auf Zentral- als auch auf Bezirksebene, würden die »Probleme, Widersprüche und Konflikte als systemimmanent und somit unter unseren gesellschaftlichen Verhältnissen als unlösbar ansehen«.[5] Das war in letzter Konsequenz nicht weniger als eine Absage an das bestehende politische und ökonomische System – und sie kam nicht aus der Opposition, sondern aus den eigenen Reihen. Entsprechend energisch benannte das MfS die Probleme und warnte vor möglichen Auswirkungen. Das würde es auch in den Folgejahren tun, das Wissen um die Missstände fortlaufend weitergeben und mitunter Lösungsvorschläge unterbreiten, ohne damit allerdings das gewünschte Handeln vonseiten der SED zu erreichen. Politikberatung fand erkennbar statt, die Konsequenzen blieben allerdings höchst überschaubar. Das wiederum führte zumindest in Teilen zu Resignation innerhalb des Sicherheitsapparates, was nicht ohne Folgen bleiben sollte.

Wissen, Kommunikation und Handeln (oder auch: Nicht-Handeln) spielten also sowohl in den 1950er- als auch in den 1980er-Jahren eine zentrale Rolle für die Konstituierung von Herrschaft in der DDR. Einzelne Facetten sollen im Folgenden jeweils skizziert und abschließend verglichen werden.

---

4 Jens Schöne: Frühling auf dem Lande. Die Kollektivierung der DDR-Landwirtschaft. Berlin 2010, S. 142–153.
5 Leiterinformation Nr. 1/82 über die Lage in der Landwirtschaft vom 28. Januar 1982; BArch, MfS, BV Potsdam, AKG Nr. 1318, Bl. 1–6, Zitate Bl. 5 f.

Die Staatssicherheit und der Volksaufstand

Die Überwachung der Volkswirtschaft, und damit auch der Landwirtschaft, war eine zentrale Aufgabe des Ministeriums für Staatssicherheit, fast von Anfang an. Lediglich bis zur zweiten Jahreshälfte 1952 hatten sich die Mitarbeiter des Ministeriums nur sehr sporadisch mit den Vorgängen auf dem Lande auseinandergesetzt, da sowohl ihr ideologisches Selbstverständnis als auch ihre Lebenswirklichkeit städtisch geprägt waren.[6] Erst die Forcierung der Kollektivierung der Landwirtschaft ab November 1952 brachte einen klaren Strategiewechsel hervor. Die weitere Absicherung der »Vergenossenschaftlichung« sollte nun nicht mehr durch vereinzelte Einsätze, sondern durch eine systematische strukturelle Verankerung im ländlichen Raum erfolgen.

Federführend war die Hauptabteilung III (ab 1964: XVIII), die über nachgeordnete Diensteinheiten in den Bezirken und Kreisen der DDR verankert war oder zumindest verankert sein sollte. Denn praktisch gab es von Anbeginn Probleme. Das fing mit der Auftraggeberin an: Als urban geprägte Institution hatte die SED bzw. deren Führung keine Vorstellung von Strukturen, Abläufen und Zusammenhängen in den ländlichen Gebieten. Mehr noch: Sie hatte nicht einmal den Anspruch, sich mit derartigen Fragen zu beschäftigen. Was sie wusste und kommunizierte, entnahm sie im Wesentlichen zwei Quellen: den »Klassikern« des Marxismus-Leninismus und den Kollektivierungserfahrungen der Sowjetunion. Erstere hatten den ländlichen Raum ebenfalls aus rein theoretischem Ansatz betrachtet, letztere gelehrt, dass es vor allem Zwang und Gewalt bedurfte, um die vermeintlich rückständige Dorfbevölkerung auf den Weg zum Sozialismus zu bringen.[7] Noch Ende Mai 1953 ermahnte Walter Ulbricht seine Kämpfer an der geheimen Front: »Deshalb muss sich die Staatssicherheit mit diesen Fragen gründlicher beschäftigen.« Zwar konzedierte er, es sei »manchmal schwer zu entscheiden, wo fängt die Sabotage an und wo gibt es tatsächlich bestimmte Schwierigkeiten«, doch gab er die Lösung dieses Problems gleich mit vor, indem er als Quelle allen Übels »Terrorakte durch Agenten, Gutsbesitzer, Großbauern und andere Elemente«[8] definierte. Ein Detail seiner letzten Äußerung offenbart, wie wenig Wissen es tatsächlich gab, wie sehr die Ideologie den Blick auf die Realität dominierte: Gutsbesitzer gab es in der SBZ/DDR schon seit der Bodenreform nicht mehr, sie war bereits Mitte 1948 abgeschlossen worden.

---

6 Vgl. Jens Gieseke: Die hauptamtlichen Mitarbeiter der Staatssicherheit. Personalstruktur und Lebenswelt 1950–1989/90 (Analysen und Dokumente, 20). Berlin 2000, S. 85–90, 132–139.

7 Dazu insgesamt für den sowjetischen Machtbereich Andreas Schönfelder (Hg.): Die Sowjetisierung ländlicher Räume Ostdeutschlands in einem ostmittel- und osteuropäischen Kontext. Dresden 2022.

8 Referat Walter Ulbrichts anlässlich der Parteiaktivtagung am 28. Mai 1953 im Klub Orankesee; BArch, MfS, SdM Nr. 1199, Bl. 232–273.

Mit derartigem Unwissen ausgerüstet, versuchte auch die Staatssicherheit ab Ende 1952 verstärkt die Dörfer zu infiltrieren und die Kollektivierung voranzutreiben. Wir wissen insgesamt um die schwirige Rekrutierungssituation des MfS in den frühen Jahren[9] – und sie potenzierte sich in den ländlichen Regionen noch einmal. Es fehlte schlicht am notwenigen Personal, um einen halbwegs verlässlichen Überblick über die Vorgänge in den ländlichen Regionen zu bekommen. Neben dem rein ideologisch geprägten Herangehen, das den Zugang zu den Dörfern erschwerte bis unmöglich machte, spielten weitere Faktoren eine Rolle und hemmten nachhaltig die Wissensgewinnung. Als wichtigstes Hindernis stellten sich die engen Sozialbeziehungen in den kleinen Gemeinden heraus: Es war praktisch unmöglich, hier im Stillen zu arbeiten, ohne dass es bemerkt wurde. Das hinderte SED und MfS aber nicht daran, es trotzdem zu versuchen. Den letzten diesbezüglichen Versuch vor dem Volksaufstand unternahmen Machthaber und Geheimpolizei Ende April 1953 mit der Dienstanweisung 14/53.[10] Schon immer hatten die Maschinen-Traktoren-Stationen (MTS), die nach sowjetischem Vorbild als »Leuchttürme des Sozialismus auf dem Lande« galten, Einfallstor auch für das MfS sein sollen. Nun wurde diese Karte im ganzen Land gezogen: Plötzlich bekam jede MTS einen stellvertretenden Politleiter, der öffentlich nicht erkennbar hauptamtlich dem MfS diente und allein der zuständigen Kreisdienststelle unterstellt war. Er sollte einerseits politische Aufklärungsarbeit leisten und andererseits Informationen in den Gemeinden sammeln.[11] Nur: In den Dörfern begannen sofort Spekulationen um den neuen Posten, und so mancher vermutete richtig, dass es sich dabei um eine nachrichtendienstliche Legende handeln würde. Einer belastbaren Informationsgewinnung, die Voraussetzung für eine valide Politikberatung gewesen wäre, standen derartige Vermutungen selbstredend entgegen.

Ein weiteres, simples und zugleich wirkungsmächtiges Problem im Vorfeld des Volksaufstandes war: Die Mitarbeiter des MfS hatten im Auftrag der Partei der kollektivierten Landwirtschaft zu dienen und gegen die Einzelbauern vorzugehen. Worüber die pompöse Propaganda der Jahre 1952/53 allerdings hinwegtäuschte: Dies war ein höchst ungleicher Kampf. Denn entgegen allen offiziellen Behauptungen handelte es sich bei den Kollektivwirtschaften um eine verschwindend kleine Gruppe; die LPG verfügten nicht einmal über 10 Prozent der landwirtschaftlichen Nutzfläche. 90 Prozent wurden weiterhin privat be-

---

9 Jens Gieseke: Die hauptamtlichen Mitarbeiter der Staatssicherheit. Personalstruktur und Lebenswelt 1950–1989/90 (Analysen und Dokumente, 20). Berlin 2000, S. 83–126.
10 Dienstanweisung Nr. 14/53 vom 28. April 1953; BArch, MfS, BdL/Dok Nr. 2046, Bl. 1–4.
11 Zum wechselvollen Verhältnis von MfS und MTS in diesem Zusammenhang siehe Regina Teske: Staatssicherheit auf dem Dorfe. Zur Überwachung der ländlichen Gesellschaft vor der Vollkollektivierung 1952 bis 1958 (BF informiert, Nr. 27). Berlin 2006, S. 22–26.

wirtschaftet[12] und die Betriebsinhaber lehnten den Sozialismus zumeist konsequent ab. Das machte sie zu Feinden für Partei und Geheimdienst, doch schon ihre schiere Menge verhinderte, dass verlässliches Wissen darüber gesammelt werden konnte, mit wem man es hier eigentlich zu tun hatte. Stattdessen – und hier schließt sich der Kreis – behalf sich das MfS mit ideologisch geformten Annahmen. Wenn etwa Ende Mai 1953 auf der Fachebene festgestellt wurde: »Die Futtermittelgrundlage ist äußerst angespannt und wird es auch bleiben, wenn wir nicht besondere Maßnahmen ergreifen«[13], so folgte daraus keine Problemanalyse, sondern auf der Grundlage mangelnden Personals, fehlenden Wissens und klassenkämpferischer Überzeugung eine Erklärung, die als Kommunikation eine Nullformel darstellte: Der Gegner verschärfe seine Aktionen, deshalb hungere das Vieh. Das war weder eine Analyse der Sachlage, noch eine Information, auf deren Grundlage die Politik effiziente Gegenmaßnahmen hätte entwickeln können. Hinzu kam, dass auch Ulbricht und andere Spitzengenossen der SED nicht an einer solch sachlichen, bestenfalls empirisch abgesicherten Analyse interessiert waren; sie befanden sich ebenfalls im Rausch des Klassenkampfes.

Dabei hätten SED und MfS spätestens seit Mitte Mai 1953 durchaus alarmiert sein können, ja alarmiert sein müssen. Denn ausgerechnet die sowjetische Seite warnte eindringlich vor den negativen Entwicklungen im ländlichen Raum. Dort war man nach Stalins Tod zutiefst beunruhigt, dass die starken deutschen Bauern, wie es hieß, zuhauf das Land verließen, immer mehr Boden brach lag und daher eine massive Zuspitzung der ohnehin virulenten Versorgungskrise drohte. Diesem Befund lag unter anderem ein eigenes Berichtswesen zugrunde. Daher ist es eben kein Zufall, dass der Bericht Nr. 1 des Bevollmächtigten des Ministeriums für Innere Angelegenheiten der Sowjetunion (MWD), Generalmajor Kawersnew, vom 31. Mai 1953 nach Moskau als ersten Punkt »Zur Lage auf dem Lande« behandelte und detailliert Klage darüber führte, dass die Agrarpolitik der SED in vielen Punkten verfehlt sei: »Statt Aufklärungsarbeit zu leisten und die Bauern allmählich für die Genossenschaften zu gewinnen […], *wenden sich die Parteiorgane des Bezirkes nicht selten mit der Forderung an die Polizei und die Verwaltungen des Ministeriums für Staatssicherheit, Verhaftungen von Bauern wegen unbedeutender antidemokratischer Äußerungen vorzunehmen.*«[14] In Moskau war man sehr wohl informiert über die brisante Lage in den Dörfern

---

12 Vgl. allg. Staatliche Zentralverwaltung für Statistik (Hg.): Statistisches Jahrbuch der Deutschen Demokratischen Republik 1956. Berlin 1957, S. 347–353.

13 Schreiben des Sonderbeauftragten für den Bezirk Potsdam, Anton Pleschner, vom 25. Mai 1953; BArch, NY 4182/1071, Bl. 120–125, Zitat Bl. 121.

14 Klaus-Dieter Müller, Joachim Scherrible, Mike Schmeitzer (Hg.): Der 17. Juni 1953 im Spiegel sowjetischer Geheimdienstdokumente. 33 geheime Berichte des Bevollmächtigten des Innenministeriums der Sowjetunion in Deutschland vom 31. Mai bis zum 18. Juli 1953 über die Ereignisse in der DDR. Leipzig 2008, S. 19–32, Zitat S. 21 (Hervorhebung im Original).

der DDR – was sich schließlich darin niederschlug, dass keine andere Bevölkerungsgruppe derart viel Aufmerksamkeit im »Neuen Kurs« des SED-Politbüros vom 9. Juni 1953 erfuhr (der in seinen wesentlichen Punkten aus Moskau dekretiert wurde) wie die Bauern. Doch die ostdeutsche Seite ignorierte alle Warnsignale und wurde so ebenso unvorbereitet wie unvermittelt vom Juni-Aufstand überrascht.[15]

Insgesamt bleibt festzuhalten: Was Information und Kommunikation anbelangte, war das Ministerium für Staatssicherheit in der Krisensituation der Jahre 1952/53 schlicht ein Totalausfall, zumindest, was den ländlichen Raum betraf. Ein Agieren, das auf die Stabilisierung des SED-Systems abzielte, war auf dieser Grundlage unmöglich. Das war den Protagonisten zumindest im Nachhinein sehr wohl bewusst und daraus resultierten zahlreiche Veränderungen, die vorläufig in der Dienstanweisung 47/53 vom 30. Dezember 1953 über die erhöhte Arbeit der Organe der Staatssicherheit in der Landwirtschaft gipfelten. Mit einem ganzen Bündel an Maßnahmen sollte verhindert werden, dass es je wieder zu einem solchen Versagen kommen könne; organisatorische Neuaufstellungen gehörten dazu ebenso wie der Aufbau eines Informatorennetzes und die Offenlegung, dass es sich bei den stellvertretenden Politleitern des MfS eben tatsächlich um MfS-Mitarbeiter handelte, der Geheimdienst also nun ganz offen vor Ort auftrat.[16] Man meinte, aus den Fehlern gelernt zu haben und stellte sich neu auf.

Finale Krise. Das letzte Jahrzehnt der DDR

Aber war das tatsächlich der Fall? Gelang es dem Ministerium für Staatssicherheit schließlich, in adäquatem Maße Wissen in den und über die Dörfer der DDR zu gewinnen und somit zu einem zuverlässigen Berater in diesem Politikfeld zu werden? Ein Blick auf das letzte Jahrzehnt der DDR soll diese Frage beleuchten.

Tatsächlich bot sich mit Blick auf die ländlichen Regionen in den 1980er-Jahren eine weitgehend veränderte Situation: Die »sozialistische Landwirtschaft« war in der DDR fest etabliert und die Staatssicherheit verfügte insgesamt über einen gewachsenen Kenntnisstand hinsichtlich der Vorgänge in den kleinen Gemeinden. Was sie allerdings – dies sei an dieser Stelle vorweggenommen – am Ende des Jahrzehnts in eine Zwickmühle führen und ihr in gewisser Weise zum Verhängnis werden sollte.

---

15 Arnd Bauerkämper: Ländliche Gesellschaft in der kommunistischen Diktatur. Zwangsmodernisierung und Tradition in Brandenburg 1945–1963. Köln, Weimar, Wien 2002, S. 171–173.
16 Dienstanweisung 47/53 vom 30. Dezember 1953. In: Regina Teske: Staatssicherheit auf dem Dorfe. Zur Überwachung der ländlichen Gesellschaft vor der Vollkollektivierung 1952 bis 1958 (BF informiert, Nr. 27). Berlin 2006, S. 95–99.

Der neue Kenntnisstand hatte aber oft wenig damit zu tun, dass das MfS selbst fest vor Ort verankert war. Denn daran krankte es noch immer: Es war ihm nie gelungen, in gewünschtem Maße in den Dörfern Fuß zu fassen. Im Übrigen führt dieser Umstand bis heute in den ländlich geprägten Regionen Ostdeutschlands zu einer anderen Erinnerungskultur mit Bezug auf den DDR-Macht- und Unterdrückungsapparat, als es in den urbanen Zentren der Fall ist. Die Staatssicherheit spielte vor Ort weder in der Realität noch in der Wahrnehmung eine derart zentrale Rolle wie in den großen Städten. Und mit Blick auf heutige, nennen wir es: innergesellschaftliche Differenzierungsprozesse hinsichtlich der sich vertiefenden Unterschiede zwischen Stadt und Land, wird das zunehmend zum Problem. Denn die übliche Erzählung über das, was die Staatssicherheit war und tat, spiegelt sich in den Dörfern nicht wider und bietet daher auch nur begrenzt Anknüpfungsfähigkeit für die dortige Bevölkerung. Es ist höchste Zeit, dies bei der Aufarbeitung der SED-Diktatur konsequent mitzudenken.[17]

Aber zurück zur Staatssicherheit und ihrem Wirken im letzten Jahrzehnt der DDR. Die mangelhafte Verankerung des MfS auf dem Lande sollte nicht zu dem Fehlschluss führen, hier einen idyllischen, herrschaftsarmen Raum zu vermuten. Denn längst hatten sich andere Wege der Informationsbeschaffung und Kontrolle etabliert. Ein ausgeprägtes Netz von Informationsquellen vor Ort war entstanden und reichte vom Abschnittsbevollmächtigten der Volkspolizei über den Parteisekretär der SED (sowie die Blockparteien) bis hin zu den eigenen, im Vergleich zu urbanen Zentren unterdurchschnittlich oft vertretenen inoffiziellen Mitarbeitern der Staatssicherheit. Doch gerade Letztere erwiesen sich immer mehr als Problem. Noch im Juli 1989 kam eine Forschungsarbeit der Juristischen Hochschule des MfS zu dem Ergebnis, dass »die inoffiziellen Kräfte zur Sicherung der Landwirtschaft nicht mehr den heutigen Anforderungen genügten«. Schlimmer noch: Die »IM-Struktur ist vielfach seit den 1960er-Jahren im Wesentlichen unverändert und überaltert«. Über 50 Prozent der geheimen Zuträger seien über 50 Jahre alt. Das entspräche »nicht in genügendem Maße den sich neu herausgebildeten vorrangig zu sichernden Bereichen, Prozessen, Objekten und Personenkreisen«. Zuverlässige Informationen, so die Einschätzung, könnten so nicht in genügendem Maße gesammelt und kommuniziert werden.[18]

Was hier am Ende der DDR von der Geheimpolizei so scheinbar selbstkritisch niedergeschrieben wurde, war tatsächlich das Ergebnis eines Prozesses, einer Krise, die spätestens 1982 begann – und es ist in hohem Maße eine Selbst-

---

17 Vgl. ausführlich, insbesondere zu den Folgen bis heute: Jens Schöne: Wir müssen Leerstellen entdecken und füllen – bevor es andere tun. Interview. In: Michael Parak, Ruth Wunnicke (Hg): Vereinnahmung von Demokratiegeschichte durch Rechtspopulismus. Berlin 2019, S. 70–81.

18 Leiterinformation zur Forschungsarbeit »Die politisch-operative Sicherung der Landwirtschaft der DDR«, Juli 1989; BArch, MfS, HA IX Nr. 625, Bl. 5–39, Zitate Bl. 22.

verteidigung. Denn was Fragen von Wissen und Kommunikation anbelangt, waren die 1980er-Jahre hinsichtlich der Landwirtschaft und der ländlichen Gesellschaft ein höchst schwieriges, ja frustrierendes Jahrzehnt für die Staatssicherheit, allerdings aus völlig anderen Gründen als noch 1953. Der eingangs angeführte Bericht der Bezirksverwaltung Potsdam aus dem Januar 1982 verdeutlicht die höchst schwierige Ausgangslage: Zum einen war da die katastrophale Gesamtsituation der DDR-Landwirtschaft: die Produktivität blieb weit hinter den Erwartungen zurück, für Innovationen fehlte das Geld und hinreichende Investitionen erfolgten aus dem gleichen Grund schon lange nicht mehr. Hinzu kam die signifikant wachsende Desillusionierung der Funktionseliten, die bis zur Infragestellung des Gesamtsystems reichte. Wie katastrophal die Lage tatsächlich war, zeigt ein vertiefter Blick in das Jahr 1982: So wurden nun im Hintergrund auf Fachebene gar Pläne erarbeitet, in der DDR wieder Lebensmittelrationierungen einzuführen – für den Fall, dass der selbst ernannte »Arbeiter- und Bauernstaat« keine weiteren Valuta-Kredite erhalten würde und daher den Import von Getreide einstellen müsste.[19] Wohlgemerkt: Hier ist nicht die Rede von den 1950er-, sondern von den 1980er-Jahren.

In der »Kompliziertheit der Lage« erkannten die MfS-Mitarbeiter zudem sehr früh ein weiteres, in der langen Dauer äußerst fatales Problem, auch wenn sie es höchst verquer formulierten: »Die politisch-ideologischen Grundpositionen einer großen Zahl der Kader sind loyal und vielfach negativ. Sie sind deshalb nicht selten in den gefährdeten Personenkreis einzuordnen.«[20] Im Klartext hieß dies wiederum: Die SED könne sich nicht mehr auf ihre Machtbasis verlassen. Was das MfS hier tat und berichtete, war genau das, was es laut ihrer Auftraggeberin tun sollte: Es sammelte Informationen, verdichtete diese zu vermeintlich gesichertem Wissen und kommunizierte selbiges unter anderem an die SED-Leitungen vor Ort. Gleicht man die Berichte und Einschätzungen des MfS mit denen anderer Institutionen ab – etwa des Landwirtschaftsministeriums oder der Arbeiter- und Bauerninspektion –, ist es durchaus verblüffend, wie nah die Kämpfer an der geheimen Front an der Realität waren. So ideologisch gefärbt und wenig kenntnisreich ihr Überblick noch in der Zeit des Volksaufstandes gewesen war, so zutreffend war er jetzt: nicht immer, doch erstaunlich oft. Wiederholt drängt sich beim Studium der Akten der Eindruck auf, dass sie das auch wussten und stolz darauf waren.

Doch es gab ein maßgebliches Problem, und das sollte sich im Verlauf des Jahrzehnts immer weiter zuspitzen: Die wichtigste Empfängerin der Informationen, die zentrale Kommunikationspartnerin, die SED, reagierte nicht. Die

---

19 Mitteilung an den Genossen Minister Kuhrig vom 26. Februar 1982; BArch, DK 1/21518 (unpag.).
20 Leiterinformation Nr. 1/82 über die Lage in der Landwirtschaft vom 28. Januar 1982; BArch, MfS, BV Potsdam, AKG Nr. 1318, Bl. 1–6, Zitat Bl. 6.

Gründe dafür waren vielfältig, einer der wichtigsten aber war dieser: In der katastrophalen Lage der Jahre 1982/83 begann sich in den Dörfern der DDR eine Schattenwirtschaft zu etablieren, die quasi marktwirtschaftliche Züge trug. Es wurde gehandelt, geschachert und jenseits der Planvorgaben produziert und verkauft. Für das Überleben der Dörfer und der dortigen Landwirtschaftlichen Produktionsgenossenschaften wurde es immer wichtiger, an diesem offiziell illegalen Markt vertreten zu sein, weil der Staat nicht mehr in der Lage war, den bestehenden Anforderungen gerecht zu werden. Oder, wie es das MfS im Juni 1985 wiederum gedrechselt, doch eindeutig an die regionale Parteiführung meldete: »Kennzeichnend für die Einstellung eines großen Teils leitender und mittlerer Kader der Landwirtschaft ist die im Zusammenhang mit der Bewertung der eigenen praktischen Leitungstätigkeit getroffene Aussage, dass, wenn alles auf gesetzlicher Grundlage realisiert würde, die Bevölkerung bald nichts mehr zu essen hätte.«[21]

Die SED feierte weiterhin den Sozialismus im eigenen Land, in die ländlichen Regionen der DDR aber zog bereits der Kapitalismus ein. Auch das beobachtete die Staatssicherheit genau und es wurde für die Vertreter des Geheimdienstes vor Ort zu einem immer ernsthafteren Problem. Denn hier geschah, was nach den ideologischen Grundüberzeugungen, nach der offiziellen Berichterstattung und nach den propagierten Plänen für die Zukunft nie hätte geschehen dürfen: Der Sozialismus war auf dem Rückzug, die Marktwirtschaft streckte ihre Fühler aus – lange bevor der Staat als Ganzes ins Wanken geriet. Aber auch dafür erhielt das MfS keinerlei Erklärung von seiner Auftraggeberin. Die wesentliche Ursache für diese Nicht-Reaktion war einfach: Der Fortbestand des Systems hing mittlerweile viel zu sehr von derartigen Entwicklungen ab, als dass die zentralen Entscheidungsträger noch effektiv entgegenwirken konnten. Selbst als das MfS ab etwa 1987/88 begann, vor politischer Opposition in den ländlichen Gebieten der DDR zu warnen, geschah: nichts. Eine »Gruppierung«, die »antisozialistische Aktivitäten entwickelt«[22], meldete beispielsweise die zuständige Kreisdienststelle Anfang 1988 aus Jüterbog, doch wieder blieb die SED als Empfängerin dieser Feststellung, dieses Wissens stumm.

Aus dieser Konstellation resultierte schließlich erkennbar eine wachsende Resignation unter Mitarbeitern des MfS vor Ort. Denn was nutzte alles Wissen, alle Kommunikation, alle Politikberatung, wenn daraus nichts folgte? Zwar konnte sich innerhalb der Geheimpolizei wohl niemand vorstellen, dass es mit der DDR je zu Ende gehen würde, doch dass es wie bisher nicht weitergehen

---

21 Information der Kreisdienststelle Zossen über ausgewählte Erscheinungen und Problemstellungen in der Landwirtschaft vom 27. Juni 1985; BArch, MfS, BV Potsdam, AKG Nr. 744, Bl. 418–422, Zitat Bl. 421.
22 Information über weitere wesentliche Erkenntnisse negativer Aktivitäten unter jugendlichen Personenkreisen im Kreisgebiet, o. D.; BArch, MfS, BV Potsdam, AKG Nr. 597, Bl. 239–242, Zitat Bl. 241.

könne, war spätestens Anfang 1989 deutlich. Auf Bezirksebene lassen sich zu diesem Zeitpunkt mehrere Treffen unter Beteiligung des MfS nachweisen, auf denen Tacheles geredet wurde. So etwa im Februar 1989 in Potsdam, wo ausgesprochen wurde, was bisher undenkbar war: Spätestens 1990 werde sich aus ökonomischen Gründen die »Überlebensfrage« der DDR stellen, es müssten weitreichende »Strukturveränderungen« vorgenommen werden, die dabei auftretenden »Disproportionen« müsste das MfS absichern.[23] Der Rest ist Geschichte, wie die DDR insgesamt.

Fazit

Vergleicht man die Kommunikation zwischen MfS und SED in den Krisen von 1952/53 und den 1980er-Jahren, so ergibt sich ein nahezu konträres Bild, zumindest mit Blick auf den ländlichen Raum der DDR: In der erstgenannten Krise vermochte es die Geheimpolizei nicht einmal ansatzweise, eine realitätsnahe Analyse der Gegebenheiten vor Ort zur Verfügung zu stellen. Weder warnte sie – jenseits der auch sonst üblichen Floskeln – vor dem bevorstehenden Aufbegehren, noch entwickelte sie zielführende Ideen oder Vorschläge, wie dem zu begegnen sei. Als Politikberaterin war sie dahingehend ein Totalausfall.

30 Jahre später war das in hohem Maße anders. Das MfS zeigt sich zumeist sehr wohl in der Lage, eine realistische Einschätzung zu den Dörfern der DDR, ihren Bewohnern und den der SED von dort drohenden Gefahren abzugeben. Nun aber war es die Empfängerin der Informationen, die Partei, die aus den genannten Motiven nicht mehr in der Lage war, darauf zu reagieren. Vor diesem Hintergrund wird deutlich, dass Wissen und Kommunikation allein für einen Geheimdienst nicht ausreichen, um seine Aufgaben zu erfüllen. Mehr noch: Nicht-Wissen und Wissen können durchaus zu einem ähnlichen Ergebnis führen – dann nämlich, wenn die Politik auf die Beratung nicht reagiert, Empfehlungen nicht mehr umsetzen will oder kann. In der DDR der 1980er-Jahre führte das nicht zuletzt zu erkennbarer Frustration innerhalb der Funktionseliten. Dieser Befund hilft auch zu erklären, warum es 1989/90 weder in der Partei noch in der Staatssicherheit nennenswerten Widerstand gegen den Untergang des Landes und der eigenen Institution gab.

Den eigenen Anspruch des MfS als »Schild und Schwert der Partei« berücksichtigend, kann hier insgesamt festgehalten werden: 1953 kamen das Ministerium und seine Mitarbeiter im Nachgang des Volksaufstandes allein ihrer Funktion als Schwert nach. In der Krise der 1980er-Jahre waren sie hingegen intensiv bemüht, auch als Schild zu dienen, drangen damit aber nicht mehr bei

---

23 Vgl. z. B. die Mitschrift der Dienstberatung, 16. Februar 1989; BArch, MfS, BV Potsdam, Abt. XIX Nr. 1221, Bl. 1–7, Zitate Bl. 2 f.

ihrer Auftraggeberin durch. Und als das MfS dann im eigenen Verständnis vor allem wieder Schwert hätte sein müssen, als sich die Friedliche Revolution von 1989/90 Bahn brach, hatte die Klinge ihre Schärfe in einem signifikanten Ausmaß bereits verloren.

Dies ist vor allem dann erkennbar, wenn man den Blick abwendet von den urbanen Zentren der DDR und in Kleinstädte oder Dörfer schaut. Bis heute ist das jedoch kaum erfolgt, der Forschungsstand zum ländlichen Raum des selbst ernannten »Arbeiter- und Bauernstaates« höchst unbefriedigend. Immer wieder resultieren daraus Fehlinterpretationen, zugleich aber eröffnen sich dadurch zukünftig umfangreiche Erkenntnismöglichkeiten – auch weit jenseits des hier behandelten Themas. Diese Möglichkeiten sollten nicht länger ungenutzt bleiben.

Anhang

Abkürzungsverzeichnis

AA	Auswärtiges Amt
ACDP	Archiv für Christlich-Demokratische Politik
ADN	Allgemeiner Deutscher Nachrichtendienst
AIG	Auswertungs- und Informationsgruppe (MfS)
AIPN	Archiwum Instytutu Pamięci Narodowej – Archiv des Instituts für Nationales Gedenken in Polen
AKG	Auswertungs- und Kontrollgruppe (MfS)
AND	ausländischer Nachrichtendienst
APUE/APÜ	Außenpolitische Informationsübersichten (Informationsreihe der Hauptverwaltung A des MfS)
APuZ	Aus Politik und Zeitgeschichte
ASP	Atomic-Strike-Plan
AUE/AÜ	Aktuelle Informationsübersichten (Informationsreihe der Hauptverwaltung A des MfS)
ÁVH	Államvédelmi Hatóság (Ungarische Staatssicherheit)
BArch	Bundesarchiv
BArchG	Bundesarchivgesetz
BDU	Beschaffungsdienst Unterlagen (BND)
BfV	Bundesamt für Verfassungsschutz (deutscher Inlandsgeheimdienst)
BGBl.	Bundesgesetzblatt
BK	Bundeskanzleramt
BKA	Bundeskriminalamt
BKAmt	Bundeskanzleramt
BKM	Beauftragte/r der Bundesregierung für Kultur und Medien
BL	Bezirksleitung
BMI	Bundesministerium des Innern
BMVtg/BMVg	Bundesministerium der Verteidigung
BND	Bundesnachrichtendienst (deutscher Auslandsgeheimdienst)
BNDG	Bundesnachrichtendienstgesetz
BP	Bayernpartei
BRD	Bundesrepublik Deutschland
BStU	Der/Die Bundesbeauftragte für die Unterlagen des Staatssicherheitsdienstes der ehemaligen DDR
BT	Bundestag
BT-Drs.	Bundestagsdrucksache
BV	Bezirksverwaltung
BVerfSchG	Bundesverfassungsschutzgesetz
CDU	Christlich-Demokratische Union
CIA	Central Intelligence Agency (US-amerikanischer Auslandsgeheimdienst)
CIG	Central Intelligence Group (US-amerikanischer Auslandsgeheimdienst, Vorläufer der CIA)
CNN	Cable News Network (US-amerikanischer Fernsehsender)
COMDOS	Committee for disclosing the documents and announcing affiliation of Bulgarian citizens to the State Security and intelligence services of the Bulgarian

	National Army (Kommission zur Offenlegung der Dokumente und Bekanntmachung der Zughörigkeit bulgarischer Bürger zur Staatssicherheit und zum Nachrichtendienst der Bulgarischen Volksarmee)
ČSSR	Československá socialistická republika (Tschechoslowakische Sozialistische Republik)
CSU	Christlich-Soziale Union
DA	Dienstakte
DDR	Deutsche Demokratische Republik
DP	Deutsche Partei
Drs.	Drucksache
DS	Dăržavna Sigurnost (Staatssicherheit der Volksrepublik Bulgarien)
DST	Direction de la surveillance du territoire (französischer Inlandsgeheimdienst)
DWK	Deutsche Wirtschaftskommission
EDV	Elektronische Datenverarbeitung
EG	Europäische Gemeinschaft
EI	(Einzel-)Informationen (Informationsreihe der Hauptverwaltung A des MfS)
EURATOM	Europäische Gemeinschaft für Atomenergie
EVG	Europäische Verteidigungsgemeinschaft
FAZ	Frankfurter Allgemeine Zeitung
FDP	Freie Demokratische Partei
Fn.	Fußnote
FSB	Federalnaja Služba Bezopasnosti (russischer Inlandsgeheimdienst)
FU	Föderalistische Union
GI	Geheimer Informator (MfS)
GM	Geheimer Mitarbeiter (MfS)
GRU	Glavnoe Rasvedyvatel'noe Upravlenie (Hauptverwaltung Aufklärung, militärischer Geheimdienst der UdSSR)
GSSD	Gruppe der sowjetischen Streitkräfte in Deutschland
Hg./hg.	Herausgeber/herausgegeben
HIAG	Hilfsgemeinschaft auf Gegenseitigkeit der Angehörigen der ehemaligen Waffen-SS e. V.
HUMINT	Human Intelligence
HVA	Hauptverwaltung A (DDR-Auslandsgeheimdienst)
IFG	Informationsfreiheitsgesetz
IM	Inoffizieller Mitarbeiter (MfS)
IPN	Instytut Pamięci Narodowej (Institut für Nationales Gedenken in Polen)
IWF	Institut für Wirtschaftswissenschaftliche Forschung (Vorläufer der Hauptverwaltung A)
KD	Kreisdienststelle
KGB	Komitet Gosudarstvennoj Bezopasnosti (Komitee für Staatssicherheit der UdSSR, sowjetischer Geheimdienst)
KPD	Kommunistische Partei Deutschlands
KPI	Kommunistische Partei Italiens

lfd. M.	laufende/r Meter
LPG	Landwirtschaftliche Produktionsgenossenschaft
MfAA	Ministerium für Auswärtige Angelegenheiten der DDR
MfS	Ministerium für Staatssicherheit der DDR
MPUE/MPÜ	Militärpolitische Informationsübersichten (Informationsreihe der Hauptverwaltung A des MfS)
MTS	Maschinen-Traktoren-Stationen
NATO	North Atlantic Treaty Organization (Nordatlantikpakt)
ND	Nachrichtendienst
	Neues Deutschland (SED-Zentralorgan)
NJ	Neue Justiz
NS	Nationalsozialismus
NSA	National Security Agency (US-amerikanischer Geheimdienst)
NSC	National Security Council (Nationaler Sicherheitsrat (des Präsidenten))
NSDAP	Nationalsozialistische Deutsche Arbeiterpartei
NSU	Nationalsozialistischer Untergrund
NVA	Nationale Volksarmee
NVR	Nationaler Verteidigungsrat der DDR
NZZ	Neue Zürcher Zeitung
OD	Objektdienststelle (MfS)
OG	Organisation Gehlen (Vorläufer des Bundesnachrichtendienstes)
OH	Operativhinweise bzw. Operativinformationen (Informationsreihe der Hauptverwaltung A des MfS)
Org.	Organisation Gehlen (Vorläufer des Bundesnachrichtendienstes)
OSS	Office of Strategic Services (US-amerikanischer Militär-Geheimdienst im Zweiten Weltkrieg)
OUN	Orhanizacija ukrajins'kych nacionalistiv (Organisation Ukrainischer Nationalisten)
PDOS	Personendossiers (Informationsreihe der Hauptverwaltung A des MfS)
PES	Problem-, Länder-, Objekteinschätzungen (Informationsreihe der Hauptverwaltung A des MfS)
PI	Parteiinformation
RGANI	Rossijskij gosudarstvennyj archiv novejšej istorii (Russisches Staatsarchiv für Zeitgeschichte)
RIAS	Rundfunk im amerikanischen Sektor
SBZ	Sowjetische Besatzungszone
SD	Sicherheitsdienst
SDAG	Sowjetisch-Deutsche Aktiengesellschaft
SED	Sozialistische Einheitspartei Deutschlands
SfS	Staatssekretariat für Staatssicherheit der DDR
SIRA	System der Informationsrecherche der HVA
SMAD	Sowjetische Militäradministration in Deutschland
SPD	Sozialdemokratische Partei Deutschlands
SRFG	Senior Representative for Germany (CIA-Chef in Deutschland)

SS	Schutzstaffel
SU	Sowjetunion
TASS	sowjetische Nachrichtenagentur
TDB	Teildatenbank
UdSSR	Union der Sozialistischen Sowjetrepubliken
UHK	Unabhängige Historikerkommission
USA	United States of America (Vereinigte Staaten von Amerika)
VCI	Verband der Chemischen Industrie
VR	Volksrepublik
VS	Verschlusssache
VSA	Verschlusssachenanweisung (Allgemeine Verwaltungsvorschrift zum materiellen Geheimschutz)
VSH-Kartei	Vorverdichtungs-, Such- und Hinweiskartei (MfS)
WPUE/WPÜ	Wirtschaftspolitische Informationsübersichten (Informationsreihe der Hauptverwaltung A des MfS)
Z	Zentrumspartei
ZAIG	Zentrale Auswertungs- und Informationsgruppe (MfS)
ZIG	Zentrale Informationsgruppe (MfS)
ZK	Zentralkomitee

Abbildungsverzeichnis

Abb. 1: CDU-Plakat zur Bundestagswahl am 6.9.1953 – Denkt an uns. Wählt für uns CDU © Konrad-Adenauer-Stiftung; ACDP 10-001: 410; CC-BY-SA 3.0 DE

Abb. 2: CDU-Plakat zur Bundestagswahl am 6.9.1953 – Alle Wege des Marxismus führen nach Moskau! Darum CDU © Konrad-Adenauer-Stiftung; ACDP 10-001: 411; CC-BY-SA 3.0 DE

Abb. 3: CDU-Plakat zur Bundestagswahl am 6.9.1953 – Wachsam bleiben! CDU © Konrad-Adenauer-Stiftung; ACDP 10-001: 406; CC-BY-SA 3.0 DE

Abb. 4: CDU-Plakat zur Bundestagswahl am 6.9.1953 – Deutschland wählt Adenauer © Konrad-Adenauer-Stiftung; ACDP 10-001: 427; CC-BY-SA 3.0 DE

Alle Abbildungen werden aus technischen Gründen schwarz-weiß wiedergegeben.

Verzeichnis der Autorin und Autoren

Jost Dülffer, Prof. Dr., Jg. 1943, Historiker, emeritierter Professor für Neuere Geschichte an der Universität zu Köln.

Roger Engelmann, Dr., Jg. 1956, Historiker, ehemaliger Projektleiter im Forschungsbereich des Stasi-Unterlagen-Archivs in Berlin.

Andreas Etges, Dr., Jg. 1965, Historiker, wissenschaftlicher Mitarbeiter am Amerika-Institut der Ludwig-Maximilians-Universität in München.

Ronny Heidenreich, Dr., Jg. 1980, Historiker, wissenschaftlicher Mitarbeiter im Forschungsbereich des Stasi-Unterlagen-Archivs in Berlin.

Andreas Hilger, Dr., 1967–2024, Historiker, zuletzt Leiter des Branch Office Georgia der Max-Weber-Stiftung in Tbilissi.

Michael Hollmann, Prof. Dr., Jg. 1961, Historiker und Archivar, Präsident des Bundesarchivs.

Daniela Münkel, Prof. Dr., Jg. 1962, Historikerin, Leiterin der Forschung des Stasi-Unterlagen-Archivs in Berlin.

Sebastian Nagel, Jg. 1979, Historiker, Mitarbeiter für Recherche und Forschung im Forschungsbereich des Stasi-Unterlagen-Archivs in Berlin.

Jens Schöne, Dr., Jg. 1970, Historiker, stellvertretender Berliner Beauftragter zur Aufarbeitung der SED-Diktatur.

Martin Stief, Dr., Jg. 1984, Historiker, Projektleiter im Forschungsbereich des Stasi-Unterlagen-Archivs in Berlin.

Matthias Uhl, Dr., Jg. 1970, Historiker, wissenschaftlicher Mitarbeiter des Max-Weber-Netzwerkes Osteuropa.

Michael Weins, Jg. 1975, Archivar, Referent in der Abteilung Bundesrepublik Deutschland im Bundesarchiv in Koblenz.

Stephan Wolf, Jg. 1962, Theologe und Archivar, Mitarbeiter für Recherche und Forschung im Forschungsbereich des Stasi-Unterlagen-Archivs in Berlin.